신장판

정당한 법의 원리

칼 라렌츠 저 / 양 창 수 역

Richtiges Recht: Grundzüge einer Rechtsethik

Karl Larenz / YANG Chang Soo

박영사

머 리 말

　어떤 법체제가, 그때 그때 가능한 것의 한계 내에서의 '정당한' 질서라는 뜻에서 '정당한 법'이라고 하기 위하여는 어떠한 요구조건을 충족하여야 하는가 하는 문제는 철학자에게도, 법률가에게도 제기되는 것이다. 정의의 내용, 인간의 공동생활의 '정당한' 질서의 문제는 적어도 플라톤 이래 윤리학의 기본문제에 속하기 때문에 철학자에게 관련되고, 또 법률가는 우선 실정법의 주어진 규정이나 기준적이라고 인정되는 법관의 여러 재판례만을 근거로 내세울 수도 있겠으나, 다른 한편 그들이 말하는 근거가 변화된 생활관계나 또는 위상을 달리하는 사건에 당면하여서도 역시 '정당'한가 하는 물음이 항상 제기되는 것이므로 위의 문제는 법률가에게도 관련되는 것이다. 그러나 이 문제를 보는 시각은 서로 다르다. 철학자는 서양철학의 전통에 따라 다양한 규정이나 재판의 기초에 존재하는 '유일한 것'을, 법률가는 언제나 개별사건의 정당한 결정을 추구하는 것이다. 그러므로 일방은 타방이 말하는 것에 대하여 거의 주의를 기울이지 않는다. 그러나 이는 쌍방에 손실을 끼친다. 만일 법률가가 그들 나름대로 '정당한' 결정을 발견함에 있어서 적용한 고유한 관점에 관하여 제공하는 자료를 철학자가 자신의 사색에 참작한다면, 항상 제기되는, 단순한 '공허한 정식'(Leerformel)이라고 하는 비난 —이것이 전적으로 부당하다고만은 할 수 없다—을 받게 하는 바의 모호한 설명 이상의 것을 제시할 수 있을 것이다. 또한 법률가가 자신이 발견하여 사용한 보다 일반적인 관점들을 당해 실정법을 초월하는 법윤리와의 관련에서 고찰한다면, 그 관점들을 보다 명료하게 다루고, 그것들의 '가치'를 보다 정확하게 평가할 수 있을 것이다. 양자간에는 하나의 가교가 필요하다. 그것을 이하에서 시도하려고 한다.

이러한 작업을 하기 위하여는, 일단 비교적 광범위한 기본적 동의를 얻고 있는, 법윤리의 일정한 기본적 명제와, 일정한 한계 내에서 일정한 방식으로 실정법의 규정이나 재판에 '구체화' 되어 있는, 정당하다고 간주되는 규정의 원리 사이에서 시점을 번번이 왕복시켜야 한다. 즉 두 개의 상이한 극極에서 출발하여, 끊임없이 양자를 매개하는 사고과정에 의하여야 하는 것이다. 이것이 아마도 많은 독자를 혼란시키게 될 것이다. 즉 법철학적 서술과 실정법에 관한 서술이 빈번하게 교차되는 것이다. 그러나 나는 단순히 영역침범을 행하는 것만이 아니다. 이러한 끊임없는 경계유월이 본서의 방법론적인 원칙이다. 그것이 동일한 주제를 다루는 다른 저작으로부터 본서를 구별하는 것이고, 또한 새로운 시도를 정당화하는 것이다.

『법학방법론』에서 나는 법윤리적인 원리가 법의 발전을 위하여 수행하는 역할과, 그것이 법의 '내적 체계'에 대하여, 실정법을 그 체계에 비추어 인식하는 것에 대하여 가지는 의의를 논하였다. 그러나 그 책에서 나는, 그것이 어찌하여 '법윤리적' 원리 ─ 그 기초에는 당해의 실정법을 초월하여 법사상 그 자체('법이념')에 지향하는 의미내용(Sinngehalt)이 있다 ─ 인가 하는 것은 대답하지 아니한 채로 두었다. 이 책은 그 불비를 보충하려는 시도이다. 나는 이를 전부터 계획하고 있었으나, 다른 일이 그 작업에의 착수를 방해하였었다. 그러나 이 지연이 불이익이 된 것은 아니고, 만일 스스로를 속이는 것이 아니라면, 본서에서 언급된 문제에 대한 관심은 상당히 전에서부터 다시 증가해 왔던 것이다.

이하의 서술은 하나의 소묘 이상의 것이 아니다. 이것이 완벽하다고는 주장하지 않으며, 또 문헌의 평가에 대하여도 그러하다. 그러나 이 책에서 다룬 문제영역의 어떤 것을 더욱 탐구하고자 하는 사람이 그 영역에 발을 들여 놓기에는 그 문헌지시가 충분하다고 생각한다.

1978년 12월 뮌헨에서

칼 라렌츠

범 례

1. 원문에서 이탤릭체 활자로 인쇄된 부분을, 역문에서는 고딕체로 하였다. 다만 원문에는 인명도 이탤릭체로 되어 있으나 이는 고딕체로 하지 않았다.
2. 원문 중 [ ] 괄호 안에 들어간 부분은 역자가 이해를 돕기 위하여 삽입한 것이다.
3. 원문에서는 주를 책 말미에 모으고 주 번호는 각절마다 따로 시작하고 있으나, 역문에서는 주가 부기되는 본문이 수록된 페이지에 주를 같이 싣고 주 번호도 장마다 새로이 시작하는 것으로 하였다.
4. 역주는 *인을 붙여 원주와 같이 수록하였다. 그 수는 최소한에 그치도록 하였다.
5. 원문에서는 " "기호가 매우 빈번히 사용되고 있다. 역문에서는 동 기호는 인용문에만 사용하고, 단지 강조하기 위한 경우에는 ' '기호로 바꾸었다.

약어 및 축약인용문헌

약　어

aaO. ························· am angeführten Ort(위와 같은 면, 위의 논문 또는
저서)

ABGB ···················· österreichisches Allgemeines Bürgerliches
Gesetzbuch(오스트리아 일반민법전)

AcP ·························· *Archiv für die zivilistische Praxis*(민사실무논집)
(*1820년 창간된 독일의 사법학 관련 잡지)

Aufl. ······················ Auflage(판)

Bd. ························· Band(권)

BVerfGE ················· *Entscheidungen des Bundesverfassungsgerichts*
(독일연방헌법재판소 판결집. 가령 BVerfGE 8, 68
은 동 판결집 제8권 63면에 수록된 판결을 가리킨다)

DJT ························ Deutscher Juristentag(독일법률가대회)

f. ··························· und die folgende Seite(및 다음 면)

ff. ·························· und die folgenden Seiten(및 다음 여러 면)

Festschr. ················ Festschrift(기념논문집)

herausgeg.(hrsg) ····· herausgegeben(편집된)

JZ ·························· *Juristenzeitung*(법률신문) (*판례와 실무적 논문

을 중심으로 하는 독일의 법률잡지)

LM .... Lindenmaier/Möhring, *Nachschlagewerk des Bundesgerichtshofs*(서독연방대법원 판결총람)

S. .... Seite(면)

축약인용문헌

Coing .... Helmut Coing, *Grundzüge der Rechtsphilosophie*, 3. Aufl., 1977

Engisch .... Karl Engisch, *Auf der Suche nach der Gerechtigkeit*, 1971

Fikentscher .... Wolfgang Fikentscher, *Methoden des Rechts*, 도합 5권, 1975년부터 1977년까지

Henkel .... Heinrich Henkel, *Einführung in die Rechtsphilosophie*, 2. Aufl., 1977

Herzog .... Roman Herzog, *Allgemeine Staatslehre*, 1971

Kaufmann, *Schuldprinzip* .... Arthur Kaufmann, *Das Schuldprincip*, 2. Aufl., 1976

Kaufmann, *Rechtsphilosophie* .... Arthur Kaufmann, *Rechtsphilosophie im Wandel*, 1972

Larenz, *Methodenlehre* .... Karl Larenz, *Methodenlehre der Rechtswissenschaft*, 4. Aufl., 1979

Perelman .... Chaim Perelman, *Über die Gerechtigkeit*, 1967

Rawls .... John Rawls, *Eine Theorie der Gerechtigkeit*, 1975

Ryffel ·········· Hans Ryffel, *Grundprobleme der Rechts- und Staatsphilosophie*, 1969

Stammler ·········· Rudolf Stammler, *Die Lehre von dem richtigen Rechte*, 2. Aufl., 1926

Tammelo ·········· Ilmar Tammelo, *Theorieder der Gerechtigkeit*, 1977

Zippelius ·········· Reinhold Zippelius, *Allgemeine Staatslehre*, 6. Aufl., 1978

목 차

제1장 기 초

제1절 '정당한 법'이란 무엇인가

'정당한 법'(richtiges Recht 정법)이라는 표현은 법철학자 루돌프 슈타믈러(Rudolf Stammler)에게서 연유한다. 그의 책 『정법론』(*Die Lehre von dem richtigen Recht*)은 1912년에 출간되었다.[1] 그 이후로 그 표현은 법철학 관계의 문헌에, 그리고 부분적으로는 해석법학 관계의 문헌에 채택되었다. 그러나 그것은 항상 슈타믈러가 생각한 대로만 이해되었던 것은 아니다. 슈타믈러에 있어서 '정당한 법'은 "특정한 성질을 가진 제정법", 즉 "그의 의사내용이 정당성(Richtigkeit)의 속성을 갖춘 실정법"을 의미하였다.[2] 그 말의 내용을 분명히 해 보기로 하자. '정당한 법'은 "특정한 성질을 가진 제정

---

1) 1926년의 제2판에 따라 인용한다.
2) *AaO.*, S. 52.

법", 즉 제정법 또는 실정법──이 두 표현은 슈타플러에 있어서는 분명 같은 뜻이었다──의 영역 이외의 법이 아니고, 항상 실정적인, 즉 일정한 시기에 일정한 적용영역 내에서 규범적으로도 사실적으로도 효력을 발휘하는 법이다. 그러나 효력을 발휘하는 모든 법이 단지 효력을 발휘한다고 해서 역시 내용적으로 정당한 법인 것은 아니다. '정당한 법'이 '특정한 성질의' 실정법이라고 한다면, 슈타플러는 정당한 실정법도 있고, 부당한 실정법, 적어도 부분적으로는 정당하고 부분적으로는 부당한 실정법도 있음을 전제로 하는 것이다. 그렇다면 모든 실정법, 그리고 어느 실정법의 모든 개별적인 규범에 대하여 그것이 과연 정당한가, 부당한가 하는 물음이 제기되어야 한다. 어느 법의 '정당성'을 묻는 것은 그 준수를 요구하는 것, 즉 그 규범적 효력주장(normativer Geltungsanspruch)이 "내적으로 근거가 있는가"(innerlich begründet), 실질적으로 타당한가 하는 물음과 동일한 의미이다. 슈타플러[3]는 "누구도 법적인 규범──개별적인 것이든 법의 총체이든──의 내적인 근거부여에 대한 물음을 회피할 수 없다. 그 규범의 기본적인 자격부여(Berechtigung)에 대한 의문은 그칠 날이 없을 것이다"라고 한다. 그리고 나아가 "이러한 점을 비판적으로 의식하는 사람은 누구나 실정적인 문구에 얽매이지 않은 판단행위의 가능성을 인정한다."

---

3) *AaO.*, S. 12.

그러나 슈타믈러는 모든 개별적인 법적인 규범 그리고 실정법 전체의 '내적인 자격부여', 즉 정당화에 대한 물음이 왜 불가피한가에 대하여는 언급하지 않았다. 그것은 결국, 독자적인 판단 그리고 그에 따라 스스로 결정한 행동을 할 수 있는 존재로서 자신을 파악하는 사람은, 적어도 원칙적으로 '정당하다'고 스스로 인식하는 것만을 자신을 구속하는 준거로 받아들이려 하기 때문이다. 우리가 실정법의 여러 가지 규율의 기초에 놓인 사회적인 조건과 동기과정(Motivationsprozesse)을 전보다 훨씬 명백히 인식할 수 있게 되었다고 해서, 위와 같은 물음이 '낡은' 것이 되지는 않는다. 오히려 반대로, 우리가 실정법의 규정을 정함에 있어서 일정한 역할을 하는, 일회적인 것들, 특수한 세력관계 및 이해관계를 더 잘 알게 되면 될수록 왜 그 규정이 우리를 구속하는가 하는 물음은 더 절박하게 된다. "언제나 인간은, 자신이 그 안에 존재하는 국가적 · 법적인 질서가 왜 자신을 구속하는가 하고 물어 왔다"고 한스 리펠(Hans Ryffel)은 말하였다.[4] 이 물음은, 사실과학으로서는 그 대답이 불가능한 것이기 때문에, 하나의 철학적인 물음이다.[5] 여기서 말하는 의미에서의 '정당성' ── 슈타믈러에 있어서는 충분히 명확한 것이 되지 못했다 ──은 논리적 정당성, 즉 사고의 정당성이 아니고, 정당한 행위에 있어서와 같이 규범적인 정당성, 즉 효력주장의 정당화를 의미한

---

4) Ryffel, S. 91; Recht u. Ethik heute, *Festschr. f. Schelsky*, 1978.
5) Ryffel, S. 59는 정당성문제를 탐구하려면 필연적으로 철학에 들어가지 않을 수 없다고 한다.

다. 그러므로 그것은 윤리의 문제이고, 또는 리펠에 의한다면[6] '생활실천의 철학적인 반성'(philosophische Reflexion der Lebenspraxis)의 문제이며, 칸트의 표현방식에 따르면 이론적 이성, 인식하는 이성이 아니라 실천적 이성, 즉 윤리법칙을 설정하는 이성의 문제이다.

슈타믈러는 자신의 '정당한 법'에 관한 이론으로써, 그 자체 타당하고 시공을 초월한 '자연법론'과 당시를 풍미하던 해석방법상 및 법철학상의 '실증주의' 사이에 난 제3의 길을 가려고 하였다. 여기서 자연법사상의 긴 역사와 다양한 발현을 상세히 논술할 수는 없으며, 그에 관하여는 관련 문헌에 미룰 수밖에 없다.[7] 단지 다음과 같은 것이 지적될 수 있다. 자연법의 사상은 그리스의 철학, 즉 소크라테스전의 학파(Vorsokratiker)에 소급되며, 특히 아리스토텔레스와 스토아철학에 채택되었다. 중세 토마스 아퀴나스의 자연법론은 아리스토텔레스의 철학과 기독교신학 그리고 스토아적 방법의 결합에 터잡고 있다. 아리스토텔레스의 자연법론이 동류인간과의 공동체를 지향한다는 의미에서 사회적인 존재임과 동시에 자기실현에 노력하는 정신적인 존재로 인간을 파악하는데 근거하고 있다면, 중

---

6) Ryffel, S. 91.

7) 가령 Hans Welzel, *Naturrecht und materiale Gerechtigkeit*, 4. Aufl., 1962; Alfred Verdroß, *Abendländische Rechtsphilosophie*, 2. Aufl., 1963. 또한 Henkel, S. 502 ff. (문헌도 광범하게 소개되어 있다); Ryffel, S. 207 ff. 참조. Erik Wolf, *Das Problem der Naturrechtslehre*, 3. Aufl., 1964는 자연법사상의 다양한 내용을 분석하고 있다.

세의 자연법론은 '타락한' 그러나 신에의 재접근에 노력하는 인간을 위하여 신에 의하여 세워진 질서에 근거하고 있다고 하겠다. 그로티우스(Grotius), 홉스(Hobbes), 푸펜도르프(Pufendorf)와 토마지우스(Thomasius)에 의하여 대표되는 근대의 자연법론에 있어서는 인간이 이성적 숙고에 의하여 구축한——작출한(konstruiert) 것이라고까지는 하지 않더라도——질서가 점점 전면에 대두하게 된다. 칸트는 '순수실천이성'의 여러 원칙에 기한, 즉 그의 윤리에 기한 법론을 제시하였으며, 헤겔에 있어서는 정신형이상학의 차원에 있어서 아리스토텔레스에의 회귀가 확인된다.

이들 학설은 모두, 인간적인 소여와는 무관하고 그런 의미에서는 '초시간적'이되 인간의 이성으로 파악가능한 '법 자체'(Recht an sich), 즉 규범적인 효력을 가진 이상적인 법이 존재하며, 그리고 만일 사실적인 효력발생을 원한다면 그것이 실정법이 됨으로써 가능하다고 주장하는 점에서 일치한다. 그러므로 실정법은, 자연법을 변화하는 시대상황에 맞추어 구체적으로 형성해 갈 과제를 진다. 헤겔[8]은 "실정되어 있음은 현존재의 일면을 이루는 것이며, 이 점에서는 역시 자의自意라든가 기타 특수성이라는 우연적인 것도 들어올 수 있다. 그러므로 법률은 그 내용에 있어서 아직 법 그 자체와는 다를 수도 있다"고 한다. 그 한에서 자연법은 실정법의 모범이며 척도이다. 그 주창자 중 다수는 몇 개의 최고원칙을 제시하는 데 그치지

---

8) Hegel, *Rechtsphilosophie*, §212.

는 않았고, 특히 푸펜도르프와 토마지우스는 부분적으로 법명제 형식을 취하는 방대한 정리체계定理體系를 구축하였다. 주로 이러한 형태의 자연법론이 19세기 초 이후로 자연법론을 오만한 사고의 월권으로서 배척하고 오직 실정법과 그 역사적인 원천, 즉 현실에서 증명가능한 것에 몰두하도록 법률가들을 자극하였다. 자연법론에 대한 이러한 태도는 약간의 반대의견에도 불구하고[9] 오늘날까지 ──특히 영미법과 스칸디나비아법계의 ──법률가들을 지배하였다.

카를 폰 사비니(Carl von Savigny)를 탁월한 대표자로 하는 역사학파는, (실정의) 법은 항상 역사와 관련을 맺으며 그 시대의 사고방식이나 사회적·정치적인 환경 및 다른 많은 요소들과 상호 작용하는 것이고, 또 그렇게 파악함으로써만 이해가 가능하다는 것에 주의를 환기시켰다. 그 학파는 실정법의 제반 규율을 연구하고 그것을 보다 높은 차원의 추상(Abstraktion)으로 드높이며 그로부터 법내적인 관련에의 통찰을 얻어 내는, 말하자면 법률에 의하여 정하여진 구획을 벗어남이 없이 실정법에 '정신을 불어넣는' 법교의학(Rechtsdogmatik)의 기초를 쌓았다. 이 교의학은 19세기 중에 판결과 법적 거래(Rechtsverkehr)를 통한 법의 발전을 저해하는 편협한 개념학으로 퇴화하였다. 이것은 '법실증주의'(juristischer Positivismus) 또는 '법률실증주의'(Gesetzespositivismus) ──이는 법률 및 그것에 초점

---

9) 가령 Kaufmann, *Rechtsphilosophie*, S. 1 ff., 71 ff. 또한 1962년에 베르너 마이호퍼(Werner Maihofer)에 의해 편집된 책 *Naturrecht oder Rechtspositivismus* 도 참조.

을 맞춘 교의학을 과대평가하고, 다른 한편 판례, 법감정, 직관, "법률해석 이전의 가치판단에 있어서의 명증明證가능성에의 추급"(에써[10]의 표현)의 각기 창조적인 모멘트를 과소평가하는 태도라고 이해된다 —— 에 반대하는 여러 가지의 반응을 불러일으켰다.

한편 슈타플러가 반대한 바 있는 법에 대한 다른 하나의 기본태도인 법철학상의 실증주의는 이와는 다른 것을 의미한다. 이는 실증주의적인 학문 개념과 긴밀한 관계가 있다.[11] 그에 따르면 논리학과 수학 이외의 분야에 있어서의 순수한 인식은, 관찰 특히 실험을 통하여 경험적으로 증명·'검증'·'반증'될 수 있는 자연과 사회생활의 법칙성에 관하여만 가능하다. 이러한 순수한 인식이 윤리적인 명령, '가치'나 어떠한 법이 '정당한 법'인가를 판단할 준거에 관하여서는 불가능하기 때문에 그것들은 간주관적인 인식이 불가능한 순수히 주관적인 것 또는 각자의 의견에 따르는 것(Meinungsmäßiges)의 영역에 속하게 된다. 어떠한 사회계층에 널리 퍼진 의견을 경험적으로 조사하고, 통계로써 파악할 수도 있으나, 그것은 그 '정당성' 또는 '부당성'에 관하여는 아무것도 발언하는 것이 없다. 그 결과로 '정당함'에 대한 물음은 윤리의 영역에서도 법의 영역에서도 답할 수 없는 것으로 간주되어, 학문적으로는 성립할 수 없게 되는 것이다. 정당화에 대한, 따라서 법의 효력주장의 근거에 대한 물음, 자연

---

10) Esser, *Vorverständnis und Methodenwahl in der Rechtsfindung*, 1970, S. 173.
11) 이하에 관하여는 Larenz, *Methodenlehre*, S. 39 ff.

법론의 근저에 놓였던 이 물음은 폐기되고, 수천년의 철학적 전통은 쓰레기통에 버려진다. 이제서야 슈타믈러가 금세기 초에 이 물음을 명백하게 제기하고 이를 '회피할 수 없는' 문제로 선언한 것의 의미가 분명해진다. 그 이후로 이 물음은 비록 소수가 이를 제기했더라도 더 이상 묵살되지 않는다.

실증주의적인 학문개념은 측정가능한 양量들과 그 사이의 관계를 다루는 학문에 입각하여 형성되었다. '정밀한'(exakt), 극단적인 정확성을 요구하는 인식이 양적인 것에 대하여만 가능함은 즉각 시인할 수 있다. 그러나 사람이 살고 있는 현실이 측정가능한 것만으로 되어 있지는 않다. 사람은 많은 사물, 사건 그리고 그들의 의사표현과 행위에 어떠한 '의미'를 부여한다. 사람은 이 의미에 관하여 서로 의견을 교환할 수 있고, 또 그 의미는 사물과 사건에 대한 태도, 그리고 이로써 현실적인 행동에 영향을 미친다. 니콜라이 하르트만 (Nicolai Hartmann)이 전개한[12] 현실의 층상구조(Schichtenbau)론을 추종하지 않더라도, 사람이 살고 있는 현실이 단지 측정가능한 수평적 차원뿐 아니라, '정밀한' 확인이 사실상 불가능한 수직적 차원 (Tiefdimension)을 가진다는 것은 인정할 수 있다. 규범적인 것, 당위의 영역은 이 수직적 차원에 속한다. 의무의식이나 구체적 책임의식과 같은 윤리적인 현상은 '사람에게 덮쳐 와서', 피할 수 없는 어떠

---

12) Henkel, S. 172 ff.은 이 이론을 추종한다. 또한 Kaufmann, *Rechtsphilosophie*, S. 55 ff.도 참조.

한 것으로 경험된다. 실제로 그것은 경험된 것으로서의 성격을 가진다. 그것은 양적인 것에 환원될 수 없으므로 그에 관한 '정밀한' 진술은 불가능하나, 사람들은 스스로를 성찰하여 그에 관한 진술 ──이것은 애초 자기경험에 관한 것이나, 다른 사람의 유사한 발언에 의하여 확인을 받는다 ──을 한다. 사람들은 규범적인 것에 관한 진술을 위하여 고유한 언어를 발전시켰다.[13) '정당화', '귀책', 또 '권리'(자격부여라는 의미로서의), '의무'와 같은 표현은 사실과학의 술어로 번역될 수 없다. 또한 사람들은 당위 또는 정당함에 관한 간주관적間主觀的인 대화를 위하여 일정한 입론방식을 발전시켰으며,[14) 당위에 관한 경험을 합리적으로 공구할 수 없다고 인정할 아무런 합리적인 근거가 없다.

그런데 슈타믈러는 모든 자연법학설의 ──그의 말대로── 오류를 어떻게 극복하였는가? 그는 말한다. "자연법론의 모든 유파는 각자 고유한 증명과정을 통하여 무조건 타당한, 불가변의 내용을 가진 하나의 이상적인 법전을 기초하였다. 우리의 의도는 그러한 일을 하는 대신, 단지 역사적으로 제약된 법명제라는 필연적으로 변화하는 소재를 다루어서 그것이 객관적으로 정당성을 가지는지를 판단할 수 있게 하는 일반적인 형식적인 방법을 발견하자는 것이다."[15) 자연법의 모든 유파가 '이상적인 법전'을 기초하는 일을 하였다는

---

13) Hare, *Die Sprache der Moral*; Larenz, *Methodenlehre*, S. 175 ff. 참조.
14) Perelmann, S. 134 ff.; Ryffel, S. 497 ff; Tammelo, S. 16, 99 ff. 참조.
15) Stammler, S. 94.

슈타믈러의 주장의 당부는 두어 두기로 하자. 아마 그것은 17세기와 18세기의 자연법학설에만 타당할 것이다. 다른 자연법학설은 단지 원칙의 수립과 그로부터의 일정한 연역으로 만족하였다. 본질적인 것은 다음과 같은 점이다. 즉, 슈타믈러는 현재 효력을 가지는 또는 전에 효력을 가진 일이 있던 다수의 실정적 법질서에 대하여 언제 어디서나 이념적인 유효성을 주장할 수 있는 규범의 집합으로서의 '바로 그' 정당한 법을 대비시키지 않았다는 것이다. 그러한 규범은 존재할 수 없다. 왜냐하면 모든 법규는 인간의 필요 그리고 그 충족의 방식과 관련을 가지고 있어서, 제한적이고 또 불가피하게 수정을 받기 때문이다. 모든 법규는 한정된 '소재'를 가진다. 슈타믈러에 의하면, 자연법론의 오류는 "그것이 방법에 대해서뿐 아니라 그것에 의하여 다루어지는 소재에 대하여도 절대적으로 효력을 가진다고 주장하였다는 것"이다.[16]

슈타믈러는 "그 내용의 특수성에 있어서 절대적으로 옳은 법명제는 단 하나도 없다"고 한다.[17] 여기서는 '절대적'이라는 단어를 강조하여야 할 것이다. 왜냐하면 만일 적어도 '상대적으로' 정당한 법명제가 존재하지 않는다면, 어떤 실정법이 슈타믈러의 방법에 따라 "모든 사회적인 활동의 절대적인 조화"의 사상에 기하여 만들어 졌다 하더라도 그것이 어떻게 '객관적으로 정당한 것'으로 받아들여

---

16) Stammler, S. 95.
17) Stammler, S. 94.

질 수 있을까? 이때 '상대적으로' 정당한 법명제란 그때 그때 주어진 조건 아래서, 즉 역사적인 시대에 대한 관계에 있어서 정당성의 요건을 충족시킴을 뜻한다. 이 요건을 충족시키지 않는 법명제나 제도는 부당한 것이 된다.

슈타믈러가 법의 '개념'과 '이념'을 엄격히 구분하는 결과로 그에 있어서는 어떤 주어진 질서가 정당성을 갖느냐의 여부는 그 질서가 하나의 '법질서'인가를 판단하는 데 의미가 없는 것으로 보인다. 그러나 이에 대하여는 모든 제정된 법은 정당한 법이고자 하는 하나의 시도라는 슈타믈러의 언명이 대조를 이룬다.[18] 모든 실정법에는 그 규범의 정당한 내용에 대한 지향이 있다. 이 지향은 마음대로 어떤 법에는 존재하고 다른 법에는 존재하지 않으며 또는 어떤 법질서 내부에서 취향에 따라 수용될 수도 거부될 수도 있는, 법에 있어서 부수적인 것이 아니다. 아마도 이 '정당성에 대한 지향'은 법의 성립과 함께 생겨난다.[19] 또한 슈타믈러는, 그가 발전시킨 '정당한 법의 실천(Praxis)'이라는 방법은 적어도 법의 흠결을 보충하거나 '신의성실'과 같이 보충을 요하는 기준을 보충함에 있어서 적용될 수 있고 또 적용되어야 한다고 주장한다. 슈타믈러의 주장대로 어떤 제정법이 법으로서의 성질을 갖추거나 그 규범적인 효력을 주장하려면 그것이 '정당한 법'이어야 할 필요는 없다고 하더라도, 그것이 전체적

---

18) Stammler, S. 57.
19) Stammler, S. 56.

으로 정당한 법의 사상에 지향되어 있을 것, 다른 말로 하면 정당한 법을 향한 도상途上에 있을 것이 필요하다고 하겠다.

가령 특정한 매매법, 임대차법 또는 도로교통법의 그것과 같이 개별적인 법명제 또는 법규가 상대적으로, 즉 시대상황과 주어진 가능성에 비추어서 정당하거나 부당할 수 있는 반면, 하나의 법질서는 그 전체가 부당할 수는 없으며——그렇다면 그것은 '법'질서가 될 수 없다——, 또한 그 모든 부분이 동시에 '상대적으로' 정당한 것일 수도 없다. 그것은 다음과 같은 간단한 추리로써도 확인된다. 시대상황은 변화한다. 도로교통의 발달, 환경을 위협하는 기술적인 설비의 발달과 보급으로 인한 환경의 오염, 주택 사정의 변경, 거래에 있어서 새로운 계약유형의 형성 또는 가정과 직장생활에 있어서의 여자의 지위에 관한 관념의 변화 등을 생각해 보라. 전에 정당하였던 (물론 상대적으로) 법명제는 이제 더 이상 정당하지 않다. 새로운 생활양태는 새로운 규범을 요구한다. 그러나 법은 이 모든 변화에 어느 정도의 시간적인 격차를 두고서만 따라갈 수 있다. 법의 적응변화나 새로운 형성이 입법에 의해서 이루어지든 판례에 의해서 이루어지든 이는 마찬가지이다. 입법자는 영원을 위해서나 당일을 위해서가 아니라 예측할 수 있는 한의 장래를 위하여 법률을 제정하므로 시간이 소요된다. 거기다가 현재의 입법메카니즘의 지둔함이 더해진다. 법관의 경우에는 현재까지 적용되던 법과는 다른 해결을 요구하는 어떤 사건이 자기에게 배당될 때까지 기다려야 한다. 그는 발생 가능한 모든 문제를 일거에 뛰어넘을 수는 없고, 주의 깊게 일보씩 전진할 수밖에 없다. 이러한 시간적인 지연 때문에, 또 현재 정당한 것이 무엇이냐에 관하여 의견이 상충되어 어떤 규범의 부당성이 즉각적으로 인식되지 않기 때문에 어느 시대의 어느 법질서라도 몇 개의 부당한 규범을 포함하고 있다. 그러한 규범의 효력주장을 시인하기 위하여는 그 법질서가 전체적으로 정당한 것을 추구하는 도상에 있어야 한다.

전체로서의 어느 법질서의 효력주장이 정당하면, 그 개별적인 규범이 부당한 것으로 인식된다는 이유로 그 적용이 바로 부인되어서는 안 된다.[20] 기간을 유동적인 것으로 함이 정당함에도 확정기간을 규정하는 것과 같이 부당한 개별규정이라도 법적 안정성에는 기여하는 바가 있을 수 있다. 또 다른 경우에는 어떤 다른 규정을 정당한 것이라고 내세운다 한들 이것이 기존의 규정을 대신할 것인지가 매우 의심스러울 수도 있다. 그에 관한 판단은 입법자에게 위임되는 것이다. 많은 경우에 법원은 해석을 통해서나 추정적인 당사자의사에 의거하거나 또는 독일민법 제242조의 신의성실의 원칙과 같은 일반조항을 끌어들임으로써 사리에 맞지 않는 부당한 규정 —— 예를 들면 [권리능력 없는 사단에 조합 규정을 적용하는] 독일민법 제54조 제1문과 같은 —— 을 완화하여 그 결과를 '정당한 법'이라는 관점에서

---

20) Henkel, S. 563 f.도 같은 취지. Engisch, S. 76 f.는 효력의 부인에 대하여 극히 소극적이다.

볼 때 받아들일 수 있도록 한다. 단지 극단적이고 분명히 부당한 경우에 있어서만 어느 규정의 구속성이 거부되어야 한다. 이 경우에 그 규정은 전체 법질서의 효력(Geltungskraft)에 의해서도 정당화될 수 없기 때문이다.[21] 우리의 법질서와 같이 일정한 법원리를 헌법의 지위로 고양시킨 경우에는 어떤 규정의 효력을 부인하기 위해서는 그 규정이 그러한 원리에 배치된다는 것을 증명함으로써 족하다. 이에 관하여는 후에 상술하기로 한다.

분명히 해 두어야 할 것이 또 하나 있다. 어떤 특정한 생활영역에 대한 규율이 문제된 경우, 대개는 (상대적으로) 정당한 가능규범(Regelungsmöglichkeit)이 단 하나만 존재하는 것이 아니라 여러 개가 존재하며, 또 그 가능규범간의 다양한 조합이 생각될 수 있다. 그 중의 어느 것이라도 일관되게 적용하기만 한다면 정당성의 정도에는 차이가 없는 가능규범도 있을 수 있다(예 : 도로교통에 있어서의 좌측 또는 우측 통행). 매매법은 매매목적물에 하자가 있을 때 매수인에게 보수청구권이나 손해배상청구권 또는 매매대금의 감액청구권 아니면 매매계약해제권 중 어느 것을 선택하게 할 수 있는 것이다. 매매법은 매수인에게 그 중의 하나 또는 몇 개만을 부여할 수도 있다. 이 가능한 규범 중 입법자가 어느 것을 선택하든지, 그가 택한 규정은 만일 그 자체 어느 정도 일관되기만 한다면 '정당한 법'으로 평가될

---

21) Ryffel, S. 367 참조, "분명히 부당한 규정을 법규범이라고 할 수 없다." 같은 취지 : Kaufmann, *Rechtsphilosophie*, S. 141; Henkel, S. 563 f.

수 있다. 그러나 매매목적물의 하자에도 불구하고 입법자가 매수인에게 아무런 권리를 부여하지 않아서 무보호상태로 놓아 둔다면 그것은 '부당'할 것이다. 이러한 음미는 이론적인 성질의 것만은 아니다. 그것은 독일연방대법원이 '일반거래약관'으로 매매목적물의 하자에도 불구하고 매수인에게 아무런 권리도 부여하지 않아서 그를 실질적으로 무보호상태에 두는 것이 허용되는가를 판단함에 있어서 결정적인 역할을 했다. 그러므로 여기서는, 그 모든 것이 다 '정당한' 여러 가지의 해결방법이 있으며 ──그 중 어느 것을 우선시킬 것인가에 관하여는 의견이 나뉠 수 있다 ──또 분명히 부당한 다른 해결방법이 있다는 것을 확정지어 두기로 한다. 인식의 영역에 있어서 어떤 특정한 진술은 맞지 않으면 틀리는 것이라는 사실에 미혹되어서는 안 된다. 여기서 문제되는 것은 진술(Aussage)이 아니라 규정이고 행위지침이며, 그 경우에는 단 두 가지뿐이 아니라, 다수의 가능성 ──그 중 여러 개는 '정당하여', 지지할 만한 것(vertretbares), 정당화할 수 있는 것의 경계 내에 위치하며, 다른 것은 그렇지 않다 ──이 성립한다.[22] 우리는 추후, 어느 법적인 규정의 정당성과 부당성의 판단에 대한 우리의 입장의 기초에 놓인 여러 원리가 대개 다수의 구체화가능성을 가지고 또 여러 가지 방도로 서로 다른

---

22) Henkel, S. 529도 같은 취지. 그는 규율이 필요한 어떠한 문제에 대하여는 종종 하나의 해결책뿐만 아니라, "가능한 다수의 해결책"이 "정당하다"고 한다. 이것은 "그 문제유형 자체, 그리고 그 상호간의 체계 내에 포함될 수 있는 불확정계수"에 그 원인이 있다고 한다.

가능성과 조합될 수 있으며, 그러나 또한 일정한 가능규범은 분명히 '부당'한 것이라고 지적할 수 있다는 점을 살필 것이다.

어느 특정한 규정 ── 그것이 이미 통용되는 것이든 또는 제안 단계의 것이든 ── 이 위에서 말한 의미에서 '상대적으로' 정당한지 여부를 어떻게 판단할 수 있을까? 이 물음에 대한 대답에 있어서 우리는 슈타믈러와 결별한다. 이미 본 대로 그는 어떠한 규범내용에 관한 것은 아무것도 포함하지 않는 형식적인 방법을 정당한 법의 발견을 위한 유일한 방법으로서 제시하였다. 그는 이 방법을 "상정가능한 모든 인간활동의 통일적인 정서整序",[23] "상정가능한 모든 현상과 욕구의 절대적인 하모니"[24]의 방향으로 정서整序하는 방법이라고 표현했다. 그는 또 "상정가능한 모든 사회적 의지가 하나의 일관된 하모니에로" 정서된 상태에 관한 관념을 "사회적인 이상"이라고 하였다.[25] 우리는 이것을 어떠한 '이상적인' 법질서 또는 사회질서에 대한 설명이라고 이해하여서는 안 되며, 단지 하나의 방법, 즉 "인지된 또는 욕구된 개별사상의 관념을 완성된 하모니의 이념에 따라 끊임없이 정서하는 것"으로 이해하여야 한다.

모든 인간적인 활동의 '완성된 하모니'의 사상은 실제에 있어서는 순수히 형식적인 것이고 가능한 규범내용에 관하여는 아무것도 제시하지 않는다. 그러한 하모니에 도달하려면 서로 모순하는 인간

---

23) Stammler, S. 142.
24) Stammler, S. 140, 143.
25) Stammler, S. 141.

활동간의 취사선택이 필요하고, 적어도 상호 상충되지 않을 만큼 일부를 잘라내어야 한다는 것은 명백하다. "통일적인 정서"의 사상은 그러한 작업이 어떻게 수행되어야 하는지에 관하여 아무런 언급도 하지 않는다. 그러나 슈타플러는 그 사상에 입각하더라도 획득가능한 규범내용으로서, 4개의 "정당한 법의 원칙"을 제시한다.[26] 그는 이 원칙을 역시 단순히 방법상의 지침에 불과하다고 하나, 세밀히 살피면 이는 명확한 규범내용을 지시하고 있다. 그는 인간은 자신의 목표만을 추구하지 않고, 그에 있어서 원칙적으로 타인을 고려할 권한과 의무가 있다는 것을 승인함으로써 그 원칙을 얻는다. 그 4개의 원칙은 모두 "…하여서는 안 된다" 또는 "…하여야만 한다"라는 말로 표현되고 있다. 이 표현방식이 가리키는 바와 같이 슈타플러의 원칙들은 실제로는 그의 생각대로[27] 단지 "판단에 기초를 부여하는 기능" 또는 방법적인 지침이 아니라, 비록 광범위하고 구체화를 요하기는 하나 규범내용이 전혀 없지는 않은 '정당한' 법의 시원적始源的 근거(Anfangsgründe) 또는 정당한 법의 원리이다.

이러한 원리가 존재하는가, 그리고 존재한다면 우리가 어떻게 그것을 인식할 수 있는가 하는 문제를 다음에서 살펴보기로 한다.

---

26) Stammler, S. 144 ff.
27) Stammler, S. 147.

제 2 절   법원리(Rechtsprinzipien)란 무엇인가

　법원리란 어떤 법적인 규정 —— 현존하는 것이든 가능한 것이든—— 의 지도사상이다. 이 지도사상은 그 자체로서는 '적용'가능한 규정은 아니나, 그러한 규정으로 전환될 수 있는 것이다. 그것은 어떠한 규정을 도입하기에 이르는 사상적인 내용을 제시하는 '실체적인' 원리이기는 하나, 법명제의 형식, 즉 보다 세밀히 정하여진 '구성요건'을 일정한 '법률효과'에 결합시키는 형식을 갖추지 않고 있다.[28] 애초에 그것은 단지 장차 발견될 규정이 놓일 위상만을 지시한다. 또는 규정을 획득하는 과정에 있어서 차후에 이어지는 조치에 방향을 지시하는 최초의 한 걸음을 표현한다고도 할 수 있다. 인간의 행위에 관한 규정을 설정함에 있어서는 다양한 가능성 사이의 취사선택, 따라서 하나의 가치평가, 즉 어느 규정이 다른 것보다 낫다고 평가하는 것이 필요하므로, 그 원리는 장래 행하여질 가치평가에 관한 선결정先決定(Vor-Entscheidungen)을 포함한다. 이 장차의 가치평가가 그 원리를 충족시키려 한다면, 그것은 선결정에 의하여 정하여진 틀 내에서 이루어져야 한다. 이와 같이 하여 법원리의 적극적 기능과 소극적 기능이 구별된다. 적극적 기능은 후속되는 판단에 대

---

　28) 법명제의 구조에 관하여는 Larenz, *Methodenlehre*, S. 232 ff. 참조. 법원리에 관하여는 위 책, S. 458 ff.; Canaris, *Systemdenken und Systembegriff in der Jurisprudenz*, 1969, S. 46 ff. 참조.

하여 방향을 부여하고, 또 이로써 그 판단에 의하여 만들어지는 규정에 영향을 미치는 것이다. 소극적 기능은[29] 그에 모순하는 가치평가와 그에 의거하는 규범설정을 배제하는 것이다. 그것이 '정당한 법'의 원리인 한, 그것은 그에 상응하는 규정을 정당화하고, 그에 합치하지 않는 규정을 부당한 것으로 만든다. 그 원리들이 규범 또는 개별규정으로 '농축'되기 위하여는 '구체화'(Konkretisierung)를 필요로 한다. 그리고 이 구체화에는 또한 추가적인 가치판단——그것이 단지, 구체화에 있어서 기준적인 관점에서 볼 때 문제되는 사안이 이미 행하여진 가치판단과 동치同置되는 것이라는 판단에 그칠지라도——이 필요하다. 따라서 그 원리들은 그 적극적 기능에 있어서는 상대적인 불확정요소를 가진다. 소극적 기능에 있어서는 '극단적인 경우'를 제외하고는 그러한 것은 없다. 그러므로 이것 또는 저것이 절대적으로 타당치 않다, 사리에 맞지 않는다, 불균형하다고 말하는 것은 그에 있어서 그러면 무엇이 타당한가, 사리에 맞는가, 형평인가를 꼬집어 말하는 것보다 대체로 훨씬 쉽다. 법원리가 그 적극적 기능에 있어서의 상대적인 불확정성을 가진다고 해서 법원리를 '공허한 정식定式'이라고 한다면, 그것은 법원리의 사상적인 내용을 과소평가하고 그 소극적인 기능을 간과하는 것이다.

요제프 에쎄(Josef Esser)의 책 『법관에 의한 사법私法의 계속형성

---

29) '소극적 기능'에 관하여는 Henkel, S. 401 f.; Kaufmann, *Rechtsphilosophie*, S. 16 u. 143; *Schuldprinzip*, S. 16; Tammelo, S. 24 참조.

에 있어서의 원칙과 규범』[30]*(Grundsatz u. Norm in der richterlichen Fortbildung des Privatrechts)*이 발간된 이래로, 부분적으로는 법률 규정의 근거를 이루며 또 다른 한편 판결에 있어서 ——종종 애초에는 의식되지도 않고 또 가장假裝이유(Scheinbegründung)에 의해 은폐되어서——자신을 실현하는 실정법의 원리들이 존재한다는 것은 거의 다툼이 없다. 예를 들면 '신의성실'(Treu und Glauben), 신뢰원리, 비례성(권리제한적 수단의), 위험책임 및 '특별한 희생'의 보상의 원리 등이 그것이다. 또 에써는 어떤 원칙 또는 원리와 적용가능한 규범(또는 '명령')을 명확히 구별한 최초의 학자이다. 원리는 "대륙[법]적인 관념에 의하면 그 자체 '명령'이 아니고, 명령의 근거, 표준 또는 정당화"라고 그는 말한다.[31] 그것은 "일정한 문제 영역을 위하여 직접적으로 구속력 있는 명령을 포함하는 기술적 의미의 법규범"이 아니며, 다만 그러한 명령에 있어서의 "사법적인 또는 입법적인 반영"을 요구하거나 그 반영을 전제로 한다는 것이다. 일단 실정화되면, 법원리는 "독립되거나 분리가능한 명령으로서가 아니라, 개별적인 규정의 내재적인 존재조건 및 기능조건으로서" 실정법의 원리가 된다. 그런 뜻에서 "계약자유의 원칙은 실정채무법의 내용이고, 권력분립의 원칙은 우리 법권法圈에 있어서는 실정헌법이다——구체적으로 규정되지 않더라도, 명령으로 나타나지 않더라

---

30) 여기에 인용한 제1판은 1956년에 출간되었다. 영미법에서의 '원리'(principles)의 의의에 관하여는 Fikentscher, Bd. 2, S. 63, 242 f., 251, 257 참조.

31) *AaO.*, S. 51.

도."[32]

그러나 그러한 실정법의 원리가 어느 규정의 지도사상이고, 정당화근거라고 한다면, 그 원리의 기초에는 '정당한' 사상이 있어야 하며, 또 그 원리는 정당한 법의 원리를 지시하여야 한다. 모든 실정법은 그것이 '법'(Recht)인 한 정당한 법에의 도상에 있으며, 또 그렇게 하여서만이 실정법의 효력주장에 근거가 부여될 수 있다고 한다면, 정당한 법의 원리──만약 존재한다면──는 비록 그것이 일정한 법제도와 일정한 시기라는 특수한 조건 아래서 특정한 방식으로서만 나타나고 또 그렇게 해서만 파악될 수 있다고 하더라도, 실정법에 들어갈 수 있는 길을 찾아야만 한다. 어느 규정의 정당화근거로서의 실정법의 여러 원리는 실정법에 나타난 정당한 법의 원리──비록 어느 법제도의 그때그때의 문맥에 관련 있고, 따라서 그것으로 인하여 변형되었다고 하더라도──라고 추정된다고도 할 수 있다. 그렇다면 정당한 법의 원리는 그것이──비록 제한된 형태라고는 해도──가장 잘 인지되는 곳, 즉 실정법에서 발견될 수 있음은 자명하다.

그러나 실정법의 원리는 어떻게 인지될 수 있는가? 단지 여러 규정을 일반화하고, 보다 고차의 추상단계로 고양함으로써 인지될 수 있다고 보는 것은 착오이다. 그렇게 하여서는 단지 법규정──이른

---

32) *AaO.*, S. 70 f. 찬성 : Ryffel, S. 385 (zu Anm. 11). 반대 : Fikentscher, Bd. 4, S. 216(이에 관하여는 뒤의 제7장 참조).

바 '총칙' 규정에서 보는 바와 같이 매우 넓은 적용범위를 가졌다고 하여도——을 다시 얻을 뿐이다. 그러나 법원리는 완성된 법규정이 아니라, 사상적으로 그에 근거한 규정에서 다양한 방법으로 구체화될 수 있는, 어느 법규정의 시원적 근거이다. 법원리는 최초의 제1보일 뿐이고, 하나의 규정을 얻으려면 후속의 조치가 필요하다. 어느 법규정을 일반화함으로써가 아니라, 그 근저에 놓인 사상——그 규정을 유의미한 것으로 하며, 정당한 법의 원리와 관련하여서 그 규정을 타당한 것으로 하는——을 탐색함으로써 법원리는 얻어진다. 어느 법규정의 근저에 법원리가 놓여 있다는 것은 애초에는 종종 작업가설에 불과하다. 개별적인 규정들을 일정한 관점 아래서 하나의 유의미한 전체로 통합할 수 있는 하나의 지도적인 사상을 발견하였을 때 그러한 법원리는 확인된다. 그때 하나의 법원리가 어느 하나의 법규정의 바탕에 있는가, 여러 규정의 바탕에 놓여 있는가는 문제가 되지 않는다. 독일법상 위험책임에 관하여는 하나의 규정만이 있는 것이 아니라, 일련의——동일한 원리에 귀착되는——다양한 규정, 즉 철도업자, 자동차소유자, 항공기소유자 기타에 관한 규정이 있다. 그러나 그 원리는 이 규정들 중 하나의 기초에 놓여 있더라도 독일법의 원리가 되었을 것이다. 그것이 여러 규정의 기초가 되어 있고 따라서 그 규정의 어느 것보다도 '일반적'이어서가 아니라, 하나의 규정이든 여러 규정이든 구체화되어 있고 그것을 통하여 현행법상 표현되어 있기 때문에 원리가 되는 것이다. 일반화의 정도

(Allgemeinheitsgrad)가 아니라, 정당화근거(Rechtfertigungsgrund)라는 특성 및 하나 또는 다수의 규정에 표현되었다는 것이 법원리에 있어서는 결정적이다.

법원리가 우선이고, 그것을 구체화하는 특정한 규정이 후속된다는 것은 반드시 시간적 선후의 의미로서가 아니라, 인식론상의 의미로 이해되어야 한다. 위험책임의 원리를 기초로 하고 있는 규정들 중 최초의 것은 그 원리가 인식되기 전에 이미 나타났다. 처음에는 반증이 어려운 과실추정이라고 이해되었거나 아예 이유부여를 포기하였었다. 그에 반하여 권력분립의 원칙은 정치학상의 공리로서 헌법에 실정화되기 전에 이미 존재하였다. 비록 몽테스키외(Montesquieu)는 자기 시대의 영국 헌법에 이미 실현되어 있다고 오해하고 있었기는 하지만 말이다.

지도적 법사상으로서의 법원리는 개별 규정들 또는 개별 판결들——비록 법원리는 어떤 실정법 안에서 그러한 형태로 발현되고 구체화되기는 하나——과 구별되어야 한다. 그러나 법원리의 의미내용 전체나 효력범위는 그 구체화된 것들의 적어도 일부를 고려할 때에만 파악될 수 있다. 왜냐하면 법원리 그 자체는 이미 언급한 불확정요소로 인하여 명확한 개념정의가 불가능하기 때문이다. 법원리를 표현하는 데 사용되는 말들, 예를 들면 '신의성실', '신뢰원리', '과도제한 금지'는, 그것이 표현하고자 하는 것을 그에 합치되는 또는 배치되는 행태의 여러 사례에 비추어 분명히 파악하고 있는 사람에게만 이해될 수 있다. 법원리를 말로 바꾸어 표현하는 데만 주력하고 그 구체례를 고려하지 않는 법원리의 서술은, 누구나 법원리의 내용과는 다른 것으로 이해하고 있는 바의 단어의 일반적인 의미에 집착하는 위험에 빠진다. 이 경우에는 법원리가 순전히 '공허한 정식'(Leerformel)이라는 비판이 대두된다. 다른 한편 어느 규정의 세부에 너무 깊이 파고드는 것은 법원리를——이것은 법규정의 세부에서는 점점 그 모습이 희미해진다——파악하지 못할 위험에 빠지게 된다. 철학자들은 첫번째 위험에, 법률가들은 두번째 위험에 빠지기 쉽다. 이하에서는 지도적 법사고를, 그러한 법규정——그러한 형태로 법원리는 실정법에서, 물론 불완전하고, 가능한 것 중의 하나로서이기는 하나 구체적 모습을 갖춘다——의 필연적으로 축약되고 개요에 제한된 형태로 서술하고자 한다. 그렇게 함으로써만, 이미 실정법에 채택된 법원리가 존재하며, 또 그것이 단순히 '공허한 정식' 이상의 것이라는 것을 분명하게 보여 줄 수 있다. 독자들은 이하 서술되는 규정에서 지도적 사상을 인지하고, 다시 법원리에 비추어서 그 의미내용과 효력범위를 명확히 인식하여야 할 것이다. 다시 말하면 '해석학적 순환'(hermeneutischer Zirkel)의 형태로 진행되는[33] 이해절차(Verstehensprozß)를 밟으라는 말이다.

실정법의 모든 원리가 정당한 법의 원리인가? 만일 이 물음에 긍정적으로 답한다면, 정당한 법의 원리는 어느 특정한 실정법이 정당

---

33) 그에 관하여는 Larenz, *Methodenlehre*, S. 183 ff. 참조.

한 법에의 도상에 있는가, 그 효력주장이 정당한가 하는 물음에 대한 준거로서의 효용을 발휘할 수 없다. '법원리'(Rechtsprinzipien)를 어느 법규정의 지도사상으로 이해한다면, 정당한 법의 관점에서 볼 때 부당한 법원리나 또는 비록 가용하기는 하나 필연적인 것은 아닌, 즉 명백히 중립적인 법원리도 분명히 존재한다. 어느 법제도가 그러한 법원리를 용인하는가 여부는 합목적성, 규율기술의 문제이거나 아니면 역사적으로 규정되는 특수성에 달린 것이고, 그 법제도가 ──대체적으로── '정당한' 법이냐와는 무관하다.[34] 예를 들면 독일민법의 무인성원칙, 즉 채권법적인 원인행위와 물권적인 이행행위를 구별하고 서로 독립시키는, 다른 나라에는 드문 원칙이 그러하다.[35] 민사소송법에 있어서는 변론주의 원칙 또는 구술주의 ──현재는 거의 그 반대(즉 서면주의)로 변하였다── 의 원칙을 들 수 있을 것이다. 이에 반하여 법적 청문聽聞(rechtliches Gehör)의 원리는 모든 법적 절차에 타당한 정당한 법의 원리이다. 그러므로 실정의 절차법에서 그 원리를 무시하는 것은 그 절차법을 그만큼 부당한 법으로 만든다. 부동산등기부제도를 이용하는 나라에서는 형식적인 등기법의 원칙들이 적용된다. 등기부제도의 설치는 법적 거래안전의 관점에서 상당한 정도로 합목적적이다. 그러나 그 제도를 설치하지 않았다고 해서 토지법이 그만큼 부당한 것이 되는 것은 아니며, 어떠한

---

34) '합목적적'이란 '정당화된다'(gerechtfertigt)는 의미에서의 '정당하다'라는 것과 같지 않다. 두 범주는 구분되어야 한다.

35) 이에 관하여는 Larenz, *Schuldrecht*, Bd. 2, §39 Ⅱ.

등기부제도를 설치하는가는 전적으로 합목적적인 규율기술의 문제이다. 따라서 어느 법원리가 실정법 내에 일정한 형태로 발현되었다는 것이 그 법원리가 정당한 법의 원리임을 보증하는 것은 아니다.

그렇다면 어느 실정법에 발현된 원리를 무엇이 정당한 법의 원리로 만드는가? 정당한 법의 원리가 여러 규정의 정당화근거라고 한다면, 모든 법의 최종적인 기본의미에 대하여 또는 ——모든 규정의 목적적인 성질을 감안할 때——모든 법의 궁극목적——우리는 거기에서 규범력에 대한 최종적인 정당화근거를 발견한다——에 대하여 직접적인 의미관련을 보인다는 점에서 다른 것과 구별되는 그러한 원리만이 정당한 법의 원리가 될 수 있다. 최근의 법철학은 이 법의 기본의미 또는 궁극목적을 '법이념'(Rechtsidee)이라고 표현한다.[36] 요아힘 흐루쉬카(Joachim Hruschka)는 '원칙법'(Prinzip Recht)이라는 표현을 쓰고, 이를 "이것을 통하여 비로소 법이 하나의 범주로서 성립가능하고, 또 그 결과로 모든 법이 이를 지향하고 있는 모든 법의 내적 연관점"이라고 한다.[37] 실제 법이념을 모든 법의 기본원리(Grund-Prinzip) ——'정당한 법의 원리'는 이에 대한 관계에서는 그 기초원리의 최초의 구체적 형상으로서 제2차의 원리이다——로 볼 수도 있다. 그러나 '법이념'이라는 표현이 원리라는 표현(특히 하

---

36) Henkel, S. 389 ff.; Engisch, S. 186 ff.; Ryffel, S. 205, 219 ff.; Kaufmann, *Rechtsphilosophie*, 214 f.; Kaufmann/Hassemer, *Einführung in Rechtsphilosophie und Rechtstheorie der Gegenwart*, 1977, S. 284 ff.

37) *Das Verstehen von Rechtstexten*, 1972, S. 69.

나의 실정법에 속하는 원리)과는 달리 어떤 최종적인 것, 다른 모든 것의 기초에 놓인 것, 하나의 당위로서의 법의 의미기초(Sinn-Grund)가 문제임을 보다 분명히 하여 주므로 이를 사용하고자 한다. 법이념도 법원리와 마찬가지로 혹은 그보다 더 구체화가 필요하고 불확정요소를 가지며 또 소극적 기능이 있다. 정당한 법의 원리는, 그것이 그 지도사상 및 정당화근거로 이용될 수 있는 가능한 법규정들에 관련하여 볼 때 법이념의 보다 세밀한 내용상의 결정이다. 그것은 법의 규범성(Normativität)의 최종적인 근거로서의 법이념과 실정법의 구체적인 규정을 매개한다.

어떠한 법원리의 법이념에 대한 의미연관은, 우리가 그 이념의 의미내용을 모두다는 아니라도 적어도 구체화가 가능할 정도로 개괄적으로는 서술할 수 있을 때 비로소 명확하게 할 수 있다. 이때 우리는 또다시 난관에 부딪힌다. 왜냐하면 '궁극적으로 유효한 것'(Letztgültiges)이 직접적으로 파악되지 못하고 있어서 법이념의 내용에 대하여는 기껏해야 잠정적인 진술만이 가능하기 때문이다. 그러면 어떻게 그러한 진술이 ── 엄밀한 의미에서 '검증'될 수는 없더라도 ── 타인이 그것을 적어도 당초에는 논의의 기초로 받아들일 만큼 '수긍할 만한 것'(plausibel)이 될 수 있을까? (그 이상의 것은 철학에서는 얻기 어렵다!) 어떤 주장의 '자명성'(Evidenz)에 기한 입증은 비록 그렇게 자명한 것이 있음을 부인할 수는 없다고 하더라도 언제나 의심스럽다. 철학에서는 우선 설명가설(Deutungsschema)을 세우고 그 가설이 얼마만큼 통하는지, 즉 그 전개과정에서 각종의 문제에 대하여 얼마만큼 만족한 대답을 줄 수 있는지를 살피는 방식으로 작업할 수도 있다. 우리의 문제에 있어서는 법이념의 특정한 최소내용을 이어지는 논의에 앞서서 가정적인 형태로 인정하고, 이 가정이 실제에 있어서 특정한 법원리 ─그 중 일부는 '자명한 것'(evident)으로 보일 수도 있다─ 를 그와 같이 이해된 법이념의 구체화로서 인식할 수 있도록 함으로써 그 가정이 확정적인 것이 됨을 기대할 수도 있을 것이다. 그와 같이 해서 인식된, 이념의 구체화된 형태를 이념의 의미내용에 다시 환원함으로써 그 의미내용은 명확성과 확실성을 얻을 것이다. 이것 역시 '해석학적 순환'의 방식으로 행하여지는 과정이다.[38]

아직은 잠정적이고 확인을 필요로 하나 역시 거의 입증되고 정당성의 상당한 추정을 받은 진술에 도달할 다른 가능한 방도도 존재한다. 철학, 그리고 법철학의 역사는 단순히 서로 모순하며 증명되지 않았고 또 역시 증명될 수 없는 여러 견해의 집합에 불과한 것은 아니다. 그것은 오히려 수천년에 걸쳐 일정한 문제를 둘러싸고 벌어지는 대화, 그 문제를 매번 새로운 출발점에 서서 다양한 관점에서 해명하고자 시도하는 대화이다. 이 대화가 전혀 성과가 없는 것은

---

38) 롤즈도, 비록 술어는 중시하지 않으나, 이러한 방식으로 논의를 전개한다. 그는 Rawls, S. 38에서 그의 방법론을, 자신은 두 개의 "잠정적인 고정점" 사이를 왕래하는데, 이는 목표가 되는 원칙이 "적합적으로 순화된" 바의 애초의 판단과 일치할 때까지 양자를 접근시키기 위하여서라고 밝힌다.

아니다. 일정한 견해는 지지할 수 없는 것으로 판명되었으며, 어떠한 입장에 대하여는 광범위한 의견일치가 이루어졌다. 알프레트 페어드로스(Alfred Verdroß)[39]는 자신의 서양법철학에 대한 기술의 말미에서, "다양한 법철학상의 학설들을 단지 그 역사적인 순서에 따라 관찰할 때에는 무질서한 화집畫集과 같다는 인상을 받는다. 그러나 전체적인 서양철학의 조명 아래서 그것을 조감할 때에는 그 개별적인 그림은 일부는 유기적으로, 일부는 변증법적으로 전개되는 하나의 전체에로 정서整序된다"고 적절히 표현하였다. 한스 벨첼[40](Hans Welzel)과 아르투르 카우프만[41](Arthur Kaufmann)도 유사한 견해를 표명하였다. 서양법철학의 사상이 항상 그것을 둘러싸고 전개된 두 개의 주요한 관점을 지적하는 것은 용이하다. 나는 이것을 잠정적으로 '법적 평화'(Rechtsfrieden)와 '정의'(Gerechtigkeit)라고 표어적으로 부르기로 한다. 이로부터 우리는 법이념에 관하여 약간의 진술을 전개하고, 그 진술들을 잠정적인 명제로——그 진위 확인은 법원리의 형태로 이루어지는 발현(구체화)과 그 법원리의 애초의 출발점에의 환원의 과정에서 이루어져야 한다——받아들일 수 있다.

이상이 이 연구의 방법론적인 입장이다. 이에 대하여는 반론이 제기될 수도 있다. 서양법철학의 전개과정과 그 확정된 결과에 관련하여 볼 때 위와 같은 전제는 최광의의 서양법권 및 서양문화권에만

---

39) Verdross, *Abendländische Rechtsphilosophie*, 2. Aufl., 1963, S. 294.
40) Welzel, *Naturrecht und materiale Gerechtigkeit*, 4. Aufl., 1962, 서문 S. 8.
41) Kaufmann, *Rechtsphilosophie*, S. 13.

타당할 수도 있다. 실제로 우리는 이 문화권을 넘어서 효력을 요구하는 진술들을 할 수도 없으며, 하려고도 하지 않는다. 볼프강 피켄처[42](Wolfgang Fikentscher)는, "여러 문화의 다양성은 그에 상응한 법이해의 다양성을" 가져왔으며, "법의 철학과 방법"은 그것에 의존한다고 매우 인상적으로 서술하였다. '법'에 관한 사고, 법을 생각하는 것은 "각기의 문화에 특유한 하나의 문화현상"이다. 그렇다면 ──그리고 많은 사람이 그렇다고 주장한다 ──정당한 법과, 정당한 법의 원리에 관한 이 책의 설명이 다른 문화권에 속하는 나라의 법제도에 대하여 어떠한 의미를 가지는가는 미결일 수밖에 없다. 어디서나 승인되는 법원리의 공통된 기초요건이 시간이 감에 따라 점점 분명히 드러남으로써 종국에 가서 인류가 '법이해'의 바빌론적 미궁, 그리하여 카오스에 빠지지 않기를 희망할 수 있을 것이나,[43] 종전의 거의 모든 법철학자가 한 주장, 즉 자신의 진술──자연법에 관해서든, 법이념이나 정당한 법에 관해서든──이 절대적으로 타당하다(모든 것에 타당한 진리라는 의미에서)는 주장을 우리는 적어도 잠정적으로는 포기하여야 한다. 우리는 다만 우리의 진술은 서양의 문화권의 세계이해 및 법이해를 공유하는 사람이 승인할 수 있다는 것을 주장한다. 예를 들어 불교도가 되든지 하여 그 문화권으로부터

---

42) Fikentscher, Bd. 1, S. 53 ff., 340 f.

43) 적어도 모든 민족과 인간을 포괄하는 바의 법적 평화의 창출과 유지는 전 인류에게 부과된 임무이다. 이 점에 대하여는 모든 문화권을 통틀어서 일치를 볼 수 있을 것이다. '세계적 문화현상'으로서의 법에 관하여는 Coing, S. 123 ff. 참조.

벗어나거나 다른 문화권에 속하는 사람에 대하여는 다른 범주와 기본가치가 타당할 것이다. 이에 관하여 우리는 판단을 내릴 의도가 없다.

우리가 제시하려는 원리가 적어도 서양문화권 내에서 시간의 한정 없이 (이념적으로) 효력을 주장할 수 있는가, 아니면 그것이 일정한 역사적인 상황에 제한되어 있는가 하는 것은 또 하나의 문제이다. 그에 관하여는 마지막 장에서 언급하려고 한다. 법원리 사이에 서열관계와 같은 것이 있는지, 일부가 다른 것보다 더욱 기본적인지 하는 문제는 여기서 다루지 않는다. 이제 우리는 법이념의 의미내용을 잠정적으로 규정한다는 과제를 다루려 한다.

제3절   여러 법원리의 유일한 연관점으로서의 법이념

1. 법적 평화

법에 부과되어 있는 과제 그리고 법의 '궁극목적'으로 부를 수 있는 과제로서 항상 법적 평화의 수립과 유지, 그리고 '정의'의 실현이 거론된다. 이외에 법이념의 제3의 요소로서 '합목적성'(Zweck-mäßigkeit)을 든다면,[44] 이에 대하여는 '합목적성'은 각 법규정의 어

---

44) 가령 Radbruch, *Rechtsphilosophie*, §9; Henkel, S. 427 ff.가 그러하다.

떠한 목적에 대한 연관성만을 나타내는 것이고, 그 자체 '궁극목적'을 표현하는 것이 아니라고 말할 수 있을 것이다. 입법자는 제정된 규정을 그가 추구하는 목적의 실현을 위하여 적합한 수단으로 파악할 것이고, 또 그러한 규정목적이 그 규정의 해석에 있어서 결정적인 역할을 수행한다는 것은 분명하다. 그러나 여기서 문제삼고 있는 것은 일정한 규정목적의 실현을 위한 수단으로서의 그 규정의 적합성이 아니라, 그 목적 자체이다. 헹켈[45](Henkel)은 '일반적이고 포괄적인 목적'과 '보다 자세하고 구체적인 목적'을 정당하게도 구별하며, 또 전자의 우위를 강조한다. 가장 일반적이고 가장 포괄적인 법의 목적, 즉 '궁극목적'은 평화의 보장 그리고 정의이다. 이제 이들을 좀더 상세히 살펴보기로 하자.

"법질서는 평화질서이다"라고 헬무트 코잉(Helmut Coing)은 말한다.[46] "우리는 그것을 그의 시초에서 알 수 있다. 평화와 법은 동시에 이룩된다. 법은 평화를 가져오며, 평화의 수립은 법의 전개를 위한 전제이다. 법이 전개되는 곳마다 그것은 폭력적인 싸움을 해소하고, 이것을 평화로운 해결로 대체한다. 법절차는 자구自救행위에 대신한다." 그러므로 평화는 단지 법의 '궁극목적'일 뿐 아니라, 다른 한편 "그의 발현을 위한 전제"이다. 이것은 법의 궁극목적으로서의 평화가 법이 전제하는 평화 이상의 무엇을 의미한다는 추측을 뒷

---

45) Henkel, S. 431.
46) Coing, S. 134.

받침한다. 그것은 근대의 자연법론, 특히 홉스에게서 가장 뚜렷이 전개된 이른바 '자연상태'와 '법상태'의 대치를 논의할 때 가장 분명해진다.

홉스에 있어서 자연상태란 법을 보호하고 불법을 억지할 수 있는 조직된 권력이 없는 상태를 말한다. 홉스에 의하면, 그러한 상태에서는 타인의 희생으로 무엇을 얻으려고 하지 않는 사람, 정직한 생각을 가진 사람은 필연적으로 그를 억압하고자 하는 사람의 힘에 희생된다.[47] "그리고 그리하여 인류에게는 불신과 서로에 대한 공포가 휩쓸게 된다." 많은 사람의 욕구가 그 모두를 동시에 만족시킬 수 없는 하나의 목표물을 노리고 있다는 것을 고려할 때, 오직 보다 힘센 자만이 이를 차지할 수 있으며 또 싸움을 통해서 누가 보다 힘센 자인가가 정해진다는 것은 자명하다. 그러나 인간이 "서로를 항상 불신하며 살고, 누군가 자신을 해치지 않을까를 항상 걱정해야 한다면, 그러한 자연적인 자유를 가진 인간의 상태는 전쟁상태이다." 인간은 이러한 상태를 오랫동안 견디어 낼 수는 없으므로, 자연상태로부터 법상태로, 즉 만인에 우월하며 만인이 복종하는 권력이 법과 평화를 강제하는 상태로 이행하지 않을 수 없다.

홉스가 의미한 대로의 '자연상태'는 역사적으로 실제 존재하였던 상태가 아니라,[48] 법을 유지하는 권력의 행위를 올바로 이해시키

---

47) *Naturrecht und Allgemeines Staatsrecht in den Anfangsgründen*, Neu-druck, 1976, S. 96 ff.
48) 법이 없거나 또는 매우 미약하였던 경우에도 인간은 윤리, 사회적 도덕 또는 가

기 위한 사고상의 관념으로 보아야 할 것이다. 그러한 의미에서는 칸트도 두 상태의 대치를 논하였다. '법적 상태'(rechtlicher Zustand) 란 "모든 사람이 자신의 권리를 누릴 수 있는 여러 조건을 내포하는 인간 사이의 관계"이고, 이에 대하여 '자연상태'에 있어서는 인간에 게 각자의 권리와 의무가 (관념적으로) 적용되기는 하나, 한편 "누구 의 그것도 폭력에 대하여 안전하지 않다."[49] 홉스에 대하여는, 그의 인간상은 너무 비관적이다, 그가 말하는 자연상태에 있어서도 인간 의 도덕적 계기 또는 '사교본능'(Geselligkeitstrieb. 푸펜도르프)은 일반 적으로 폭력행위를 스스로 억지하는 데 부족함이 없다고 반박할 수 있고, 또 실제로 반박되어 왔다. 그러나 이것은 모든 인간에게나 또 모든 경우에나 타당한 것은 아니며, 갈등 있는 경우에는 우선적인 권리를 가진 사람이 아니라 보다 힘센 사람이 승리를 거두리라는 것 도 의심의 여지가 없다. 힘이 약한 사람은 자신의 소訴를 받아 줄 재 판관이 없거나 또는 그의 판단을 타인이 ——그렇게 하면 불이익을 받을 것임을 두려워할 필요 없이 ——무시할 수 있는 경우에는 힘센 사람에게 굴복할 수밖에 없을 것이다.

따라서 법적 평화의 사상에는 전쟁과 상호절멸의 부존재뿐만 아 니라 인간 사이의 관계에 있어서의 법의 지배라는 사상이 결합되어

족관행의 (일부의 사회에서는 부분적으로 아직도) 강력한 끈에 의하여 결합되어 있었기 때문에 이러한 상태란 존재한 일이 없었다. 그러나 이러한 끈들은 종족간 의 또는 씨족간의 복수를 배제하지 않으며, 오히려 부추기는 것이다.
49) Kant, *Metaphysik der Sitten*, 1.Teil, §41("자연상태에서의 나의 것, 너의 것으 로부터 법적 상태에서의 그것으로의 이행").

있다. 그것을 이루기 위하여는, 우선 인간이 그 공동생활에 있어서 따라야 할 규칙, 나아가 끊임없이 발생하는 다툼에 있어서 누가 얼마만큼의 권리를 가지는가, 누가 타인에게 어떤 것을 주어야 하는가를 판단하는 재판관, 마지막으로 법에 의하여 명해진 것과 재판관의 선언으로 확정된 것의 준수를 강요하는 조직화된 권력이 필요하다. 그렇다고 해서 강제를 윤리 또는 도덕과의 관계에 있어서 법의 결정적인 징표로 보아서는 안 된다. 일반적으로 구속적인 것으로 인정되는 규칙, 법원 및 법적인 절차의 존재는 적어도 그와 동일한 정도로 중요하다.[50] 또한 강제는 재판관직과 조직화된 권력의 행사를 담당하고 있는 사람 전원에게 적용될 수는 없다. 대다수의 자의에 따른 준수에 의해서가 아니라, 오로지 강제에 의해서만 유지되는 질서란 홉스의 자연상태보다 별로 나은 것이 없을 것이다. 그러한 질서는 상호간의 불신, 강제권력의 한 부분을 행사하는 자에 대한 두려움 그리고 그를 속여 넘기려는 끊임없는 시도를 동반할 것이다. 『리바이어던』에서 가장 선명히 표현되는 물리적 권력의 과대평가는 홉스의 견해에 있어서는 애초부터 예상된 것이었다. 그에 의하면, 하나의 법질서가 자신을 실현하고 주장할 수 있으려면 그 법질서를 보호하는 권력, 즉 개인 사이나 사회집단 사이의 다툼의 폭력적인 해결을 제지하고 법질서를 무시하는 모든 사람에게 그 법질서에 의하여 정하여진 한계를 지키도록 명하는 권력이 필요하다는 것이다. 이것

---

50) Ryffel, S. 183 f.는 강제모멘트의 과대평가에 대하여 적절하게 반박한다.

이 코잉의 앞서 본 명제[위 32면 참조]의 앞부분이다. 그러나 진정한 평화는 모든 사람이 법정에서든 권력자에 대한 관계에서든 자신의 권리가 보호된다고 믿을 수 있는 곳, 체결된 계약뿐만 아니라 일반적으로 타인이 법에 따라 행위할 것을 신뢰할 수 있는 곳, 외포심이 아니라 확실성이 지배하는 곳, 사람들이 서로 적대적으로가 아니라 협동적으로 행위하는 곳에서만 존재한다. 코잉의 위 명제의 뒷부분이 말하는 의미에서의 법적인 평화는 그러한 평화, 즉 법이 가져다주는, 가져다 주어야 할 평화——현실은 언제나 이 목표보다 얼마만큼 뒤처져 있다고 하더라도——를 의미한다. 그렇게 볼 때 '정당한 법'은 법적 평화에의 도상에 있는 것이다.

법적 평화에는 좁은 의미에서의 '법적 안정성'(Rechtssicherheit)——많은 사람은 법적 평화에 갈음하여 법이념의 구성요소로서 이것을 든다——이 포함된다. 법적 안정성이란 법의 여러 규정들, 그 균일한 적용 그리고 법에 의하여 설정되거나 표현된 일정한 사실——예를 들면 부동산등기부, 증서, 확정판결, 취소불능한 행정행위 등과 같은——및 취득된 여러 권리, 법원에 의한 그 권리의 보호 등을 신뢰할 수 있는 확실성을 의미한다.[51] 그러나 이 경우에도 때에 따라 기대배반이 완전히 배제되지는 않는다. 여기서는 '배반된 기대의 회복'[52]도 문제가 된다. 그러나 궁극적으로는 법이 보호하는 개

---

51) Henkel, S. 436 ff.은 법적 안전성의 다양한 측면을 서술한다.
52) Luhmann, *Rechtssoziologie*, Bd. 1, S. 54.

별적인 기대가 아니라, 전체로서의 법적 평화, 즉 홉스가 묘사한 자연상태의 정반대이면서도 동시에 단순한 폭력, 공포와 인간 상호관계에 있어서의 불신의 부재 이상인 어떤 상태가 문제인 것이다.

그러나 평화를 보장하는 질서가 대체에 있어서 정당한 것으로 인정된다는 이유로 그러한 상태가 대다수에 의하여 받아들여진다는 것을 전제로 한다면, 논의는 법이념의 제2의 구성요소, 즉 정의로 나아가지 않을 수 없다.

2. 정   의

옳은 판단을 구하는 이, 자신 또는 타인이 부당하게 취급되었음을 호소하는 이, 자신의 의견대로라면 마땅히 자신에게 귀속되어야 할 것이 거부된 이는 누구나 정의를 들먹인다. 누구나 정의를 말하고, 이를 요구한다. 그러나 정의란 무엇인가?

사람들은 실정법에 있어서만이 아니라, 타인에게 일정한 규율을 부과하여 타인을 상 주거나 벌할 수 있는 경우에는 —— 예를 들면 부모와 그의 미성년의 자, 교수와 학생 사이에와 같이 —— 언제나 정의를 요구한다. 아이들은 자신이 특히 다른 형제나 학생들과 비교할 때 공평하게 취급되고 있는지 여부에 대하여 각별한 감정을 가진다. 법에 있어서는 개개의 판단, 특히 법관에 의한 판결의 정의, 개개의 법률 또는 법질서 전체의 정의가 문제된다. 정의로운 판결이란 누구에게나 법에 따라 그에게 돌아가는 것을 주는 판결이다. 그러나 판결이 따라야 할 법률이 정의롭지 못하거나 법률을 문제되는 특정한 사안에 그대로 적용하는 것이 정의롭지 못한 경우는 어떠한가? 이와 같이 어느 판결이 어떠한 경우에 정의로운가 하는 문제는 어느 법률이 어떠한 경우에 정의로운가 여부에 (판례법에 있어서는 판결이 그에 따른 바 있는 선례가 정의로운 판결이었는지 여부에) 귀착된다. 실재하는 실정법에 관계 없이 이 문제에 답할 수 있는 준거가 존재하는가?

여기서 '준거'를, 정당한 답을 얻기 위하여 단지 적용하기만 하면 되는 그러한 기준으로 이해한다면, 위의 물음은 부정적으로 답할 수밖에 없다. 어느 법률이 정의로운지 여부는, 다음에 논의할 여러 관점에 따라 다를 뿐 아니라, 나아가서 극히 다양한 고량考量에 따라서도 달라진다. 그러므로 입법자는 그가 맞부딪친 다채로운 사실관계 ──이 모두를 일거에 변화시킬 수는 없다──를 고려하여야 한다. 그는 자신이 의도한 것뿐 아니라 의도하지는 않았어도 예상할 수 있는 법의 효과, 그리고 법질서 및 사회질서 전체 ──법률이 그 사이에 새로이 끼어들고, 그것에 의하여 다소간 변경되는──를 숙고하여야 한다. 이 경우에 있어서도 정의를 구하여 모든 노력이 경주되기는 하더라도, 현재 여기서 가능하고 또 인식될 수 있는 상대적인 정당성만이 그 법률에 의하여 실현될 수 있다. 그 법률이 많은 사람들이 바람직하고 절대적으로 정당하다고 생각하는 것보다 다소간 뒤쳐져 있다고 하더라도, 다른 한편으로 그것은 실현가능한 정당성의 최소한인 것이다. 절대적으로 정의로운 사회——말하자면 사회를 유지하는 '최상의' 국가헌법을 통하여 일거에 실현될 수 있는,[53] 또는 자신의 발전의 '최종상태'로서 수립되는 바의——라는 관념은 여기서는 다룰 수 없는 이상상理想像일 뿐이다. 우리는 실현 가능한, 따라서 항상 상대적인 정의를 추급한다.

이러한 의미의 정의에 한정한다면, 최근의 문헌에 이에 관한 많은 언급을 발견할 수 있다. 이 진술들은 개개에 있어서 서로 다르기는 하나 역시 많은 공통점을 드러내고 있어서, 그로부터 정의를 추출할 수는 없더라도, 고찰의 출발점으로 삼을 수 있을 만한 몇 개의 사상적인 기점基點을 발견할 수 있다. 페렐망[54]은 "정의로움이란 일정한 관점에서 볼 때 동등한 인간을 모두 동등하게 취급함을 의미한다"는 점에서는 누구나 의견을 같이한다고 한다. 헹켈[55]은 '고래로' 정의의 원칙으로 여겨진 두 개의 원리를 강조한다. 즉, "각자에게 그의 것을 준다"는 것과 "본질적으로 동등한 것을 동등하게, 차등 있는 것을 그 차이에 비례하여 차등 있게 취급한다"는 것이다. 엥기쉬[56]는 "평등, 균형 및 등가성이라는 전통적이고 형식적인 원칙"을,

---

53) 플라톤은 그의 국가론에서, 또 루소도 그 다수의 지배에 관한 초고에서 그와 같이 논한다. 루소는, 다수는 '일반의지'를, 따라서 항상 정당한 것을 대표하기 때문에 오류를 범할 수 없다고 한다. 실제에 있어서 플라톤의 국가상은 결과적으로 전제專制政에로, 루소의 것은 다수의 독재에로 연결되었다. 루소에 관하여는 Welzel, *Naturrecht und materiale Gerechtigkeit*, S. 161; Berber, *Das Staatsideal im Wandel der Weltgeschichte*, S. 285 f.; Ryffel, S. 438 ff.

54) Perelman, S. 27.

55) Henkel, S. 395 f.

56) Engisch, S. 159.

피켄처[57)]는 '균등정의'(Gleichgerechtigkeit)와 '사물정의'(Sachge-rechtigkeit)를 논한다. 리펠[58)]에 의하면 '정의'라는 단어의 기본의미는 "인간이 그에 맞추어 행위하여야 할, 인간의 자의恣意가 배제된 정당한 질서"를 받아들이는 데서 성립한다. 좁은 의미에서의 정의는 "규범에 좇은 평등대우의 절차방식"으로 이해된다. 그것은 "동등한 것을 동등하게, 차등 있는 것을 차등 있게, 그러나 동일한 기준에 따라" 취급하는 데서 성립한다. 타멜로에 따르면 '정의롭다'(gerecht)는 말은 "상관적인 권리의무관계 및 각자의 몫의 배분에 관한 적극적이고 윤리적이며 사회적인 가치상의 질(Wertqualität)"을 의미한다.[59)] 마지막으로 롤즈[60)]는, 사람들이 정의에 관하여 다양한 관념을 가지고 있더라도, 기본권리와 기본의무의 배분에 있어서 인간에게 자의적인 차별을 가하지 않으며 또 여러 규정이 경쟁하는 여러 요구간에 사회생활의 행복을 위하여 유의미한 균형을 수립할 경우, 그 제도는 정의롭다는 데 대하여는 의견이 일치할 수 있을 것이라고 한다.

위의 진술은 모두 정의가 문제가 될 때 공통적으로 마음에 품는 어떠한 관점을 각기 지시하고 있다. 이들 여러 관점을 정리하여 보려 할 때에는 피켄처의 '균등정의'와 '사물정의'의 구별이 가장 적합

---

57) Fikentscher, Bd. 4, S. 188 ff.
58) Ryffel, S. 220 f.
59) Tammelo, S. 77.
60) Rawls, S. 21 f.

한 것으로 여겨진다. '균등정의'는 위 여러 진술의 거의 모든 것에 나타난다. 대부분의 다른 관점은 '사물정의'를 지향하고 있다. '균등정의'의 요구는, 모든 사람의 행위가 동일한 규칙에 의하여 판단되며 모든 사람에게 동일한 기준이 적용됨을 의미한다. 그 배후에는 모든 인간이 '법률 앞에' 평등하여, 누구도 특권을 주장할 수 없다는 사상이 있다. 이것을 소극적으로 본다면, 이중기준은 정의롭지 못하다는 것을 의미한다. 실제로 이중기준이 적용되었다는 비난은 사람이 부당하게 취급받았다고 느낄 때 가장 빈번히 제기되는 비난의 하나이다. 그것은 대체로 '자의적인' 취급 또는 판단과 동일한 의미이다. 어떤 결정이 정당한 것이려면 '자의恣意'는 절대적으로 배제되어야 한다는 것은 항상 이야기된다. 자의적인 결정을 배제하려면 모든 결정이 그에 맞추어서 이루어져야 할 통일적인 기준이 필요하다. 이것은 다시, 법은 인간의 행위에 관하여뿐만 아니라, 그 행위의 판단에 관하여도 규칙을 세워야 한다는 것을 의미한다. 그에 있어서는 그 규칙이 법으로 제정되든지, 법무관의 고시로 나타나든지 또는 법원의 판결——'선례'로서 장차의 판결의 준거가 될——에 포함되든지는 상관이 없다.[61] '법률의 흠결'을 보충하기 위한 방법상 절차로서의 유추해석의 기본적인 허용성도 동일한 기준을 적용하여야 한다는 요구에 근거하고 있다.[62] 그것은 (기본적으로) 같은 종류의 사안

---

61) 판례법에 요구되는 규칙성에 관하여는 Fikentscher, Bd. 2, S. 81 ff., 143 f. 참조.
62) Larenz, *Methodenlehre*, S. 366 f. 참조.

을 동일하게 판단할 것을 요구한다. 그러나 항상 동일한 기준이 적용되어야 한다는 요청은 그때까지 기준적이었던 규정이 언제까지나 변경되어서는 안 된다는 데까지 확대되어서는 안 된다.[63] 그러한 변경이 '사물정의' 또는 다른 합리적인 근거에 기하여 요청되는 경우에는 그것은 허용되지 않으면 안 된다. 규정의 불가변에 대한 요청은 시간적 요소——법은 이것 없이는 생각될 수 없다——를 무시하는 것이다.

동일한 기준에 대한 요청은, 어떠한 기준이 정의롭고 어떤 것이 그렇지 않은가에 관하여 아무런 언급이 없는 한 형식적인 것에 불과하다. "동등한 것을 동등하게, 차등 있는 것을 차등 두어" 취급하여야 한다는 것도, 그것이 개개의 것을 어떻게 다루어야 하는지에 관하여 언급이 없는 한 그 이상의 것을 말하여 주지 않는다. 여기서 '사물정의'의 요청이 개입한다. 그것은 '사물', 즉 규율되는 생활관계에 '적합한', 거기에 '알맞는' 규칙을 요구한다. 예를 들면 부모 없는 미성년자는 자신의 일을 스스로 판별할 능력이 없으므로 이에 후견인을 붙이는 것이 적절하다. 이에 아무런 배려를 하지 않는 법질서는 사리에 맞지(sachgerecht) 않으며 따라서 그만큼 부당하다. 사리에 맞는 규율을 할 가능성은 다양하게 존재하나, 일정한 규칙은 또는 어떠한 규칙의 부재는 당해의 경우 사리에 맞지 않는다고 분명

---

63) Kriele, *Kriterien der Gerechtigkeit*, 1963, S. 90 ff.이 이와 같이 확대하고 있다. 그리하여 그는 이로부터 평등원칙의 무용성을 도출할 수 있다고 믿는다.

히 말할 수 있는 때도 있다.[64] '사물정의'에 대한 요청은 각자에게 '그에게 돌아가 마땅한 것을'(das ihm Gebührende) 배당하여야 하는 요청 이상의 것이나, 동시에 이를 포괄한다.

제3의 관점으로 균형 또는 '중용'을 들고자 한다. 그것은 학설에 있어서는 큰 역할을 하지 않으나, 법관의 실무에 있어서는 보다 큰 역할을 한다. 그것은 이미 "각자에게 그의 몫을"이라는 표현에 나타나 있다. '그의 몫'이란 타인의 이해도 고려하여서 각자에게 귀속되어야 할 것이라고 이해된다. '그의 몫'을 무엇이라고 이해하여야 할 것인가 하는 문제에 대하여는 다툼이 많다.[65] 따라서 나는 그 표현을 쓰지 않겠다.[66] '형평'——저울의 모습이 이 표현에 상응한다——은 모든 당사자 및 사회집단의 정당한 이익의 고려를 의미하며, 이에는 모든 사람은 타인을 고려하여야 하고 누구도 타인의 희생 위에 자신의 이익만을 관철하여서는 안 된다는 요청이 결합되어 있다. 누구도 자신의 이익 주장에 있어서 절도를 유지하고, 타인에게 그의 몫을 허용하여야 한다. 법원이 법률에 의하여 명확하게 규

---

64) 일정한 규정이 [그 규율의 대상인] 사상에 의하여 요구되고 있음이 증명되는 경우 우리는 그 규정이 '사물의 본성'(Natur der Sache)으로부터 나왔다고 말한다.

65) 이에 관하여 보다 상세히는 Henkel, S. 396 ff. 참조.

66) Kelsen, Das Problem der Gerechtigkeit, Anhang zu *Reine Rechtslehre*, 2. Aufl., 1960, S. 366 ff.는 '각자의 몫'이라는 정식, 중용의 요구 기타 이와 유사한 모든 것을 동어반복이거나 공허한 정식이라고 본다. 이에 대한 Tammelo, S. 24의 반대는 정당하다. 즉, 그러한 비난은 이러한 정식들이 그로부터 구체적인 결정을 도출할 목적으로 마련되었다는 틀린 전제에 근거하고 있다는 것이다. 실제로 그것들의 의미는 그러한 것이 아니다. 그것들은 단지 '정의'라는 말이 의미하는 것에 대한 일차적인 사고상의 지적에 불과하다. 이것은 정의도 아니고 직접 적용할 수 있는 규범은 더더욱 아니다.

정되지 않은 법익충돌의 경우 '이익형량'(Güterabwägung)을 할 때에, 이 관점은 두드러진다. 쌍무계약에 있어서의 등가성의 사상이나 과도제한 금지라는 의미에서의 비례성의 원리도 그것에 발맞추어 존재한다.

　다른 분류는 옛부터 알려진 '평균적 정의'(justitia commutativa)와 '배분적 정의'(justitia distributiva)의 구분이다. '균형'이라는 의미에서의 중용에 대한 요청은 평균적 정의에 속한다. 이익형량에 있어서는 대개 그것이 문제가 된다. 사물정의는 양자와 모두 관계가 있다. 즉, 권리와 의무의 배당이 문제될 경우에는 '배분적' 정의와, 예를 들면 연대채무자간이나 다수의 가해자간의 의무분배, 손해배상이 문제될 경우에는 평균적 정의와 관련된다. 그에 비하여 평등정의는 그러한 틀에서 벗어나 있다. 그것은 다른 유형들에 선행하는 것이다.

　법적 평화와 정의라는 법이념의 두 주구성요소는 상호간에 변증법적 관계에 있다. 즉 한편으로 양자는 서로를 상호 제약한다. 법적인 평화의 기초에 있는 어떤 질서가 정의롭지 못한 것이고 또 정의롭지 못한 것으로 점점 더 의식될 때에 그 법적인 평화는 장기적으로는 안정된 평화가 아니다. 그러나 법적 평화가 없어서 누구나가 (자신이 주장하는) 권리를 스스로 실현하려 하거나 또는 내전이 일어난 곳에서는 정의가 몰락한다. 거기에는 정당한 질서의 정반대물인, 강자의 이른바 '법'이 지배한다. 그러나 다른 한편 두 요소는 부분적으로 모순관계에 빠질 수도 있다. 실정법이 '정당한' 판결을 획득할 찬스가 불확실하다고 보고 법적 안정성을 위하여 부당한 판결을 할 가능성도 감수하는 경우——예를 들면 소멸시효나 판결의 기판력에 있어서와 같이——가 그러하다. 법률이 일정한 형식의 준수를 명하고, 이에 위반할 경우에는 무효를 규정하는 때에도 마찬가지이다. 소송에 있어서의 확고한 증거법칙은 법관의 판결 발견을 용이하게 하나, 이는 빈번히 정의를 희생의 제물로 삼는다. 이에 반하여 자유심증주의의 원칙은 법관이 실체에 부합하는——적어도 그 한도에서 정당한——판결을 할 수 있도록 하나, 이는 종종 증거수단의 불완전에 부딪히게 된다. 그럼에도 불구하고 법관이 어떠한 사정 아래서든 어떤 판결을 선고하여야 한다면——입증책임에 관한 규정이 그것을 돕는다——, 그것은 무엇이 그 사건에 있어서 옳은가(recht) 하는 문제가 확실성을 가지고 답하여질 수 없는 경우에는 적어도 법적 평화를 위하여 그 분쟁에 종지부가 찍히고, 무엇이 그 사건에 있어서 법인가(rechtens)——비록 무엇이 옳은가에 관하여서는 아니라고 하더라도——에 관하여 확답이 주어져야 한다는 것을 말하여 주는 것이다. 정의를 실현하는 것은 멀리 떨어져 있어서 도달하기 어려운 목표이다. 온갖 노력에도 불구하고 그 실현이 의심스러울 때 법은 보다 쉽게 성취될 수 있는 것, 즉 법적 평화의 유지로써 만족한다.

이제 정당한 법의 여러 원리를 개별적으로 다루려 함에 있어서,

그것이 한편으로서 법이념의 구체화로서 법이념에의 의미관련을 지시하여야 한다는 것, 또한 다른 한편으로 스스로도 구체화가 필요하고——그렇다고 규범(Normen)인 것은 아니고, 역시 원리(Prinzipien)임에는 변함없다[67]——또 그 구체화를 실정법에서 발견한다는 것을 상기할 필요가 있다. 모든 구체화는 추가적인 고량考量을 필요로 하는 보다 상세한 의미내용을 지시하므로, 법원리는 법이념으로부터 연역적으로 도출되지는 않는다. 또한 법원리는 실정법으로부터 귀납적으로 추출되지도 않는다. 왜냐하면 실정법에 있어서는, 그 실정법이나 입법자의 역사적 전위상全位相이나 특수한 목적의 여러 특이점과 관계가 있는 고량이 일정한 역할을 수행하기 때문이다. 법원리는 그때 그때 다양한 형태의 구체화를——물론 기초사상의 틀 내에서——경험한다. 그러므로 실제로 수행된 구체화는 그 원리의 의미내용과 그 효력범위를 분명하게 보여 주는 예로서의 의미밖에 없다. 법원리는 법이념의 이해를 위하여 같은 의미가 있다.

　법원리가 법이념으로부터 연역적으로 도출되지 않으므로, 그 원리의 망라적 완벽성은 보장될 수 없으며, 여기서 이를 얻으려 시도하지도 않겠다. '예例'는 완벽하게 거시될 수 없는 이치이다. 정당한 법의 원리가 될 수도 있는 실정법의 여러 원리——예를 들면 이미 기술한 대로 위험책임의 원리——는 때가 왔을 때에 비로소 정당한 법

---

67) 타멜로는 정의에 대한 그의 범주를 (하나의 가능한 정당한 법의) '규범'이라고 부르나(Tammelo, S. 81), 그것은 실은 원리를 뜻한다. 그것은 "상정할 수 있는 모든 정의체계"에 대한 하나의 "통일적인 기반"을 제공하려는 것이다.

의 원리로 의식된다. 따라서 내일이라도 새로운 원리가 '발견'될 수 있다. 완벽을 꾀하는 것은 이러한 이유에서도 어리석다. 이제 제시될 여러 원리간에 통괄을 가능케 하는 연관이 있다면, 따라서 그것이 하나의 체계를 이룬다면, 이는 (장래에 대하여) '개방된 체계'[68]에 불과하지, 폐쇄된——공리적 방식의 체계라는 의미에서든, 헤겔적인 순환적 방식의 체계라는 의미에서든——체계는 아닌 것이다.

적용범위가 모든 법분야에 미치는——그 한도에서 보다 근본적인 것이다——법원리도 있고, 단지 특정한 법분야에 대해서만 의미가 있는 법원리도 있다. 하나의 법원리가 여러 가지 법분야에서 다양하나 변화된 모습으로 통용되는 것도 가능하다(예를 들면 신뢰원리). 하나의 규정이 하나의 원리에 의하여 정하여지는 경우는 드물고, 대부분은 다수의 원리가 작용한다. 후에 우리가 여러 법원리를 각자 여러 가지의 법분야에 연결되는 일정한 그룹으로 통합하더라도, 이는 조감의 편의를 위한 것이지, 이것이 서술된 관계에 있어서만 역할을 가지며 다른 분야에서는 별 역할이 없다는 의미는 아니다. 이러한 분류를 경직된 것, 나아가서는 필연적인 것으로 생각하여서는 안 된다. 우리의 분류의 내용과 달리 그룹을 지을 수도 있다. 끝으로 법원리는 규정——매우 광범위하게 타당한 규정——이 아니라 (가능한 또는 실제로 효력이 있는) 규정의 지도사상이며, 그로부터 규

---

68) Canaris, *Systemdenken und Systembogriff in der Jurisprudenz*, 1969, S. 61 ff.의 의미에 있어서. Fikentscher, Bd. 4, S. 115도 참조. 법의 '내적 체계'에 관하여는 Larenz, *Methodenlchre* S. 458 ff. 참조.

정을 도출하려면 실정화(Positivierung)가 필요하다는 것을 상기할 필요가 있다. 법원리의 실천적인 의미는, 한편 그것이 그에 의하여 결정된 규정을 의미에 맞게 해석하고 발전시킬 수 있게 한다는 데 있으며, 다른 한편 그 '소극적 기능'에 있다.

제2장 상호존중의 기본원리

　상당수의 기본사실관계는 극단적인 상황을 상정할 때 비로소 명백히 드러난다. 전에 서로 본 일도 없고 공통적인 유대도 없는 둘 또는 다수의 사람이 난파 후 고도에 표류하여, 거기서 오랫동안 살아가는 데 대비하지 않으면 안 되게 됐다고 가정해 보자. 이 경우 그들 상호간의 관계는 두 가지의 형태로 형성될 수 있다. 하나는 강자가 약자를 자신의 의사에 복종하도록 만들고, 그에게 명령을 내리며, 자신의 의도에 따라 약자를 이용하는 것이다. 또 하나는 그들 사이의 관계를 상대방의 상호인정·동등의 기초 위에서 규율하기로 정하는 것이다. 이 경우에 각자는 상대방을 자신과 동등한 것으로 존중하고, 자신에게 권리가 있다고 주장하는 것, 즉 자신의 일을 스스로 결정할 권리를 타인에게도 인정한다. 제2의 경우 그들은 자신들의 관계를 법의 기초 위에 설정한 것이다. 이 상정된 상황이 그들 모두에게 보다 철저한 협동을 요구하고 있으므로 그들은 서로 단결하고, 타협적으로 행동한다. 그들은 '민법상 조합'에 유사한 것을 형성할 수도 있다. 또 각자가 혼자 지내기를 원하여 섬을 분할하는 것도 상상할 수 있다. 이 경우 각자는 자신이 섬의 일정 부분에 대하여 '권리'를 가지며, 상대방은 이 부분을 자신에게 양도할 '의무가 있다'고 주장할 것이다. 이 경우에도 그렇듯이, 다수인 간의 법적인 관계의 기본조건은 서로 상대방을, 자신에 대하여 스스로 결정하고, 그들에 공통적으로 문제되는 사항에 대하여는 공동하여서 결정하며, 그들 중 누구도 상대방에 종속되지 않는 주체로 인정하는 것이다.

내가 '법적인 기본관계'(rechtliches Grundverhältnis)라고 부른 것 ──왜냐하면 그것이 다른 모든 법률관계의 기초를 이루므로── 을 가장 명백하게 밝힌 것은 칸트이다. 그것은 칸트의 법이론에서가 아니라, 그의 '덕론', 즉 도덕철학에서 발견된다.[1] 그에 따르면 "모든 인간은 타인으로부터 존중받을 적법한 권리가 있으며, 또 역으로 그는 타인을 존중할 의무가 있다." '존중'(Achtung)이란, 칸트에 의하면,[2] "다른 인간의 존엄을 인정하는 것이며, 인간의 존엄은 값으로 칠 수 없고 달리 대체될 수 없는 가치이고, 어떠한 가치평가의 대상이라도 그와 교환될 수는 없다." 이러한 관련에서 저 '정언명령'이 상기된다. 그에 따르면, 인간은 윤리적 의미에서의 인격으로서, 수단으로 사용될 수 있는 모든 것을 초월하는 존엄성을 가지므로, 타

---

1) Kant, *Metaphysik der Sitten*, 2.Teil § 38.
2) 같은 책, § 37.

인은 '목적 그 자체'로 다루어져야 하며, 자신의 목적을 위한 수단으로 다루어져서는 안 된다. 그로부터 칸트는 모든 인간이 자신의 존엄에 대한 '존중'을 요구할 권리, 그리고 타인을 마찬가지로 존중할 의무를 도출한다. 여기서 단지 도덕적인 당위만이 아니라, 모든 법률관계의 윤리적인 기초가 문제되고 있다는 것은 "적법한 권리가 있다"는 문구의 사용에서 나타난다. 인간이 '권리' 그리고 '의무'를 가진다는 것은 자연현상이 아니라 하나의 윤리적인 현상이다. 많은 짐승들은 자신의 영역을 침입자에 대하여 방어한다. 짐승 사이에도 타자의 우위나 소유상태의 인정과 같은 것이 아마도 존재할 것이다. 그러나 짐승은 '권리', 더욱이 '의무'라는 것을 알지 못한다. 다툼이 있는 때에는 물리적인 힘이 결정적이다. 인간만이, 타인이 그에 대하여 특정한 행동을 할 의무가 있음을 전제로 하여 자신의 태도를 정할 권리가 있음을 주장한다.[3] 그는, 타인도 인격을 가지므로 자신과 마찬가지로 존중받을 것을 주장할 수 있음을 인식할 능력이 있다. 그러므로 그만이 자신의 타인에 대한 관계를, 힘이 아닌 법의 기초 위에서 규율할 수 있다.

인간은 인격을 가지는 까닭에, 즉 당위를 인식하고 따라서 책임을 지는 존재, 자기 스스로 결정하여 행위할 수 있는 존재인 까닭에

---

3) Fikentscher, Bd. 1, S. 63은, 인류학자들에 의하면 "당위요구에 의하여 (비로소) 인간이라고 부를 수 있는 생물(인류. Anthropos)이 존재하게 됨"을 지적한다. '당위'는 순수히 도덕적인 것일 수 있으나, 법에 의하여 비로소 그것이 권능權能이 되는 것이다.

권리의무를 가지며, 타인에 대하여 법률관계를 형성한다. 그러한 존재만이 자신의 타인에 대한 관계를 상호인정, 따라서 법의 기초 위에 설정할 수 있다. 상호존중(gegenseitiges Achten), 타인의 인간적 존엄(Menschenwürde)의 인정, 그리고 거기에서 도출되는 타인의 총체적인 인격——가시세계에 있어서의 외적 존재(생명, 신체, 건강)와 인격으로서의 존재방식(자유, 인적 명예)을 포괄하는——의 침해불가의 원리는 모든 법적인 규정의 출발점이 되는 법의 기본원리이다. 이렇게 볼 때 '법적 평화'도 새로운 의미를 획득한다. 그것은 '보다 힘센 자의 법'이 아니라 상호존중의 원리가 인간 상호간의 관계를 규정하고 그 원리의 준수가 보장되는 상태를 말한다.

인격으로서의 인간의 상호인정이 법의 기초를 형성한다는 것은 헤겔도 칸트의 영향을 받아 그의 중기(뉘른베르크 시대)의 『철학입문』(Philosophische Propädeutik)에서 명백하게 말한 바 있다. 거기서 그는 말하였다.[4] "법은 모든 개인이 타인으로부터 자유로운 존재로 취급되고 존중받는 데서 성립한다. 왜냐하면 그렇게 하여서만 자유로운 의지가 자신을 타인 안에서 대상 및 내용으로 가지기 때문이다." 이 뒷문장은, 그렇게 하여서만 사람은 타인 가운데서 자유로운 존재로서의 자신을 재인식한다는 뜻으로 해석될 수 있다. 나아가서[5] "사람은 자유로운 존재로서 인정되는 한에서만 하나의 인격

---

4) Hegel, *Sämtliche Werke*(Glockner Ausgabe), Bd. 3, S. 55(§ 3).
5) 같은 책, S. 56(§ 4).

(Person)이다. 그러므로 법의 명제는 다음과 같이 표현된다. 즉, 사람은 타인에 의하여 인격으로 취급되어야 한다.” 헤겔은 이 명제를 후에 『법철학』에서 거의 똑같이 반복하였다.[6] “그러므로 법의 명령은 다음과 같다. 하나의 인격이거라, 그리고 타인을 인격으로 존중하여라(sei eine Person und respektiere die anderen als Personen).”

인격존중의 원리는 칸트 그리고 그에 좇아 헤겔에 의하여 하나의 법원리로서 그 철학적인 표현을 얻었으나, 그 정신사적 연원은 훨씬 소급된다. 그 연원은 기독교에 있으며, 특히 모든 인간은 신의 자식, 그의 ‘동일형상’(Ebenbild)이며 따라서 인간은 타인 안에 있는 신의 동일형상을 존중하여야 한다는 관점이 그러하다. 헤겔도 이러한 연계를 의식하고 있었다. 그는 역사철학에 관한 강의[7]에서 후기 로마에 대한 기독교의 영향에 언급하였다. 그는 그에 있어서의 결정적인 관점을 다음과 같이 강조하고 있다. “그 자체로서 본다면 유한자에 지나지 않는 인간은 동시에 신의 동일형상이며, 그 자체 무한성의 근원이다. 그는 자기목적(Selbstzweck)이며, 그 자체 내에 무한한 가치와, 영원성의 규정을 가진다.” 몇 개의 문장 다음에 그는 “최초의 추상적 원리들”――“세속적 제국을 위하여 기독교 신앙에 의하여 발견된”――에 언급한다. 첫째로 그는 노예제의 부정을 든다. 왜냐하면 “인간은 이제 그 일반적인 성질상 신 안에서 인간으로 파

---

6) *Rechtsphilosphie*, §36.
7) *Sämtliche Werke*(Glockner Ausgabe), Bd. 11, S. 427.

악된다. … 모든 특수성에서 전적으로 벗어나서 인간은 그 자체 그리고 인간이라는 것만으로 무한한 가치를 지니며, 이 무한한 가치는 출생과 국적의 모든 특수성을 지양한다." 노예제의 부정은 상호존중의 원리로부터도 직접 도출된다. 그 때문에 헤겔은 이를 받아 『철학입문』에서, 비록 노예제를 허용하는 법률이 존재하기는 하나 이 법률은 이성 또는 절대적인 법과 상치된다고 말하였다. 그러니까 칸트와 헤겔의 논설은 원래 기독교적인 관념을 그들의 윤리학의 말로 바꾸고, 그로부터 법에 관한 결론을 도출한 것에 불과한 것이다.

슈타믈러도 그의 정당한 법에 관한 네 원칙 중 처음 두 개의 원칙을 '존중의 원칙(Grundsätze der Achtens)'이라고 부른다.[8] 그에 의하면, 그 원칙은 "법적으로 기속되는 개인을 그 자신의 의사에 따라 정당한 자유와 올바른 자기결정의 상태로 유지함을 지향한다." 누구도 타인의 '주관적인 자의恣意'에 전적으로 예속되어서는 안 된다고 말하는 것이 더 이해하기 쉬울 것이다. 어떠한 법적 명령도 자기행위를 자기가 결정할 가능성을 전적으로 박탈하여서는 안 된다. 이로부터, 노예제도의 설정이 정당한 법이 아니라는 것을 쉽사리 추론할 수 있다. 왜냐하면 노예는 이러한 가능성을, 적어도 법적으로 보장된 것으로는 가지지 못하기 때문이다. 슈타믈러는 다른 곳에서 노예제도를 "내용적으로 부당한 제도"라고 하였다.[9]

---

8) Stammler, S. 148 ff.
9) Stammler, S. 183.

노예제를 정당한 법의 제도가 아니라고 부인하는 것은 상호존중원리의 '소극적 기능'의 결과이다. 농노제나 강제노동과 같은 전적인 종속관계 ──강제노동은 천재지변에 있어서와 같은 때의 비상근무의무나 기본적으로 모든 사람에게 적용되는 법률에 근거한 공공을 위한 시간적으로 한정된 근무(예를 들면 병역의무에 갈음하는 보충근무)가 아닌 한──는 노예제와 동일하게 보아야 한다.

적극적 측면에 있어서는 그 원리의 제1의 귀결 ──현재는 거의 모든 법질서에서 인정되는──은 모든 인간에게 권리능력을 인정하는 것이다. 그것은 오늘날의 실정적 법질서에 있어서는, 모든 사람이 헤겔의 말대로 특수성(Partikularität)의 차이에 상관없이 권리와 의무를 가질 수 있다는 것을 의미할 뿐이다. 그러나 보다 정확히 말하면 그것은 그 이상의 것, 즉 모든 인간은 그가 인간이라는 사실 자체로써 적어도 하나의 권리, 즉 존중받을 권리, 그 인격을 침해당하지 않을 권리를 가진다는 것을 의미한다. 이 존중받을 기본권리로부터 생명과 건강을 침해받지 않을 권리, 자유로운 인격전개의 권리 및 기타의 '여러 인권'(Menschenrechte) ──이 표현대로 인간이기 때문에 그에 속하는──이 도출된다. 그 상세한 내용은 다양한 차원에서 전개되는 ──일부는 국가법의 차원에서, 즉 헌법, 단순한 법률 및 재판에 있어서, 또 일부는 [유럽연합의] 유럽인권협약*1에 있어서

*1 유럽인권협약(European Convention on Humam Rights)의 정식명칭은 「인권과 기본적 자유의 보호를 위한 협약(Convention for the Protection of Humam Rights and Fundamental Freedoms)」이다. '로마조약'이라고도 부른다. 1950년

와 같이 국제적인 차원에서 —— 항상 반복적으로 일어나는 구체화 절차에서 형성된다.

상호존중의 원리는 현재 독일의 법에서는 기본법 제1조 제1항에 명확하게 실정화되었다. 그 조항은, 인간의 존엄은 불가침이며, 이를 존중하고 보호하는 것은 모든 국가권력의 의무라고 규정한다. 그러나 모든 개인도 타인의 존엄을 존중하여야 할 의무가 있으며, 그 존엄을 해치는 모든 행위는 위법하다는 것도 의심의 여지가 없다. 판례는 이로부터 '일반적 인격권'의 법리를 발전시켰으며,[10] 그 권리의 구체적인 내용은 괄목할 만하게 진보되었다. 그러나 개별적으로 어떠한 행위가 타인의 존엄을 해쳤는지는 항상 반복적으로 일어나는 구체화과정을 통해서만, 즉 시간적인 위상 내에서만 확실하게 된다. 그에 있어서 결정적인 것은 법발견에 책임 있는 이들의 판단 및 어떠한 행위에 대한 공중의 반응이다. 그리하여 고문 —— 어떤 종류의 것이든 ——, 태형과 같은 명예침해적인 형벌 및 신체학대는 분명히 인간의 존엄에 맞지 않는 것으로 평가된다. 인간의 존엄에 대한 존중의식이 장차 첨예화되어 공중과 법원이 그 침해에 보다 예민하게 반응할 것이 기대된다. 헹켈은 정당하게도, "타인의 존엄에 상응하는 행태에 대한 요구의 정도를 정함에 있어서는 인간의 본질에 대한 인식의 상태와 그로부터 도출되는 사회적 · 윤리적 귀결이 중

11월 4일에 로마에서 서명되어 1953년 9월 3일 발효하였다. 동 조약에 기하여 유럽인권위원회와 유럽인권법원이 설치되어 있다.
10) Larenz, *Schuldrecht*, Bd. 2, §72 Ⅲ a 참조.

요한 역할을 담당한다"고 지적한다.[11] 그러나 인간의 가치와 그 존엄에 대한 의식을 청소년의 교육 및 그들에의 모범 제시로써 강화하는 것이 더욱 결정적일 것이다. 그러나 유감스럽게도 현재의 세계에는 이 점에 관하여 비관적으로 보이는 여러 현상이 발생하고 있다.

다른 유럽 여러 나라의 헌법에 있어서와 마찬가지로 독일기본법에 실정화된 '기본권'(Grundrechte)의 상호존중 원리와의 관련은 신앙 및 양심의 자유(독일기본법 제4조) —— 역사적으로는 가장 오래된 자유의 하나이다[12] —— 에 있어서 특히 분명히 나타난다. 인간의 특징이 스스로의 양심에 따라 선과 악에 관한 신념을 형성하고, 자유로운 확신에 따라 신앙을 가질 수 있다는 점에 있다고 한다면, 자신의 확신에 따른 신념 형성을 방해하고, 심지어는 다른 신념을 가지도록 강요하는 것은 그에게 주어져야 마땅한 존중에 모순한다. 이러한 인식을 관철하여 현대의 국가가 그의 시민에게 신앙과 양심의 자유 및 종교 활동의 자유를 보장하기까지는 많은 시간과 치열한 투쟁을 필요로 하였다.

여기서는 여러 가지의 기본권의 기초를 이루는 인격존중의 원리만을 문제삼고 있으므로 여러 기본권을 상세히 살피지는 않기로 한다. 그들 기본권은 애초 봉건적 절대주의에 대한 투쟁 속에서 막강한 국가권력에 대한 개인의 방어권으로 고안된 것이며, 이는 현재

---

11) Henkel, S. 264.
12) 양심의 자유의 역사에 관하여는 Berber, *Das Staatsideal im Wandel der Weltgeschichte*, S. 186 ff.

법치국가(Rechtsstaat)의 기본적인 요소로 이해되어야 한다.[13] 이에 관하여는 법치국가에 관한 장에서 다시 언급하기로 하고 여기서는 단지 '자유'(Freiheit)의 개념에 대하여 몇 마디 하고자 한다. 자신에게 어떠한 법칙을 과하고, 자신에 의하여 인식·인정된 윤리적 규범에 스스로 기속되며 그에 따라 행위하는[14] 사람만이 도덕적인 의미에서는 자유이다. 그에 반하여 찰나적인 기호와 욕망만을 좇고, 자신을 지배하지 못하며 되는 대로 놓아 두는 사람은 이런 의미에서는 부자유하다. 왜냐하면 그는 그에게 작용하는 '자극'(Reize) 또는 외적 원인의 놀이개이며, 다소간 그것들에 굴복하기 때문이다. 사람이 양심에 좇아 자신에게 일정한 행위법칙을 적용하고 그에 따라 자신의 행동을 결정할 수 있을 때에 비로소 그의 자유는 윤리적 의미에서 완성된다. 이러한 의미의 자유는 태어날 때부터 인간에게 주어지는 것이 아니라, 스스로가 외적인 영향과 그에 의하여 결정되려는 자신의 성향에 끊임없이 반항함으로써 얻어진다. 이러한 싸움 속에서 어느 하나를 택하기로 정하지 못한다면 그는 다른 것도 택할 수 없다.[15] 진정한 자유, 즉 윤리법칙하의 자유를 택할 가능성은 선택가능성, 칸트적 의미에서의 '의지의 자유'(Freiheit der Willkür) ── '진정한' 자유 그 자체는 아니나 그 전제조건인 ──를 전제로 한다. 그

---

13) 이에 관하여는 Herzog, S. 363 ff. 참조.
14) 윤리적 자유에 관하여는 Ryffel, S. 146 ff. 참조.
15) Nicolai Hartmann, *Das Problem des geistigen Seins*, 1932, S. 143이 적절하게 지적한다. 즉 "모든 실제의 자유는 선을 행할 자유임과 동시에 악을 행할 자유이다."

것은 오류에의 자유, 역설적으로 들릴지 모르나 부자유(윤리적 의미에서)에의 자유를 포함한다. '자유권'(Freiheitsrecht)이 논의될 때에는 이 선택의 자유 또는 의지의 자유가 문제인 것이다.[16]

그러나 법상태(Rechtszustand) 아래서는 그러한 의지의 자유는 다른 사람도 같은 자유에 대한 권리를 가지고 있다는 데서 연유하는 한계 안에서만 성립한다. 나아가서 그 자유는 위법한 행위를 할 자유를 포함할 수 없다. 왜냐하면 그러한 자유는 모두의 자유가 보호받는 법상태 자체를 파괴할 것이기 때문이다. 법치국가의 조건을 만족시키는 공동체 내의 공동생활을 위하여 모든 사람은 그들의 자유에 대한 제약——이것 없이는 그 자유 자체가 불가능하다——을 감수하여야 한다. 그러므로 모든 자유권은 타인의 자유권과 의무들——법이 법적 평화를 위하여, 그리고 법사상을 실현하는 공동체의 성립을 위하여 모든 사람에게 부과한——에 접하여 그 한계가 그어진다. 이로써 무엇보다도 칸트 이후로 많이 문제된[17] 법강제(Rechtszwang)의 허용성의 문제도 해소된다. 권리를 주장하는 이는 그에 상응하는 의무를 감수하여야 한다. 이 의무를 이행하지 않을 때는 그 이행을 강제당할 수도 있다. 왜냐하면 자유에 대한 그의 권

---

16) 법질서의 의미에 있어서의 자유에 관하여는 Coing, S. 188 ff. 참조. 독일기본법 제2조 제1항의 자유개념에 관하여는 BVerfGE 6, 36; Maunz/Dürig, *Grundgesetz*, Nr. 3, 4 zu Art. 2 Abs. 1 GG.

17) Binder, *Philosopie des Rechts*, 1925, S. 351 ff.; *System der Rechtsphilosophie*, 1937, S. 21 ff.가 그러하다. 기본적으로 그 문제는 빈더에 있어서 오랫동안 불가해하였다. 왜냐하면 그는 칸트에 좇아서 권리를 의무의 반면으로서의 청구력으로 이해하지 않고, 전적으로 강제력을 행사할 권한으로만 보았기 때문이다.

리는 그와 결합되는 의무로부터 벗어난 권리가 아니기 때문이다. 그렇다고 해서 ──법이 윤리규범에 반하는 것을 요구하지 아니하는 한── 진정한 (윤리적) 자유가 침해되지는 않는다. 그러나 법이 윤리규범에 반하는가의 여부는 개개인의 양심이 결정하므로 갈등이 생길 수도 있다. 독일기본법은 병역의무를 양심상의 이유로 거절할 수도 있음(독일기본법 제12조의a 제2항)을 상정함으로써 그 갈등을 고려하고 있다. 그 이외에는 모든 사람은 그러한 갈등을 스스로 견디어 내야 한다. 즉, 자신의 어떠한 결정의 결과를 감수하여야 한다. 왜냐하면 진정한 양심의 갈등을 결정적으로 해결할 수 있는 법정法廷이란 존재하지 않기 때문이다.

다수인의 자유권이 상호간에 또는 다른 사람의 인격권과 충돌하는 경우 ──예를 들면 자유로운 의사표현의 자유와 명예권 또는 프라이버시권과의 충돌과 같이── 에는 개개인의 권리가 가능한 한 최대한의 범위 내에서 인정되도록 타협이 이루어져야 한다. 이것은, 어떠한 권리도 다른 사람의 권리가 지나치게 제한되지 않도록 함에 필요한 한도 이상으로 양보되어서는 안 됨을 의미한다. 법률이 이러한 갈등의 해결을 위하여 충분치 않을 때에는 법원은 이익형량을 행한다. 그에 있어서는 자신의 권리가 관철됨에 대하여 가지는 개개인의 이익을 서로 비교하고, '균형 잡힌' 해결이라는 의미에서의 정당한 타협을 모색한다.[18]

---

18) 이에 관하여는 뒤의 제5장 제2절 3. 참조.

이러한 연관에서, 헌법에 실정화된 기본권이 '초실정적'(über-positiv)인 성질의 것인가, 즉 존중받을 기본권이 실정적 법체계 내에서 어떠한 방식으로 형상화되었는지에 상관없이 그가 인격(Person)이고 다른 사람에 대하여 법적인 관계를 가진다는 이유만으로 모든 사람에게 주어지는가 ──이것이 독일기본법의 입법자의 견해임은 그 법 제1조 제2항의 문언이 명언한다 ──, 아니면 단지 실정법(여기서는 실정적 헌법)에 의하여 비로소 효력을 가지는가가 문제되며 또 문제되지 않을 수 없다.[19] 이에 관하여 우리의 입장에서는, 기본권이 독일기본법 또는 독일에 효력이 미치는 유럽인권선언에 있어서 규정되고 내용적으로 상세히 정하여진 형태로서는 그것은 실정법에 속한다고 할 수밖에 없다. 그러므로 이러한 구체적인 형태의 기본권은 절대적이라고 단정할 수 없으며, 시간을 초월하는 불변의 것으로 간주될 수는 없다.[20] 물론 그것은 정당한 법의 원리, 즉 상호존중의 원리의 구체화이며, 따라서 이미 살펴본 대로 '상대적으로' 정당한 법이다. 그에 반하여 그 원리 자체 및 그에 근거한 상호존중에 대한 기본권은 그에 상응하는 기본의무(Grundpflicht)와 마찬가지로 실정법에 의한 구체화의 필요성에 상관없는 '초실정적'인 것이다. 그것은 모든 법질서에 본질적인 것이다. 헹켈이 "자신의 인격을 존중하여 줄 것을 구하는 인간의 권리는 인간존엄 그 자체와 마찬가지

---

19) 이에 관하여는 Herzog, S. 367 ff. 참조.
20) Ryffel, S. 314 ff.도 그러하다.

로 인간이 부여한 것이 아니다. 그것은 모든 인간의 질서에 선행하
는, 선결된 '자연적' 권리 ——다른 모든 인간에 대한 관계에서 모든
인간에게 귀속되는 ——이다"라고 한 말[21]에 우리는 동의한다. 그러
므로 상호존중에 대한 권리는 실정법에 의하여 주어지는 것이 아닌
것처럼 실정법에 의하여 빼앗길 수도 없다. 그것은 불가침이고, 인
간이 처분할 수 없는 것이며 따라서 포기할 수 없는 것이다.[22] 실정
법에서 기본권 및 자유권을 구체적으로 규정함에 있어서 이를 전체
적으로 또는 부분적으로 부인하거나 특정한 법률로 이를 박탈하는
경우 그 법은 결코 '정당한 법'이 아니며, 오히려 현저히 부당한 것
이다. 이 경우에는 여러 원리의 '소극적 기능', 즉 그에 명백히 반하
는 규정을 부당한 것으로 만드는 기능을 상기할 필요가 있다.

상호존중의 원리가 실정법에 구현됨에 있어서는 단지 '기본권'
규정에서만 나타나는 것은 아니고 오히려 그것은 전체의 법질서를
관통한다. 그것은 우선 모든 계약, 따라서 계약법 전체의 기초를 이
룬다. 왜냐하면 내가 다른 사람과 계약을 맺는다는 것은 그 타인의
의사에 나의 의사와 마찬가지의 효력을 인정함을 의미하고, 따라서
그가 나를 인정하듯이 나도 그를 인격(Person)으로 승인하는 것이
되기 때문이다. 계약은 법의 기본범주이다. 그리고 근세의 자연법론
에 있어서 그것이 중심적인 지위를 차지한 것은 우연한 일이 아니

---

21) Henkel, S. 264.
22) "나의 가장 고유한 인격과 내 자아의식의 일반적 본질을 이루는" 바의 양도할
    수 없는 가치에 관하여, 헤겔은 그의 『법철학』, §66에서 논하고 있다.

다.[23] '일반적 인격권'에 대하여는 이미 언급한 바 있다. 그것은 인격의 직접적인 존재형태, 인격의 표현형상(가령 그의 초상이나 저작 또는 예술상의 표현), 개인적인 의견표명(가령 편지나 일기 또는 연설 등에서의) 및 기타의 가치 있는 인격표현을 보호한다. 이와 같은 포괄적인 권리가 독일의 법체계 내에서 인정되기 전까지는 인격권이 전혀 보호되지 아니하였었던 것처럼 생각하여서는 안 된다. 전에도 자신의 초상에 대한 권리와 같은 특정한 인격권이 인정되었고 명예는 형법상 보호되었다. 일반적 인격권이 판례에 의하여 '창출'됨에는 녹음기나 도청 장치와 같이 개인영역에의 침입을 가능케 하는 기술적 수단의 출현이 크게 작용하였다. 당초에는 일반조항과 같은 광범위한 권리가 인정됨에 대한 우려가 제기되었었다. 그러한 우려는 그 후 그 권리의 내용을 구체화하는 작업이 진행됨에 따라 감소되었다. 또한 이러한 구체화작업의 진행과 함께 일반적 인격권은 점점 분명한 윤곽을 가지게 되었다.

상호존중의 원리가 현행의 사법에 구현되는 또 하나의 '창구'는 독일민법 제138조(선량한 풍속에 반하는 법률행위의 무효)와 제826조(선량한 풍속에 반하는 고의의 가해행위에 기한 배상책임)라는 일반조항이다. 그 조항의 적용에 있어서는 '과도제한의 금지'(Übermaßverbot)라는 의미에서의 비례성의 원리, 중용의 사상이 작용한다. 당사자의 경제적인 활동가능성을 '과도하게' 제한하는 계약, 이른바 속박계약

---

23) 오늘날 롤즈가 이와 같은 견해다.

(Knebelungsvertrag)은 무효이다. 또한 당사자의 영업이나 직업활동의 자유를 과도하게 제한하는 계약이나 거주 및 이전의 제한에 대하여도 마찬가지이다.[24] 그와 같은 인격의 전개에 불가결한 자유들은 이를 포기할 수 있는 경우가 있다고 하더라도 그것은 제한된 범위 내에서만 가능하다. 어느 누구도 자신의 권리능력이나 행위능력 또는 재산을 취득하거나 처분할 권능을 포기할 수 없음은 실정법 자체에서 자명한 일이다. 전폭적인 예속관계는 계약에 의하여서도 설정될 수 없고, 그러한 계약은 법질서가 이를 긍인하지 않는다. 누구도 자신의 인격성(Personhaftigkeit)을 또는 타인의 인격을 처분할 수는 없다. 이미 슈타믈러는 그가 마련한 상호존중의 원칙으로부터 이러한 귀결을 도출해 낸 바 있다.[25]

앞서 상호존중의 원리가 어느 법체계에나 불가결한 것이라고 말한 바 있으나, 이것은 그 원리가 어느 법체계에서도 완전히 실현되어 있음을 의미하는 것은 아니다. 반대로, 우리가 오늘날 그 원리의 귀결로 인정하는 모든 것을 긍정하는 데 수천년이 걸렸다. 19세기까지는 기독교국가와 국민까지도 노예제도를 인정하거나 묵인하였다. 태형이나 효수梟首와 같은 능멸적인 형벌에 대해서도 마찬가지이다. 노예제도를 법적 제도로 알던 고전고대의 법질서에 있어서 상호존중의 원리는 그리스 도시국가에 있어서의 민주주의의 원칙과

---

24) 이에 관하여는 Larenz, *Allgemeinen Teil*, § 22 Ⅲ b의 논증 참조.
25) Stammler, S. 268 ff. 참조.

마찬가지로 실정법적으로는 일부의 인간, 즉 자유민에게만 적용되었다. 그러므로 이들 법질서는 오늘날 우리의 견지에서는 그 한도에서 부당한 법이다. 비록 당시의 인간들은 이것을 인식할 수 없었고[26] 그러므로 그 효력은 '실정법'으로서 당시에는 의문의 여지가 없었다고 하여도 말이다. 어떠한 원리를 인식하고 이를 실정법에 관철하는 것은 종종 긴 과정을 필요로 하며, 특히 그 원리를 개개의 법명제와 개별적인 사안의 판단에 있어서 구체화하는 것은 결코 종결되지 않는 하나의 과정이다. 그럼에도 우리는 그 과정의 확실한 성과를 발견하고 또한 그러한 과정이 더욱 계속되리라는 것을 인정할 수 있다. 따라서 원리는 단순한 하나의 '사고물思考物'(Gedankending)일 뿐 아니라 법의 새로운 형성과 발전의 과정에 있어서의 현실적인 요소이다.

상호존중의 원리는 대부분의 다른 원리들이 다소간 이를 전제로 하므로 이들보다 근본적인 것이다. 이것은 다음에 우리가 계약법의 여러 원리를 다룰 때 보다 분명하게 될 것이다.

---

26) 아리스토텔레스까지도 노예제를 다음과 같은 주장으로써 합리화할 수 있다고 믿었다. 즉 이성이 결핍되어 있어서, '천성적으로' 노예로서 타인에게 봉사하도록 결정된 인간이 존재한다는 것이다(『정치학』, 제1권 제5장). 모든 인간이 그 자체로서, 따라서 원리적으로 자유라는 인식은 기독교에 의하여 비로소 가능하게 되었다.

제 3 장 개인영역에서의 원리

제 1 절   계약에서 자기결정과 자기구속의 원리

계약이 법의 기본범주이고, 어느 법질서에나 존재함은 이미 언급한 바 있다. 마찬가지로 계약이 원칙적으로 구속력을 가진다(계약은 준수되어야 한다 pacta sunt servanda)는 명제도 어느 법질서에나 공통된다. 그러나 어떠한 실정법체계가 요구하는, 체결된 계약이 유효하기 위한 요건——가령 형식의 요구 여부와 관련하여서——은 제각각이다. 위의 명제는 단지 계약의 개념 자체가 의미하는 바, 즉 계약에 의하여 두(또는 그 이상의) 당사자가 서로, 일방이 상대방에 대해서 일정한 방식으로 '구속된다'는 것을 밝힐 뿐이다. 이러한 구속은 내용상 서로 일치하는 두 개의 '의사표시'(Willenserklärungen)에 의하여 통상 발생하게 된다. 일방의 당사자는 의사표시에 의하여, 이로써 합의된 내용이 그들 사이에서 법이 되도록 하려는 것, 즉 효력을 가질 것(gelten)이라는 자신의 의사가 상대방에게 인식되도록 한다. 계약은 두 당사자가 이에 동의할 때, 즉 그들의 의사표시가 내용적으로 일치하는 때에만 효력을 가지므로 각자의 계약에의 구속은 자신의 고유한 의사에, 자신의 자기결정(Selbstbestimmung)에 근거를 두는 것이다. 계약당사자는, 이러한 전제 아래서만 다른 당사자도 구속된다는 것, 다른 당사자가 그에게 약속한 것도 이러한 전제 아래서만 신뢰할 수 있게 된다는 것을 알기 때문에 스스로 구속된다. 따라서 계약체결은 누구에게나 자기구속(Selbstbindung)을 통한 자기결정행위이다.

자신이 타인과 계약을 체결하는 것을 통하여 나는 타인의 자기결정을 승인하고, 따라서 그를 하나의 인격으로 인정한다. 율리우스 빈더(Julius Binder)가 적절하게도 다음과 같이 말하였다.[1) "이 사실을 철학적으로 고찰함에 있어서 본질적인 것은, 계약에 있어서는 거래당사자의 인격이 인정되고 전제되어 있으며, 그렇기 때문에 계약은 거래가 개개인의 개인적 영역에 한정되지 않고 다른 법주체의 영역에 간섭하게 되는 모든 경우에 있어서 사법적 의사활동의 불가결한 형식이라는 것이다." 자신의 타인에 대한 법적인 관계를 권위자의 명령이나 강제력의 사용에 의해서가 아니라 그와의 계약에 의하여 규율하여야 할 필연성은 상호존중의 원리로부터 발생한다. 그러나 예를 들면 계약해지(Kündigung)와 같이 타인의 영역에 개입하는

---

1) *Philosophie des Rechts*, 1925, S. 479.

일방적인 법률행위도 존재한다. 그러나 그러한 법률행위를 유효하게 하려면 그에 대한 권한——앞서 체결된 계약에 의하여서 또는 모두에게 균등하게 적용되는 법률규정에 의하여서 부여되는——이 필요하다. 법질서가 계약관계를 기간 만료 전에 해지할 권리나 계약해제권을 부여하는 것은 주로 상대방이 그의 계약상 의무를 이행하지 않았을 때, 또는 장기간 계속되는 계약관계에 있어서는 신뢰의 기초가 현저하게 파괴되었거나 기타의 이유로 계약관계의 지속이 일방 당사자에게 더 이상 기대될 수 없는 때이다. 그러나 사법私法에 있어서는, 국제법과 같은 동등자 사이의 관계에 있어서와 마찬가지로, 원칙적으로 누구도 상대방에게 의무나 기타의 법적인 불이익을 일방적으로 부과할 수 없으며, 이러한 일은 오직 관계 당사자가 계약의 형태로 이를 자의自意에 기하여 수락함으로써만 발생할 수 있다.

계약이 자기결정의 행위가 되기 위한 전제는, 각 계약당사자가 직접적인 강제를 받지 않고 또 강박이나 계약상대방의 사기에 영향을 받음이 없이 결정을 내릴 수 있어야 하며, 또 의사표시가 그 내용이 되는 법률효과를 발생시키려는 그의 의사를 착오 없이 표현하여야 한다는 것이다. 따라서 아마도 모든 실정의 법체계는 이를 확보하기 위한 규정을 두고 있다. 특히 간결하면서도 함축적인 규정으로 오스트리아민법(ABGB) 제869조를 들 수 있다. 즉 "계약에 있어서의 의사는 자유롭고 진지하며 명확하게 그리고 이해가능하도록(frei, ernstlich, bestimmt und verständlich) 표시되어야 한다." 이러한 요구를 만족시키지 못하는 의사표시가 무효인가 아니면 단지 취소가능한가 하는 것은 2차적인 문제이다.

사법적 계약 ── 기타의 것은 논외로 해 둔다 ── 의 대상은 주로 재화와 노무의 교환이다. 이와 연결되어 금융거래, 담보행위 및 기타의 재화교환과 지급거래에 대한 보조행위가 성립한다. 재화거래는 개개인이 인격에 결합되지 않은, 즉 원칙적으로 이전가능한 재화를 처분할 수 있음을 전제한다. 그러한 재화에는 우선 사람이 소유하는 물건 그리고 채권 특히 금전채권 및 노무공급의 결과(도급계약)가 속한다. 이로써 소유제도, 즉 어떠한 물건에 대한 개인의 지속적 지배가 법적으로 승인되고 따라서 다른 모든 사람은 이 물건에 대하여 간여할 수 없게 되는 제도가 시야에 들어온다. 이것도 계약과 마찬가지로 법적인 관계의 근본적인 형식이다.[2] 우선 옷, 가구, 주거, 작업도구와 치장물과 같은 개인적인 수요의 대상을 생각해 보라. 이와 같은 가장 친숙하고 원초적인 의미의 소유권 ── 인간이 그것 없이는 자신의 인격에 상응하는 환경을 조성하거나 장래에 대비하거나 애초 고유한 생활영역을 구축할 수 없는 ── 은 비록 제한된 범위 내에서이기는 하나 현재의 공산국가에도 존재하고 있다. 소유권에 관한 다양하고 광범위한 문제와 소유권의 현대 산업사회에서의 여러 양상, 가령 생산수단의 소유나 토지소유권의 사회적 제한, 재산형성이나 재분배의 문제에 대하여는 논하지 않기로 한다. 왜냐하면

---

[2] 이에 관하여는 Ryffel, S. 324 참조("인류학적 상태常態").

여기서 우리는 재화와 노무의 교환, 즉 사법私法의 장에 있어서의 개인의 자기결정의 조건만을 다루고 있기 때문이다. 즉 여기서는 당장의 문제보다도 부분적으로는 보다 근원적인 고찰을 하려는 것이다.

또한 '물권'계약과 '채권'계약의 구별, 처분행위와 의무부담행위의 구별에 대하여도 깊이 들어가지 않는다. '계약에의 구속'은 어떠한 의무의 부담을 의미할 수도 있고, 또한 가령 일방은 소유권자가 아니게 되고 상대방은 새로이 소유권자가 되는 것과 같이 이제부터는 합의된 대로 변화된 법상태가 지배함을 의미함에 그치는 수도 있다. 이 두 경우에 모두 '구속'이란 합의된 것의 불가파기성, 불가위반성을 의미하는 것이다.

그러나 어떻게 해서 인간은 일정한 의사표시를 함으로써 자신을 이에 구속시킬 수 있을까 또는 흔히 말하듯 하나의 구속상태를 창출할 수 있을까. 인간이 이러한 것을 할 수 있다는 것은 결코 자명하지 않으며 오히려 매우 기이한 일이다. 사람은 자기 스스로 구속되는 것이 아니라 실정법의 규정에 의하여 비로소 구속된다고 설명하는 것으로써 이 문제를 회피할 수는 없다.[3] 왜냐하면 그것은 계약의 의미를 오해하는 것이기 때문이다. 베르너 플루메(Werner Flume)가 다음과 같이 말한 것은 정당하다.[4] "계약의 이념은, 계약당사자들이

---

3) 당위의 근거는 당사자의 의사에 있는 것이 아니라 입법자의 의사에 있다고, 1941년에 슈미트-림플러가 당시 지배적이던 실증주의에 좇아 말하였다(Schmidt-Rimpler, *AcP* 147, S. 163). 그리고 그는, 이것은 "오늘날 거의 일반적으로 인정되었으며, 자명하다"(!)라고 덧붙였다.

4) Flume, *Allgemeiner Teil des Bürgerlichen Rechts*, Bd. 2, 2. Aufl., 1975, S. 7.

합의된 내용을 각각의 자기 결정에 따라 계약상 법이 되어야 할 것 (rechtens sein soll)으로 합의하였기 때문에 그 합의내용이 효력을 가진다는 것이다." 즉 그들이 스스로 구속되기 때문이라는 것이다. 계약은 구속적인 것으로 의욕되고 그와 같이 요해되었기 때문에 구속하는 것이며 실정법과는 관계 없다 ──그러나 실정법은 일정한 요건이 있으면 계약에 법적인 제재(Sankion)를 거부하는 경우가 있기는 하다──. 그러므로 두 사람의 무국적자가 어딘가의 '미개지'에서 체결한, 가령 물건을 서로 교환하기로 하는 계약도 역시 당사자를 구속한다. 국가 사이 또는 나라의 지배자들 사이의 계약은, 실정의 국제법에 관하여 무지했던 때에도 역시 구속적으로 인정되었을 것이다. 또 실정법이 가령 형식의 흠결이나 법률위반을 이유로 그 효력을 인정하기를 거부하고 따라서 법적인 제재가 발생하지 않는 계약도 당사자 사이에서는 구속적으로 생각되고 준수된다.

자기구속이라는 현상은 법의 영역에 한정되지 않고, 도덕의 영역에서도 서로 교환된 약속에 대한 도덕적인 기속이라는 형태로 나타난다. 누구도 이러한 약속을 지키는 것이 도덕적으로 요구되는 바임을 의심하지 않는다. 그러나 그것은 어떠한 연유에서일까. 사람들은 그 이유를 약속행위 안에서 혹은 그 밖에서 탐색한다. 아돌프 라이나흐(Adolf Reinach)[5]는 전자의 길을, 프리드리히 바셍게(Friedrich

---

5) Reinach, *Zur Phänomenologie des Rechts*(Neudruck der Abhandlung "Die apriorischen Grundlagen des bürgerlichen Rechts"), 1953.

Bassenge)⁶⁾는 후자의 길을 취했다.

　두 사람은 우선, 약속(Versprechen)이 단순한 의도의 표시와는 다른 어떤 것이라고 일치하여 주장한다. 내일 특정한 장소로 산책을 하겠다는 뜻을 다른 사람에게 알려 준 사람은 그것만으로는 의무를 부담하지 않는다. 상대방이 이것을 받아, 당신을 만나기 위해서 같은 장소에 가겠다는 의사를 밝혔어도 위의 사람은 아직 그 예정사를 실행할 의무를 부담하지 않는다. 다만 그는 상대방에게 실망을 주지 않기 위해서 그 예정의 변경을 알려 줄 (도덕적) 의무가 있을 수 있을 것이다. 그렇지만 그가 상대방에게 일정한 시간에 특정한 장소에서 서로 만나기로 확약한 때에는 경우가 다르다. 이 경우에는 약속(Zusage)을 지키지 못함을 정당화하는 특별한 사정이 있는 경우를 제외하고는 그 약속을 지킬 의무가 있다. 상대방은 그 약속을 신뢰하였고, 그것이 지켜지지 않았을 때는 그를 비난한다. 자신의 약속을 지키지 않곤 하는 사람을 사람들은 '믿지 못할' 사람이라고 한다. 그 언명에는 의문의 여지 없이 비난이 섞여 있다. 그러므로 약속의 의미는, 의도의 전달과는 달리, 약속자가 자신이 약속의 내용에 대하여 책임을 부담함을——그 결과로 만일 그가 이를 지키지 않으면 그에게 도덕적 비난이 가하여진다——표현하였다는 것이다.

　프리드리히 바셍게는 약속을 하나의 의도적인 신뢰조성(Ver-

---

6) Bassenge, *Das Versprechen*, 1930.

trauenserregung)행위로 본다.[7] 약속자는 수약자受約者로 하여금 약속을 신뢰하도록 할 의도로 그와 관계를 맺는다는 것이다. 그로부터 그는, 약속은 상대방이 실제로 신뢰하였을 때 비로소 완성된다는 결론을 도출하였다.[8] "신뢰가 조성되지 않으면 약속은 없다." 바셍게는 이와 같이 하여 완성된 약속의 도덕적 구속의 근거를, "현실화된 신뢰는 보답되어야 한다"는 도덕적 요청에 둔다.[9] 약속의 구속력의 근거를 이와 같이 설명하는 데 대하여는 많은 반론이 있다. 우선, 약속은 수약자가 이를 사실상 신뢰하지 않으면 이루어지지 않고 구속도 성립하지 않는다고 하는 것은 전혀 설득적이지 못하다는 것이다. 약속자는 약속이 준수됨을 전제로 행동해 온 수약자에 대하여 수약자가 애초부터 자신을 믿지 않았었고 따라서 자신도 구속되지 않는다고 주장할 수 있는가? 법에 있어서 이러한 것은 전혀 수긍할 수 없다. 또한 대체 수약자는 통상 어떠한 이유로 약속을 신뢰하는가라는 의문이 남는다. 약속자가 자신의 신뢰를 일으킬 의도를 가지고 있음을 수약자가 인식하고 있기 때문에 신뢰하는 것은 분명 아니다. 대답은, 그[수약자]가 상대방을, 자신이 약속한 것에 대하여는 책임을 지는 믿을 만한 인간으로 생각하기 때문에 믿는다는 것밖에 있을 수 없다. 그는 상대방이 자신에 대하여 약속을 통하여 스스로를 구속하였기 때문에 믿는 것이다. 따라서 그의 신뢰 자체가 구속의 근거가

7) *AaO.*, S. 14 ff.
8) *AaO.*, S. 17.
9) *AaO.*, S. 32.

될 수 없다.

　그것은 약속의 근거가 약속 자체 내에서, 보다 정확하게 말하자면 그러한 행위의 특수한 의미에서 발견됨을 말하는 것이다. 이것이 라이나흐의 답이다. 그에 따르면 청구권과 채무는 약속 그 자체 안에 근거를 가진다.[10] 약속은 특정한 방식의 사회적 행위로서,[11] 그 행위의미(Aktsinn)는 약속자가 이로써 스스로를 구속한다는 것이다. 이 견해는 기본적으로 찬동할 만하다. 그러나 인간이 그와 같은 행위를 할 능력을 갖추고 있으며 또 누구도 그 의미를 이해한다는 것은 다시금 인간이 당위를 인식하고 하나의 명령을 자신에 과할 수 있는 존재라는 사실, 즉 그의 도덕적인 본성 또는 인격성(Person-sein)에 기초를 둔다. 철학자 니콜라이 하르트만[12]은 이러한 관련에서 '인격의 윤리적인 기본능력'을 논하고, 이에 "약속을 하고, 의무를 부담하며, 계약을 체결할 뿐 아니라 나아가 — 이것이 이들 행위의 요점(punctum saliens)이다 — 자기를 보증하고, 자신의 인격을 걸고 어떤 것을 책임질 수 있는 인간의 능력"을 포함시킨다. 한 사람의 그와 같은 사고, 자기보증, 책임부담의 능력이 크면 클수록 "그의 윤리적인 능력, 그 인간성의 무게"가 더해진다. 사실 우리는 이와 같은 인간의 능력 — 책임을 자기 자신에게 부과하고 수행하는 능력과 같은 — 이 인간의 존재와 불가분이라는 사실을 확인하지

---

10) Reinach, *aaO.*, S. 59.
11) *AaO.*, S. 51.
12) Nicolai Hartmann, *Ethik*, 2. Aufl., 1935, S. 666.

않을 수 없다. 약속 및 계약에 있어서의 자기구속을 가령 신뢰조성이나 심지어는 실정의 법률, 입법자의 의사와 같은 별도의 요소에 돌려 귀결시킴으로써 이를 외면하려는 모든 시도는 그 본질을 간과하는 것이다.

그에 있어서 현실화된 신뢰는 보답되어야 한다는 바셍게의 명제는 도덕적인 요청으로서 유효할 뿐 아니라, 아래에서 보는 대로 정당한 법의 한 원리이기도 하다. 가령 하자 있는 의사표시에 대한 책임에 있어서와 같은 실정법상의 제도의 범위 내에서도 그것은 중요한 역할을 한다. 그것은 다만, 신뢰가 실제로 조성되었는지에 관계없이 발생하는 순수한 약속의 보다 광범위한 구속력[13]을 가지지 못할 뿐이다. 또한 전통적인 법에서 법적인 구속을 인정하기 위하여는 통상 일정한 형식을 요구하고 그것을 고유한 구속의 수단으로 관념[14]하였다는 사실도 자기구속이라는 명제에 어긋나는 것은 아니다. 둘카이트(Dulckeit)는 정당하게도 다음과 같이 말하였다. 즉, "이 마술적인 권력수단(Machtmittel)이 개개인의 의사에" 맡겨져 있었다는 사정은, "의사 그 자체가 법적인 행위의 이론적인 중심에는 아직 도달하지 아니한 때에라도" 그 형식에 효력을 부여하는 것이 최종적으로는 개개인의 의사이도록 한다고.[15] 오늘날에도 실정법은 합

---

13) Bydlinski, *Privatautonomie und objektive Grundlagen des verpflichtenden Rechtsgeschäfts*, 1967, S. 111 f.도 이것을 강조한다.
14) Flume, *Allgemeiner Teil*, Bd. 2, S. 244 및 같은 곳 주 1에 인용된 문헌 참조.
15) Gerhard Dulckeit, *Philosophie der Rechtsgeschichte*, 1950, S. 86 f.

제 1 절 계약에 있어서 자기결정과 자기구속의 원리 **75**

목적성의 고려 아래 일정한 법률행위의 효력발생을 형식의 준수 여부에 의하도록 규정한다. 이것은, 그러한 [형식]요건이 충족되는 경우 약속자는 그가 상응하는 행위 자체에 의하여 스스로를 구속하였기 때문에 구속된다는 사실에 영향을 미치지 않는다.

자기결정은 인격으로서의 인간(Menschen als Person)의 기본능력이다. 계약을 체결할 수 있는 가능성, 또 계약체결에 의하여 타인에 대한 법적 관계를 그 타인과의 의사합치로써 규율할 수 있는 가능성은 이 능력을 발휘하는 중요한 방법이다. 그러므로 계약자유는 정당한 법의 원리의 하나이다. 그러나 계약자유에는 많은 한계가 있다. 그 중에는 다른 원리로 인한 것도 있고, 자기결정의 사상 그 자체에서 도출되는 것도 있다.[16] 이미 앞에서 누구도 자신의 인격권을, 자신의 존중받을 권리를 유효하게 포기할 수 없으며, 자신의 자유에 지나친 제한을 가할 수 없음을 보았다. 법질서는 또한 일방이 타방에 대하여 범죄를 범하거나 그에 협력할 의무를 지는 것 또는 그 대가로 보수를 약속하거나 그러한 범죄행위로부터 이익을 취하려는 계약을 구속력 있는 것으로 인정하지 않고, 또 그것을 법적으로 뒷받침하지 않는다. 자기결정의 사상을 계약에 의하여 실현한다는 것은 일방당사자가 경제적인 허약으로 인하여 또는 타인으로부터의 급부에만 매달려야 하기 때문에 타방이 요구하는 것을 전부 받아들

---

16) 이에 관하여는 Stammler, S. 250 ff.; 또한 Raiser, Vertragsfreiheit heute, *JZ* 58, S. 1 및 *Festschr.* DJT, Bd. 1, S. 127 참조. 현재 독일에서의 계약자유의 범위에 관하여는 Larenz, *Schuldrecht*, Bd. 1, §4 참조.

이도록 강제되지 않음을 전제로 하는 것이므로, 그 한도에서 그 사상 자체로부터 제한을 도출할 수 있다. 이러한 전제는 입법자로 하여금 독점적인 필수품공급업자에게 계약체결의무(Abschlußpflicht)를 과하거나, 가령 할부매매나 일반거래약관에 있어서 일정한 계약조항을 무효로 선언하거나 —— 이에 대하여는 곧 다시 언급한다 —— 또는 적어도 명확한 계약내용 표시를 요구하게 한다.

　계약자유에 대한 제한은 또한 경제정책의 목표 설정에 의하여 가하여 질 수 있다. 이에는 특히 가격동결, 물품배당, 공급의무, 이른바 '명령계약'*1이 포함된다. 개개인의 자발적 활동을 권장하고 그들에게 경제적인 행위(및 이와 결합된 위험)에 관한 결정권을 가능한 한 광범위하게 인정함을 기본적으로 지향하는 경제체제, 그 한도에서 경제생활에 있어서 '여러 힘들의 자유활동', 경쟁, 자유로운 운동을 강조하는 경제체제에 있어서 이와 같은 제한은 예외를 이룬다. 이러한 조치는 주로 임시적인 비상상태 또는 결핍상태(예 : 제2차 대전 후의 주거강제경제*2)에 봉착하거나, 시장이 균형을 상실하였을 때에 취해진다. 경제과정 전체를 중앙통제하거나 전면계획하고, 개개인의 자발적 활동을 한정된 범위에 제한하는 경제체제에서는 오히

---

*1 명령계약(diktierte Verträge) : 당사자 간에 의사의 합치에 의한 계약이 성립되지 않을 때 법원 기타 권한 있는 기관의 처분에 의하여 당사자 사이에 일정한 내용의 계약을 체결한 것과 같은 효과를 발생하도록 하는 것.
*2 주거강제경제(Wohnungszwangwirtschaft) : 주거의 사용임대차계약(Miete)의 체결 여부, 임료의 액·지급조건, 동 계약의 해지 등에 관하여 공권적인 통제를 가하는 것.

려 이러한 제약이 계약자유를 거의 전부 구축한다. 여기서 경제체제의 우열을 판단할 필요는 없다. 최상의 경제체제에 대한 판단은 법적인 고려와는 다른 요인에 의하여 이루어지는 것이다. 단지 개개인이 '경제주체'로서도 자기결정하는 것, 따라서 계약자유가 정당한 법의 하나의 원리임을 말해 놓고자 할 뿐이다. 그러나 계약자유는 경제적 궁핍으로 인하여 이를 유의미하게 이용할 수 없는 처지의 소수인에게는 아무 소용이 없다. 그러므로 점점 더 많은 인간을, 정당한 법에 따라 그들에게 보장되는 자유를, 따라서 계약자유를 가능한한 광범위하게 행사할 수 있게 하는 지위로 끌어 올리는 것 ——이러한 자유를 더욱 제한하는 것이 아니라 ——이 올바른 정치의 목표이어야 한다. 그러나 현저한 불균형을 피하기 위하여 그때그때 어떠한 제한이 요구되는가는 입법자에 의한 정치적 결단을 필요로 하는데, 이는 구체적인 상황에 따라 달라진다.

제 2 절 쌍무계약에서의 등가원리

계약 중에서 쌍무계약 또는 교환계약, 즉 각 당사자가 자기 급부의 대가로 반대급부를 취득하는 내용의 계약은 특별한 역할을 수행한다. 각자는 어떤 것을 주는데, 그것은 그 대가로 다른 어떤 것을 얻기 위하여서이다('받기 위하여 준다' do ut des). 독일법은 이러한 계약을 모두——즉 교환이 즉석에서 이루어지는 때(현실매매 Barkauf)라도——쌍무적인 채권계약(Schuldvertrag)으로 구성한다. 즉, 일방은 상대방에 대하여 일정한 급부를 할 의무를 부담하고, 상대방은 또 그에 대하여 반대급부를 할 의무를 부담한다. '급부'에는 가령 물건의 양도, 일시적인 사용을 위한 인도(사용임대차, 용익임대차), 어떤 작업의 완성 또는 노무 등이 포함된다. 이자부 소비대차도 역시 쌍무적 계약이다(이용대가, 즉 이자와 상환으로 하는 자본의 인도 및 일시적인 이전). '일상생활'의 거래의 대부분은 쌍무계약이다.

쌍무계약에 있어서는 급부와 반대급부의 관계라는 문제가 발생한다. 각자는 통상 상대방으로부터 자신의 급부와 적어도 동가치인 급부를 취득하기를 원한다. 각자는 그에 있어서 특별한 이익——일방은 '가능한 한 싸게' 사려고 하고, 상대방은 가능한 한 비싸게 팔려고 하는 등으로——을 노린다. 그러나 상대방도 '대가를 얻으려' 하며, 따라서 그에게 충분한 반대급부라고 생각되는 것을 제공하여야 함은 누구에게나 명백하다. 이러한 의미에서 급부와 반대급부의 대략적 등가의 사상——각자가 그것에서 자신에게 유리한 것을 발견할 수 있다——은 전형으로서의 쌍무계약에 내재적인 것이다.

그러나 가령 당사자가 무경험한 경우나 비상사태 내지 궁핍으로 인하여 물건을 팔거나 돈을 빌거나 중개인, 공장 또는 위탁매매인의 도움을 받지 않으면 안 되게 되는 경우처럼, 여러 가지의 사정으로

급부와 반대급부 사이의 등가성이 단지 근접하는 정도로도 이루어지지 않을 수 있다. 거의 모든 법질서가 '폭리적인' 거래행위를 무효로 하는 규정을 가지고 있다. 그러나 독일민법(제138조 제2항)*³은 급부와 반대급부 사이의 '현저한 불균형' 외에 '주관적인 요소'가 있는 거래만을 '폭리적'이라고 한다. 즉 현저한 불균형과 아울러, 이득을 취하는 쪽이 상대방의 궁핍상태나 무경험, 판단능력의 흠결이나 심한 의지박약을 '이용'하였다는 사정 ── 이것은 그가 이러한 것을 알고 있었음을 전제한다 ──이 있어야 한다. 그러나 어디서나 그러한 사정의 존재가 요구되는 것은 아니다. 오스트리아민법은 그러한 '주관적 요소'를 항상 요구하지는 않는다. 즉 동법 제934조는 피해를 보는 측의 당사자는 "그가 상대방에게 급부한 것의 통상적인 가치의 반 이하를 반대급부로 취득한 경우는 계약의 소멸(Aufhebung)을 청구할 수 있다"고 정한다. 그러나 한편 특히 동법 제935조는, 위의 규정은 피해당사자가 "그 실제의 가치를 알고 있음에도 불구하고 그러한 불균형한 가치를 용납한 경우"에는 적용되지 않는다고 하여 이를 제한하고 있다. 즉 실제의 가치를 모르는 사람만이 보호되는 것이다. 또한 위의 규정은 "고유한 가치가 문제될 여지가 없는" 경우에도 적용되지 않는다. 로마법('과대한 손해' laesio enormis*⁴)에서 유

*3 우리 민법 제104조("당사자의 궁박, 경솔 또는 무경험으로 인하여 현저하게 공정을 잃은 법률행위는 무효로 한다") 참조.
*4 laesio enormis : 로마법상 매매대금의 고하는 당사자들의 자유로운 결정에 맡겨져 있었다. 그러나 기원 후 3세기 중 화폐가치의 하락에 따라, 그 액이 상당하지 않게 되는 예가 빈번히 발생하였다. 이러한 경우의 매도인을 보호하기 위하여

래하는 위의 규정 외에도 오스트리아민법 제879조 제2항 제4호는 폭리행위의 무효를 규정하는데, 이때에는 '주관적' 요건에 관하여 독일법과 유사한 것을 요구한다.

불균형한 이익을 자신에게 약속하게 하거나 보장받은 사람이 그 '착취'(Ausbeutung)의 책임으로 인하여 도덕적 및 법적 비난을 받는 폭리행위라는 특수한 경우를 논외로 할 때, 법질서가 과연 쌍무계약에 있어서의 급부와 반대급부의 (근접한) 등가관계를 보장하여야 하는가, 만약 그렇다면 각 급부의 가치는 무엇을 기준으로 측정할 수 있는가 하는 문제가 등장한다. 독일민법의 기초자들은, 각 계약당사자들이 상대방의 급부를 자신의 급부와 등가라고 보는가('주관적 등가' subjektive Äquivalenz)는 그들 자신에게 맡겨져야 한다는 의견이었다. 즉 그들이 자기결정 아래서 계약내용에 동의하는 것으로 족하다는 것이다. 플루메[17])도 이러한 견해이다. 그는, 계약당사자들이 그들 상호간의 관계를 정하는 법적 규율로서의 계약은 다른 모든 규율과 마찬가지로 내용적으로 정당하여야 한다는 요구에 복종하여야 하며, 따라서 쌍무계약은 일정한 한계 내에서 요구되는 객관적 등가의 요구에 복종하여야 한다는 주장에 반대한다. 각 개인이 계약 체결에 있어서 자신의 이익을 지키느냐 여부 및 그 방법은 '각자 알아서 할 일'(seine Sache)이다. 계약이 ── 특히, 폭리적이라는 이유

───────────────

디오클레티아누스황제는 과대한 손해(laesio enormis), 즉 약정대금이 적정가의 반에 못 미치는 것을 이유로 하는 계약의 취소를 인정하였다.

17) Flume, *Allgemeiner Teil des Bürgerlichen Rechts*, Bd. 2, S. 7 f.

로——'선량한 풍속'에 반하지 않는 한 각 당사자는 설사 가령 우둔함 때문에 또는 그가 물건을 급히 필요로 하기 때문에 매도인에게 과도한 가격을 약속했다고 하더라도 그 계약에 구속되어야 한다. 그 계약은 계약당사자들의 상호적인 자기결정에 지탱되고 있기 때문에, 그 한도에서 '정당하다.' 사적자치적私的自治的인 형성물의 내용을 '정당하다' 또는 '부당하다'고 법적으로 판단하는 것은 그 자체 하나의 모순이다. 왜냐하면 "사적자치私的自治가 작용하는 한 법률관계의 사적자치적 형성물의 당부를 판단할 기준이 될 수 있는 법적 규범은 존재하지 않기" 때문이다. 법질서가 자기결정에 맡긴 영역 내에서 자기결정에 따라 형성된 것에 대하여, 그것이 '정당한지' 여부를 법적으로 판단하는 것은 허용되지 않는다는 것이다. 이와 같이 플루메는 사적자치(Privatautonomie)가 원칙적으로 적용되는 영역에 있어서는 등가원리라는 형태의 객관적 계약정의에 대하여 자기형성(Selbstgestaltung)의 원리에 절대적 우위를 인정하고 있다.

플루메가 위에서 본 바와 같이 공격한 바 있는 반대입장은 애초 슈미트-림플러[18]에 의하여 주장되었다. 그에 의하면, 계약당사자 간의 법적인 특별규율로서의 계약은 다른 모든 법적 규율과 마찬가지로 정당성(Richtigkeit)의 요구에 복종하여야 한다. 이 때 그는 '정당성'을 1차적으로 "윤리적으로 정하여지는 좁은 의미의 정의正義"로, 2차적으로 전체이익의 입장에서 본 합목적성으로 이해하였다.

---

18) Schmidt-Rimpler, in *AcP* 147(1941), S. 130; *Festschr. f. Raiser*, 1974, S. 3.

슈미트-림플러는, 쌍무계약에 있어서는 각자가 자기결정 하에 그에 합의하였기 때문에 그것이 "어느 당사자에 대하여도 그의 가치평가 상으로는 부당하지 않다"는 것을 통상 인정할 수 있다는 데서 출발한다.[19] 또한 (내용적으로) 부당한 계약을 체결하자는 제의는 통상 거부될 것이라고 인정된다. 이 양자의 결합, 즉 쌍방의 동의의 필요와 거절가능성이 계약메카니즘의 정당성보장에로, 다시 말하면 계약 내용의 정당성에 대한 고도의 개연성에로 이끈다. 그러므로 "모든 법제도에 절대적으로 요구되는 정의에의 경사"는 계약에 내재적이다. 슈미트-림플러의 의미대로의 쌍무계약에 내재하는 '정당성보장'(Richtigkeitsgewähr)은, 각 당사자가 우선 자신의 실질적인 이익을 정당하게 평가하고, 나아가 그가 자신의 이익을 위하여 불가결하다고 생각하는 것을 관철할 수 있거나 또는 아예 제의된 계약을 거부할 수 있는 상태에 있는 경우에만 기능할 수 있음은 명백하다. 그러나 이 두 조건은 종종 충족되지 않는다. 따라서 계약메카니즘 그 자체 내에 존재하는 '정당성보장'은 슈미트-림플러도 강조하는 대로, 부당한 계약이 역시 법적인 효력을 주장할 수 있느냐 하는 문제를 모든 경우에 관하여 해결할 수 있는 것은 아니다.

　　루트비히 라이저(Ludwig Raiser), 프란츠 비틀린스키(Franz Bydlin-ski) 그리고 만프레드 볼프(Manfred Wolf)도 이 문제를 다루었다. 라이저는, 급부교환에 관한 단순한 거래상의 약속을 포함하여 계약은

---

19) *Festschr. f. Raiser*, S. 5.

그 당사자들 사이에 하나의 질서——비록 일시적인 경우라 하더라
도——를 창조한다는 의미를 가지며 따라서 규범적인 내용을 가진
다는 것을 강조한다.[20] 이로써 계약에 기한 규율에 있어서 그 정의正
義 여부가 문제될 수 있는가 하는 물음은 기본적으로 긍정적으로 대
답된다. 나아가 라이저는, 계약이 실정적인 법질서의 의미에 있어서
법적인 효력을 획득하고 그에 의한 보호를 받기 위하여는 법질서에
의하여 승인되어야 함——그 승인 여부에는 그 내용이 문제되지 않
을 수 없다——을 강조한다. 이어 그는 계약의 메카니즘만으로부터
통상 그의 정당성이 도출된다는 슈미트-림플러의 의견을 반박한
다.[21] 계약적 질서의 정의는 다른 당사자의 동의에 의하여 쉽사리
확보되는 것은 아니며, 오히려 사회제도 및 경제제도가 경제적 지위
가 보다 약한 당사자의 보호를 인수하는 것을 전제로 한다는 것이
다. 그러나 계약당사자들에게 인정되는 자유는, "그들간의 관계의
합목적적 또는 정의로운 형성에 관한 그들의 생각이 법공동체의 그
에 관한 생각과 구별될 수 있음"을 그 본질로 한다. 당사자자치
(Parteiautonomie)를 요구하고 보장하는 사람은 "정의의 기본요구가
침해되지 않는 한" 그와 같은 긴장관계를 받아들이지 않으면 안 된
다는 것이다. 그렇다면 [그와 같이 정의의 기본요구가 침해되는] 경우란

---

20) Raiser, Vertragsfunktion und Vertragsfreiheit, *Festschr. DJT*, Bd. 1, 1960, S. 101(115).
21) *AaO.*, S. 118.

어떠한 것인가 하는 문제가 제기된다. 비틀린스키[22]는 기본적으로 슈미트-림플러의 의견에 동조한다. 그러나 "기능하는 계약메카니즘에 의하여 자동적으로 실현되는 정당성보장에서 벗어나는 것은 의식적이고 목적적인 내용통제에 의하여 대체되어야 한다"고 주장한다.[23] 마지막으로 만프레드 볼프[24]는 다음과 같이 주장한다. 스스로 결정된 약정은 그것이 정당한 이익분배일 경우에 한하여 법질서로부터 승인되어야 하는 것은 아니다. 왜냐하면 그렇지 않으면 자기결정의 원리는 포기되기 때문이다. 그러나 법질서는 계약당사자들이 정당하게 자기이익을 보장받을 수 있는 조건을 마련하여야 한다. 그것이 결여되어 있을 때에는 스스로 결정된 약정이라도 승인될 수 없다는 것이다.

위에서 살펴본 여러 의견에서 알 수 있듯이, 계약법의 형성에 있어서 자기결정 및 자기구속의 원리 외에 객관적 등가의 원리, 즉 하나의 정의원리正義原理가 고려되어야 하는가의 문제가 다시금 논의되고 있다. 그런데 이 문제는 오랫동안 부정적으로 대답되어야 할 것으로 간주되었던 것이다.

그러나 도대체 두 급부가 객관적으로 서로 근접하며 동가치인지 여부를 확정할 수 있는 것인가?

---

22) Bydlinski, *Privatautonomie und objektive Grundlagen des verpflichtenden Rechtsgeschäfts*, 1967, S. 62.
23) *AaO.*, S. 106.
24) Manfred Wolf, *Rechtsgeschäftliche Entscheidungsfreiheit und vertraglicher Interessenausgleich*, 1970, S. 293.

정당한 가격 또는 정당한 노임이 얼마냐 하는 물음은 자연법론의 기본문제였다. 법학자나 철학자뿐 아니라 경제학자도 이를 다루었다.[25] 정당한 노임에 대한 물음은 마르크스의 잉여가치론의 배후에도 존재하는 것이며, 그 이론의 정치적인 파괴력은 간과될 수 없다. 이 책의 고찰 범위 안에서 어떤 해답이 도대체 주어질 수 있기는 한 것인가, 아니면 헬무트 코잉의 다음과 같은 소극적인 언명으로 만족할 것인가? 즉, "여기서 우리는 다시금 법이념의 경계境界에, 즉 법이념을 더 이상 파고 들어갈 수 없고 그 기준을 종잡을 수 없는 지점에 도달한다."[26]

정당한 가격에서부터 시작해 보자. 그 척도는 무엇인가. 엥기쉬는 가격결정에 일정한 역할을 하는 요소들──예를 들면 들인 비용 및 노력 그리고 시장상황, 즉 공급과 수요의 관계──을 열거한다.[27] 그러나 이러한 설명은 실제로는 그렇게 도움이 되지 않는다. (한 상품의 제조에) 들인 매도인의 비용은 그래도 쉽게 파악될 수 있다. 매도인이 그 비용에다가 노력, 즉 자신의 수고에 대한 적당한 보상을 받으려 하는 것도 역시 수긍될 수 있다. 이 경우에도 벌써 정당한 보수의 문제가 등장한다. 그러나 그러한 상품의 제조 또는 공급에 상당한 위험이 결부되어 있다면 문제는 더욱 어려워진다. 즉 사람들은 그에 비례하는 높은 수익가능성이 있을 때에만 그러한 위험

---

25) 이에 관하여는 Engisch, S. 163 ff.의 간략한 개관 참조.
26) Coing, S. 207.
27) Engisch, S. 165.

을 스스로 인수할 것이다. 그러므로 매매계약이나 도급계약의 경우에는 부담할 위험도 고려되어야 한다. 또 공급과 수요의 양과 크기에 좌우되는 시장가격의 문제가 남는다. 한 종류의 상품이 풍부하게 있어서 매도인이 그것들을, 따라서 그에 들인 비용을 '뭉개고 앉아 있을 것'이 우려되면 위협적인 손실을 될 수 있는 한 줄이기 위하여 가격은 원가 이하로 내려갈 것이다. 반대로 수요가 많고 공급이 적으면 가격은 상승할 것이다. 이러한 현상은 무조건 배척될 것은 아니다. 왜냐하면 시장상황의 변화는 모든 관계인에게 위험(Risiken)과 동시에 기회를 가져다 주기 때문이다. 전자를 부담하는 사람은 적어도 일정한 범위 내에서 후자도 차지할 수 있음에 틀림없다. 그 경우 엥기쉬가 강조하듯이 심각한 곤궁(흉년, 주택난 등)의 시기에는 착취가 일어나지 않도록 하여야 하며, 폭리가격은 억제되어야 된다. 가격이 적어도 '근사하게'(annähernd) 정당하게 되기 위하여는 시장의 법칙은 가격을 일정한 범위까지만 결정하여야 하며, 그 이상이 되면 사람들이 '정상적'이라고 보는 가격에 대한 편차가 지나치게 커져서, '착취' 또는 '폭리'가 문제될 수 있다. 이러한 고찰은, 문제되는 재화의 시장이 어느 정도 균형이 잡혀서 공급과 수요가 어느 정도 상응하는 한도에서만 시장가격이 '정당한' 가격의 근거가 됨을 보여 준다. 이러한 균형이 정도 이상으로 파괴되고 게다가 부족한 재화가 엥기쉬의 예에서처럼 매우 중요한 물건(식료품, 주택)인 경우에는 법질서는 가격을 더 이상 시장사정에 맡겨서는 안 되며 규제를 위하여——그것이 최고가격의 설정이든, 가격감시이든, 형벌을 통한 폭리가격의 규제 또는 기타의 방법이든 간에——개입하여야 한다.

이렇게 말해 보아도 실은 어떠한 경우에 가격이 어느 정도 정당한 반대급부를 의미하는지, 어떠한 경우에 가격이 분명히 '지나치게 높은지'(또는 헐값인지)에 대한 명확한 기준을 제시한 것이 되지 못한다고 하더라도 우리는 코잉의 비관론에 전적으로 찬동하지는 않는다. 시장가격은 시장이 정상적으로 기능하고 있을 경우에는 정당한 가격일 수 있음은 이미 본 대로이다. 단지 시장가격도 불가변의 것은 아니며 오히려 항상 새롭게 형성되어야 함을 명확히 인식하여야 한다. 화폐가치의 안정을 전제로 한다면 그것은 시계추처럼 움직인다. 시계추가 비정상적으로 움직일 때에만 정당한 가격의 지표로서의 기능이 마비된다. 이러한 의미의 시장가격은 또한 시장이 하나의 기업 또는 가격을 상호 담합하는 소수의 기업에 의하여 지배될 때에도 성립하지 않는다. 그러므로 상당한 정도로 '정당한' 가격을 알려면 자유로운 시장에서 형성되리라고 생각되는 가격을 조사하여 보든가 아니면 비용, 위험 및 적정한 이익과 같은 앞서 얘기한 요소들을 탐구해 보아야 할 것이다. 이러한 관계에서 볼 때, 오스트리아의 판례가 '과대한 손해'(laesio enormis)의 존재를 판단함에 있어서 법률상 기준이 되는 '통상가격'(gemeiner Wert)에 대하여 내리는 해석이 아울러 주목할 만하다. 그슈니처(Gschnitzer)에 따르면[28] 그 판례

---

28) Klang/Gschnitzer, *Kommentar zum ABGB*, Bd. 4-1, 1968, Anm. 2 a zu

는 그것은 "정상적인 상태를 전제한다면 매매 및 교환의 경우에는 매매가치(Kaufwert)를, 또한 매매가치란 대개 시장가격을 의미한다"고 한다.[29] 또 "시장성이 없는 물건의 경우 시장이 형성되지 않거나 또는 시장 자체가 부당한 가격형성을 한다고 의심될 때에는 수익가치(Ertragswert)와 생산원가를 기준으로 할 것"이라고 한다. 따라서 비록 단순히 하나의, 게다가 막연한 최고한계와 최저한계——그것을 넘어서면 가격이 이미 (정당한 또는 충분한) 등가물(Äquivalent)이라고 볼 수 없는——만이 설정되는 데 불과하지만 기준이 전혀 없는 것은 아니다. 그러나 이것은 다른 원리의 경우에도 역시 그러하며, 원리의 소극적 기능(등가성이 분명히 결여되어 있음을 이유로 하는 유효인정의 거부)이 작용할 여지가 있다면 그러한 사정이 있다고 해서 개별적인 경우에 있어서의 구체화를 통한 그 적용을 거부하여서는 안 된다.

이에 반해서 정당한 노임의 문제는 거의 불가해하다. 특히 여기서는 등가성과는 전혀 다른 관점들이 작용하기 때문이다. 스스로의 계산으로 영업하는 사람, 즉 수공업자·소기업가·의사와 같은 경영자가 제공하는 노무와 비독립적인 지위에서 노동하는 자, 즉 '근로자'의 노무와는 구별되어야 한다. 전자의 경우에는 노동시간과 작업의 난이도 외에 무엇보다도 그 용역의 질이 중요한 역할을 한다. 왜냐하면 그의 일에 대한 일반적인 가치평가는 우선 이에 의하여 이

---

§ 934.
29) 강조는 저자.

루어지고, 이러한 가치평가는 다시금 고객으로 하여금 보다 많은 보수를 기꺼이 지불하게 하는 결과로 이어지기 때문이다. 이러한 연관은, 어떠한 작업의 도급인은 그 작업결과의 질이 자기가 기대할 수 있는 바에 미치지 못할 때에는 보수補修(Nachbesserung)를 청구할 수 있고, 또 그것이 상당한 기간 내에 이루어지지 않을 때에는 보수報酬의 감액을 청구하거나 계약을 해제할 수 있다는 실정법의 규정(독일민법 제633조 이하)에 표현되어 있다. 보수감액(Minderung)의 경우, 약정된 보수는 실제로 인도된 하자 있는 작업결과(Werk)의 '실제상의 가치'가 하자가 없었을 경우의 작업결과의 가치에 대하여 가지는 비율에 맞추어 인하된다(독일민법 제634조 제4항 참조). 하자가 없었을 경우의 작업결과의 가치를 산정함에 있어서는 그와 동종의 것에 대한 통상의 보수를 기준으로 한다. 이 후자도 대개 공급과 수요의 기초 위에 형성된다. 그와 같은 급부에 관한 시장이 어느 정도 균형잡혀 있을 경우에는 그 시장가격을 객관적 가치의 근거로 삼을 수도 있다. 그러나 이것은 예를 들면 예술가의 창작행위와 같이 다른 것과 비교할 수 없는 급부에 있어서나 또는 공급과잉의 경우에는 적용할 수 없다. 이 제2의 경우에는, 급부를 하는 사람이 그 경제적 생존을 유지할 수 있을 만큼의 보수를 최저한도——그 이하로는 '착취'가 있게 된다——로 하여야 한다고 할 수 있을 것이다. 그러나 이것이 단지 매우 막연한 언명임에 불과함을 부정할 수는 없다.

　　종속적인 지위에서 일하는 사람의 경우에는 '시장'에서 형성되는 노임은 처음부터 가치척도가 될 수 없다. 왜냐하면, 특히 수요가 많은 '특수인력'이 아닌 한 주지하는 이유로 인하여 '공급'과 '수요'의 균형이 존재하지 않기 때문이다. 그러나 현재에는 임금의 결정에 있어서 '공급자'측에 개개인의 근로자가 아니라 노동조합이 사용자 측에 대한 협상상대방으로 등장함으로써 이러한 불균형은 현저히 개선되었다. 그리고 이에는 평등한 기준의 적용이라는 정의의 요구가 적용된다. 즉 동일한 작업에 대하여는 근사하게 동일한 효과가 거두어지는 한 동등하게 보수가 지급되어야 한다는 것이다. 그러한 한에서 남자와 여자, 내국인과 외국인, 청년과 노인 사이에 차등을 두어서는 안 된다. 이 점에서는 여러 견해가 일치하고 있다.[30] 그러나 어떤 조건이 있으면 작업이 동일한 것인지, 다시 말하면 어떠한 구별을 설정하여야 하는지에 대하여, 또 특히 여러 가지의 작업이 상호간의 관계에 있어서 어떻게 평가되어야 할 것인지에 대하여는 일반적인 규칙을 제시할 수 없다. 여기에는 단지 위에서와 마찬가지로, 예를 들면 작업의 난이도, 그에 필요한 교육, 작업에 수반되는 육체적·정신적 부담, 필요한 작업상의 질, 주의·정밀성에 대한 요구, 그에 따르는 건강에 대한 위험 및 작업환경과 같은 몇 가지의 요소를 들 수 있을 뿐이다. 이 모든 요소가 고려되어야 하는 것이기는 하나, 일반적인 동의를 얻을 수 있는 결과에 도달할 만큼 설득력 있

---

30) Perelman, S. 33; Engisch, S. 167 f.; Goetz Hueck, *Der Grundsatz der gleich-mäßigen Behandlung im Privatrecht*, 1958, S. 350 ff.; Zöllner, *Arbeitsrecht*, S. 117도 참조.

게 그 상호간의 관계를 설정할 수는 없다. 또한 임금이나 보수의 결정에 있어서 등가원리뿐 아니라 '사회적인' 관점——가령 가족상황, 그에 연관되어 가족의 생계수요, 또는 한 기업이나 한 부문에의 근속연수, 그에 연관되는 그 작업에 있어서의 신용 또는 인정의 정도——도 고려하여야 할 때에는 더욱 그러하다. 이러한 모든 것이 원칙적으로 부당한 것은 아니나, 이 경우 개별적으로 어떠한 것이 정당한지 또는 부당한지에 대하여는 세밀한 결정이 불가능하다. 따라서 법질서는 노동조합이나 파업권 및 단체협약권을 인정함으로써 비슷한 힘을 가지는 협상당사자들 사이에서 임금을 협상할 수 있도록 하기 위한 전제를 작출하는 것에 만족하고, 이들에게 모든 세부적인 결정을 맡김에 그치는 것이다.

등가사상이 실정법에서 주로 역할을 할 수 있는 영역은 이와 같이 상품의 교환(매매, 교환), 물건의 일시적인 사용(사용임대차, 용익임대차)에 관한 계약 및 도급계약이다. 이 영역에 있어서의 그 사상의 의미는 애초 생각되는 것처럼 그렇게 미미한 것은 아니다. 그것은 물건이나 작업결과의 하자로 인하여 매매대금이나 차임 또는 도급보수를 감액함에 있어서——비록 당사자들에 의하여 받아들여진 주관적인 등가[즉 약정대가]에 대한 관계에 있어서이기는 하나——상당한 역할을 한다. 어떤 계약에서 어떠한 급부에 대하여 행하여져야 할 반대급부의 액이 미리 정하여지지 않은 때에는 독일민법 제316조에 따라 의심스러운 때에는 반대급부를 청구하는 측이 이를 정하도록 되어 있다. 즉 이러한 일이 종종 일어나는 도급계약의 경우에는 수급인이 이를 행하는 것이다. 그는 의심스러운 때에는 '공평한 재량에 따라'(nach billigem Ermessen) 이를 정하여야 하고, 그것이 공평에 부합하는 한도에서만 상대방은 이에 구속된다(독일민법 제 315조).[*5] 정하여진 반대급부가 급부의 가치보다 명확히 고액인 때에는 '공평한' 것이 될 수 없다. 그 경우에도 1차적으로는 그러한 급부의 시가나 통상가격에 따르고, 그것이 부존재하면, 다른 요소도 고려될 수도 있으나 우선 들인 비용과 급부의 질에 따를 것이다. 또한 판례는 주로 장기에 걸친 공급계약이나 용익임대차계약에 있어서 계약체결 당시의 사정이 당사자들이 예견하지 못한 정도로 기본적으로 변화됨으로써 사후적으로 등가성이 심하게 훼손된 경우(schwere Äquivalenzstörung)에는 행위기초의 파괴(Fortfall der Geschäftsgrundlage)[31]를 이유로 계약관계를 변화된 사정에 상응되게 변경시킨다. 이 때 등가관계는, 변경되지 않은 채로의 계약관계의 유지를 일방당사자에게 기대할 수 없을 만큼 현저하게 훼손되어야 한다. 이것은 판례가 '신의성실'의 원칙을 기준으로 하기 때문이다. 등가관계가 파괴되는 이유는 전쟁이나 전반적인 화폐가치 하락일 수 있고 또는 입법이나 판례의 예기치 못한 변화일 수도 있다. 이

[*5] 우리 민법에는 이에 해당하는 규정이 없다.

[31] 그러한 경우에 관하여는 Larenz, *Geschäftsgrundlage und Vertragserfüllung*, 3. Aufl., 1963, S. 78 ff., 147 ff., 191; 최근의 상황에 관하여서는 Palandt/Heinrichs, *Kommentar*, Anm. 6 C a zu § 242 BGB 참조.

경우에는 객관적인 등가의 사상이 기대불가능성(독일민법 제242조에 근거한)*6과 결합하여, 비록 드문 특수례에 있어서이기는 하나, 계약 구속의 원리를 능가한다.

종래 객관적인 등가의 원리는 실정법에 있어서는 단지 그 소극적 기능, 즉 공공연하고 현저한 불공평의 회피라는 측면만이 문제되는 것 같은 외관을 보였다. 폭리행위나 과대한 손해(laesio enormis), 필수품 품귀의 경우의 가격규제조치 또는 등가성 훼손의 경우를 생각해 보면 이를 알 수 있다. 그러나 임의법규, 즉 당사자들이 구체적으로 합의하지 아니한 사항에 관하여 그들의 합의내용을 보충하도록 되어 있는 모든 계약법상의 규정들을 시야에 넣는다면 전체적인 양상은 달라진다. 이 규정들은 두 당사자의 여러 이익 사이에 '타당한 평형'을 부여한다는 관점에서 마련되어 있으며, 누구라도 '과도한 수익'(Übervorteilung)의 희생이 되지 않도록 보호한다. 예를 들면 상대방이 그 계약상의 의무를 이행하지 아니하거나, 정해진 시기에 또는 정당한 방식으로 이행하지 아니할 경우에 일정한 권리, 특히 손해배상청구권 또는 쌍무계약의 경우에는 계약해제권을 부여하는 규정들이 그러하다. 또한 특정한 계약상 위험의 분배에 관한 규정들도 마찬가지이다. 예를 들면 도급계약에 있어서는 수급인이 일을 완성할 수 없게 되는 위험이나 도급인이 완성된 목적물을 인수하기 전에 우연한 사정으로 손괴되는 위험을 부담한다(독일민법 제644조 제1

---

*6 뒤의 107면 *14 참조.

항).*⁷ 이와 같은 사태가 발생하여도 수급인은 자신이 이미 수행한 작업에 대하여 아무런 대가도 받지 못하고 빈손으로 물러나야 하는 것이므로 이는 매우 심대한 위험이다. 그러나 일의 수행불능이나 손괴가 도급인의 지시나 그가 제공한 재료의 하자로 인한 것이며 수급인은 그에 아무런 과책사유가 없는 경우에는 이는 불공평하다. 그러므로 독일민법 제645조*⁸ ── 판례는 그 적용범위를 유추를 통하여 확대하고 있는데 이는 타당한 태도이다³²⁾ ── 는 그러한 경우에는 수급인에게 위험을 부담하게 하지 않는다. 이러한 규정 기타 많은 유사한 규정에서 입법자가 계약유형의 특성에 따라 위험을 분배하거나 또는 그러한 특성이 없으면 균등하게 위험을 분배하고, 누구에게도 과도한 불이익을 과하지 않으려고 노력하고 있음은 분명하다.

계약당사자는 임의법규와 다른 내용의 합의를 할 수 있다. 그러나 그것이 일방당사자에게만 불리한 것인 때에는 다시금 자기결정이 어떠한 합의라도 정당화할 수 있는가 또는 객관적 계약정의라는 입장에서 합의내용의 정당성을 검토하여야 할 것이 아닌가 하는 문제가 제기된다. 일방당사자에 일방적으로 불이익을 과하는 계약조건이 상대방의 '일반거래약관'(allgemeine Geschäftsbedingungen)에 의거하는 것인 경우에는 계약메카니즘 그 자체에 내재하는 개연적인 '정당성보장'은 통상 부인된다. 왜냐하면 그러한 약관을 사용하

---

*7 우리 민법 제665조 제1항도 같다.
*8 우리 민법 제669조도 같다.
32) Larenz, *Schuldrecht*, Bd. 2, §53 Ⅲ a 말미 참조.

는 당사자는, 통상 상대방이 이를 통째로 받아들이거나 아니면 계약
체결을 포기할 수밖에 없으므로 상대방에 대하여 유리한 위치에 있
기 때문이다. 그 약관들이 세밀하게 손질된 것인데, 상대방이 상업
적으로 또 법률적으로 특별히 경험이 있는 사람이 아니라면, 즉 '평
균적인' 고객이라면, 그는 약관의 내용을 이해하고 그 의미를 정당
하게 평가하며 자신의 이익이 거기서 충분히 보장되고 있는가를 독
자적으로 판단할 수 있는 능력을 가지고 있지 못한 것이다. 그러므
로 독일의 법원은 오래 전부터 일반거래약관의 내용이 계약적 정의
의 최소한의 요구를 충족하고 있는지, 쌍방의 이익을 충분히 고려하
고 있는지를 검토하여 이러한 요구를 현저히 충족하지 못하는 약관
조항들에 대하여는 무효를 선언하여 왔으며, 이는 타당한 태도이다.
후에 입법자는 (1976년 12월 9일의) 「일반거래약관의 규율에 관한
법률」(Gesetz zur Regelung des Rechts der Allgemeinen Geschäfts-
bedingungen)을 제정하여 같은 태도를 취하였다. 이 법률은, 임의법
규의 내용을 상대방에게 불이익하게 변경하거나 그 적용을 배제하
는 일반거래약관상의 일련의 조항들을 무효로 선언하였다. 나아가
서 그 법률은, 일반거래약관의 조항이 "약관사용자의 계약상대방에
게 신의성실의 요구에 반하여 부당하게 불이익을 가하는" 경우에는
이는 무효라고 하는 일반규정(Generalklausel)을 포함하고 있다. 하
나의 약관조항이 "이와는 상위한 법률규정의 본질적인 기본사상에
합치될 수 없"거나 그것이 "계약의 본성상 발생하는 본질적인 권리

나 의무를 제한하여 계약목적의 달성이 위험하게 될" 때에는 의심스러운 경우에는 "부당한 불이익"이 있다고 인정된다. 확실히 이러한 모든 것이 일정한 급부와 반대급부에 관한 조항 — 이는 당사자에게 맡겨져 있다 — 에 관한 것은 아니고 단지 부수약정, 특히 불이행이나 불완전이행, 물건이나 일의 하자, 약관사용자의 해제권 및 계약변경권 유보 기타에 관한 것이다.

「일반거래약관의 규율에 관한 법률」로 말미암아 계약당사자 사이의 '동등지위' 또는 '균형관계'(ausgewogenes Verhältnis)의 사상, 즉 계약상 정의의 관점은 적어도 부수의무, 위험과 부담, 계약불이행의 경우 인정되는 권리에 관하여서는 법률상 확인되었다. 그에 포함되는 계약자유의 제한은 약관사용자와 상대방의 전형적으로 불균등한 지위에 의하여 정당화된다. '부당한 불이익'이 있느냐 하는 물음에 대하여 답함에 있어서는 임의법규가, 의심스러운 경우에는 적용되는 정당한 규정의 모범으로서 도움을 준다. 이것은 그 법규가 이러한 경우 기준이 되는 '균형관계'의 정의사상의 대체로 정당한 구체적 표현이기 때문에, 또 그 한도에서 가능한 것이다.

그러므로 계약법은 현재의 실정법상으로는 자기결정과 자기구속의 원리에 의해서 전적으로 규정되지 않으며 그 원리와 함께 정의원리, 즉 '균형관계' 및 그 한에서 '객관적 등가'의 원리에 의하여 규정된다. 이 원리는 지도원리로서는, 즉 적극적인 측면에서는 계약을 보충하는 주로 '임의적인' 법규의 형성에 있어서 기능한다. 그리고 그 소극적 기능에는 특수한 경우(폭리, 과대한 손해)나 일반거래약관에 있어서 허용되는 계약내용의 한계로서 기능한다. 또 예외적으로 행위기초의 파괴의 경우에 그것은 법관에 의한 계약의 수정을 가능하게 한다. 자기결정과 자기구속의 원리가 우위인 것으로서 모든 계약의 고유한 구성적 요소이다. 그러나 자기결정으로 행하여진 법률행위의 내용을 (정당한 법적 규율이라는 의미에서의) 정당성 여부에 관하여 조사하여 본다는 것이 허용될 수 없다는 견해는 유지될 수 없다. 일방당사자가 상대방에 대한 관계에 있어서의 특수한 지위로 인하여 제한된 범위로만 자기결정력을 행사할 수 있었기 때문에 경우에 따라 그의 자기결정에 문제가 있을 때에는 법률행위의 내용은 심사를 받지 않으면 안 되는 것이다.

그러므로 의무부담행위에 관한 법은 '하나의 만능적인 관점에서' 파악될 수 없으며 다양한 관점의 복합작용에서만 파악될 수 있다고 하는 비틀린스키[33]의 견해에 동의하고자 한다. 그는 그러한 관점으로서 사적자치(자기결정), 계약상 신의(자기구속), 계약적 정의 특히 객관적 등가와 신뢰원리를 든다. 이하에서는 최후의 것을 다루어 보고자 한다.

---

33) Bydlinski, *aaO.*, S. 124.

제 3 절 신뢰원리·신의성실

자기구속의 원리와 관련하여, 자신이 불러일으킨 현실적인 신뢰(Vertrauen)를 저버리지 않는 것이 도덕상의 요구이고, 이에 덧붙여 그것이 정당한 법의 원리임을 말한 바 있다. 그리고 약속의 구속력의 기초를 그것에 두는 것을 거부하였는데, 이는 단지 약속 그 자체가 그 내재적 의미에 있어서 구속의 근거를 마련하는 데 지향된 행위, 즉 자기구속의 행위이기 때문이었다. 이러한 행위에 의하여 약속을 받은 이에 있어서 고도의 신뢰가 일어날 기초가 마련된다. 그러나 실제 그러한 신뢰가 있었는지가 문제되지는 않는다. 구속의 근거는 발생한 신뢰가 아니라──통상 일정한 신뢰를 일으키는──행위 그 자체이다. 그러나 신뢰는 그러한 행위 이외의 방법에 의하여서도, 예를 들면 단순한 의도의 표명이나 전달, 경우에 따라서는 그러한 일을 하지 않는 것에 의하여서 야기될 수 있다. 어떤 사람이 다른 사람에게 자신이 내일 일정한 장소로 산책할 생각임을 알리자, 상대방이 자신도 그곳으로 가려 한다고 대답하였다고 하자. 이러한 경우 앞서의 사람은 그 예정을 변경하였으면 이를 상대방에게 알려줄 도덕적 의무가 있다고 말한 바 있다. 이 예는 법적인 규율을 필요로 하지 않는 대인관계의 영역, 즉 '법으로부터 자유로운 영역'(rechtsfreier Raum)에 속한다. 그러나 법적인 규율이 요구되는 영역

내에서도 유사한 상황이 있을 수 있으며, 이때에는 상응하는 법률효과가 발생하는 것이다.[34]

법질서는 타인의 행태(Verhalten)로 인하여 야기된 정당한 신뢰를 보호한다. 그리고 신뢰할 수 있다는 것은 이미 본 대로 평화로운 공동생활과 인간의 조화된 행태, 즉 법적 평화의 기본조건이기 때문에 보호되지 않으면 안 된다. 타인, 특히 자신의 거래상대방에게 신뢰를 가지도록 하는 계기를 부여한 사람이 이를 저버리는 것은 도덕적 요구와는 상관없이 법이 요구하는 ── 왜냐하면 (일반적인 행위양식에서 볼 때) 그러한 신뢰의 배반은 사람 사이의 거래를 불안하게 하고 방해하기 때문이다 ── 바를 위반하는 것이다. 여기서 법에 의하여 보장되어야 할 [거래]안전의 사상이 등장하며, 이 사상은 실정법에서 다양하게 구체화되고 있다. 사람이 구체적으로 어떠한 것을 신뢰할 수 있느냐 하는 문제나 그러한 신뢰는 어떻게 보호되어야 하는가 하는 문제에 대하여는 여러 가지의 답이 가능하다. 공법분야에 있어서의 신뢰원리의 발현, 즉 소급적 법률의 금지 ── 경우에 따라 제한적인 것이기는 하나 ── 에 관하여는 나중에 언급하기로 하고 먼저 사법에 관하여 보기로 한다. 우리는 여기서 약속을 받는 사람에 대하여 행하여진 표시를 그가 이해하는 내용대로 신뢰하는 것,

----

34) 업무상의 약속의 예를 생각해 보라. 일방은 오지 않고, 타방만이 비용을 들여 또 다른 업무를 돌보지 않은 채 약속시간에 나타났다고 하면, 이러한 경우 우리는 전자에 대하여, 상대방에게 자신이 오지 못함을 적절한 기간 내에 통보할 의무가 있음을 인정하고, 이 의무를 유책하게 이행하지 아니한 때에는 '계약체결상의 과실'을 이유로 손해배상책임을 인정할 것이다.

즉 법률행위에의 구속이라는 영역 내에서의 신뢰원리의 역할과 그러한 영역 외에서의 '신뢰책임'(Vertrauenshaftung), 그리고 권리를 취득함에 있어서의 신뢰보호, 마지막으로 '신의성실'의 준수의 요구를 일단 구별하기로 하자.

법률행위적 규율의 영역 내에서 신뢰원리는 우선, 일정한 [의사표시]수령자에게 행하여진 의사표시의 해석에 있어서 중요한 역할을 한다. 그는 표의자가 생각하는 것과 다르게 의사표시를 이해할 수도 있다. 그것은 표의자가 표현을 잘못하거나(즉 그가 의도한 대로 표현되지 않거나), 표현의 의미에 대하여 오해함으로써 일어날 수도 있고, 또는 수령자가 그것을 잘못 이해함으로써 일어날 수도 있다. 후자의 경우에는 오해는 수령자의 부담으로 해결되어야 한다. 그러나 전자의 경우에 수령자가 그와 같은 오류를 인식할 수 없는 때에는 수령자는 자신이 이해한 대로의 의사표시의 내용을 신뢰할 수 있어야만 한다. 의사표시는 그러한 의미로 해석되어야 하며(수령자의 이해지평理解地平에 따른 해석),[35] 표의자는 그것을 자신의 의사표시로서 받아들여야 한다. 즉 그는 자신이 그와는 다르게 의도하였었다거나 자신은 오기하거나 잘못 말한 것이고 실제로는 위와 같은 내용의 의사표시를 할 의도가 없었다고 항변할 수 없다. 그러나 이것이 최종적인 판정인 것은 아니다. 표의자가 위와 같은 식으로 자신의 의

---

35) 오늘날 거의 다툼이 없다. Larenz, *Lehrbuch der Allgemeinen Teils*, §19 Ⅱ a; Flume, *Allgemeiner Teil*, Bd. 2, §16, 3 참조.

사표시의(해석에 의하여 확정되는) 의미 —— 이것이 기준이 된다 —— 에 관하여 착오가 있을 때에, 그는 그 의사표시를 '표시착오'(Erklärungs-irrtum)를 이유로 독일민법 제119조 1항*9에 따라 취소할 수 있으며, 이로써 의사표시에 대한 구속으로부터 해방될 수 있다. 이러한 경우, 표의자가 취소한 때에는 상대방에게 적어도 그의 '신뢰상의 손해'(Vertrauensschaden)를 배상하여야 한다고 정함으로써(독일민법 제122조 제1항)*10 신뢰원리에 대한 고려를 베풀고 있다. 법률은 착오로 인한 취소가능성을 인정함으로써 자기결정의 원리를 고려하는 —— 표의자가 의도하지 않은 내용대로의 의사표시 또는 애초 하려고 의도하지 않은 의사표시에의 구속은 엄격히 따지면 역시 '자기구속'의 영역을 넘는 것이다 —— 한편으로, 신뢰원리에 따라 표의자가 취소하지 않는 경우에는 그로 하여금 그러한 의사표시에 구속시키고, 취소하면 상대방에게 적어도 신뢰상의 손해를 배상하도록 하는 것이다. 상대방이 취소의 원인을 알았거나 알았어야만 했을 때 표의자는 [손해배상의] 책임을 지지 않는다고 하는 것(독일민법 제122조 제2항)도 신뢰원리에 상응하는 것이다. 왜냐하면 그 경우에는 상대방은 신뢰하여서는 안 되는 것이기 때문이다.

　　독일민법의 이와 같은 규정이 자기형성(자기구속)의 원리와 신뢰원리가 필연적으로 서로 대립하게 되는 위와 같은 경우의 분쟁을 해

　　*9 우리 민법 제109조 제1항의 해석상 마찬가지로 인정되고 있다.
　　*10 우리 민법은 착오자의 손해배상의무를 인정하지 않는다. 다만 착오자에게 중대한 과실이 있는 경우에는 취소 그 자체를 허용하지 않는다(제109조 제1항 단서).

결하는 유일하게 '정당한' 방법이라고 주장하여서는 안 된다. 다른 해결방법도 생각할 수 있다. 가령 오스트리아민법은 신뢰원리를 보다 중시한다.[36] 이에 반하여 19세기의 판덱텐법학을 지배한 '의사설'(Willenstheorie)은 자기결정의 원리를 일방적으로 중시한다.[37] 그러나 이 두 원리를 절충하려고 노력하는 해결방법만이 '정당하다'고 부를 수 있을 것이다.

법률행위의 영역 외에서도 독일법은 많은 경우에, 타인에 대하여 어떠한 약속이 존재하는 것 같은 외관을 수반하는 일정한 요건을 충족하는 이에게 그것을 이유로 ('이행'의 또는 손해배상의) 책임을 부과한다(신뢰책임, 특히 권리외관책임 Rechtscheinhaftung[38]). 예를 들면 다음과 같은 것이 이에 속한다. 어떤 사람이 제3자에 대한 일정한 통지로 또는 공고를 통하여 자신이 타인에게 대리권을 수여하였음을 알린 경우 또는 어떤 사람이 대리증서를 그 서면상 대리인으로 표시된 이에게 교부하고 그가 대리행위를 함에 있어서 그 증서를 제3자에게 제시한 경우 등. 이 모든 경우(독일민법 제171조, 제172조)에 통지, 공고 또는 증서상에 [대리인으로] 표시된 이는, 유효한 대리권

---

36) 오스트리아민법 제871조에 의하면, 의사표시를 한 사람은 그 표시의 내용에 대하여 '본질적인' 착오가 있어도 원칙적으로, 즉 거기에 열거된 특별한 경우를 제외하고는 그에 구속된다. Klang/Gschnitzer, II vor 1 zu §871 ABGB 참조. Bydlinski, *aaO.*, S. 139 f.는 이에 비판적이다.

37) 이는 오늘날 본질적으로 유언의 해석에 대하여만 적용된다. 이 경우에는 사실상 신뢰원리가 적용될 여지가 없다.

38) 이에 관하여는 Canaris, *Die Vertrauenshaftung im deutschen Privatrecht*, 1971이 기본적 문헌이다.

수여가 없을 때라도 대리할 권한이 있으며, 그의 대리권은 동일한 방식으로 철회되거나 증서가 반환되거나 또는 효력이 없는 것으로 선언될 때까지 유지된다. 그러나 이 모든 경우에 제3자가 자신에 대하여 형성된, 대리권의 성립 또는 존속의 외관을 신뢰하였고 또 신뢰한 데 대하여 과실 없음(독일민법 제173조)[39])이 전제가 된다.[*11] 또한 유통을 목적하는 유가증권,[40]) 특히 무기명증권과 어음에 관한 법에 있어서 항변 제한도 동일한 원리, 즉 어떠한 의무의 존재에 관한 외관이 귀책가능한 방식으로 창출되었음을 이유로 한 책임의 원리에 기한 것이다. 이러한 증권의 유통가능성은, 그 증권이 형식상 요건을 갖추고 있으면 그것을 취득하는 사람 모두가 그 증서의 내용을 신뢰할 수 있다는 데 크게 의존하는 것이다.

나아가 일정한 권리, 특히 소유권의 취득에 관하여 신뢰보호는 거래의 안전을 위하여 중대한 의미가 있다. 독일법상 신뢰보호는 토지에 대한 권리의 취득에 있어서 가장 포괄적으로 나타난다. 그러한 권리의 성립 및 이전에는 원칙적으로 토지등기부에의 등기가 필요

---

39) 독일민법은, 대리권이 후에 소멸한 경우에 대하여만 이를 규정한다. 그러나 대리권이 애초 부여되지 않은 경우에도 동일한 이치가 적용되어야 한다.

*11 우리 민법은 "제3자에 대하여 타인에게 대리권을 수여함을 표시한 경우 그 타인이 그 제3자와의 사이에 그 대리권의 범위 내에서 한 대리행위"(제125조), "일정한 대리권이 있는 대리인이 그 범위를 넘어서 한 대리행위"(제126조) 그리고 "대리권이 소멸한 후 대리인이 한 대리행위"(제129조)에 대하여는, 그 상대방이 된 제3자가 대리행위를 하는 사람에게 대리권이 없음을 몰랐고 또 그 모른 데 대하여 과실이 없는 때에는 효력을 인정하여, 그 대리행위의 효력이 본인에게 생긴다고 정한다. 이들을 통칭하여 표견대리라고 한다.

40) Canaris, *aaO.*, S. 232 ff. 참조.

하다 (독일민법 제873조).*¹² 그러한 권리를 법률행위를 통하여 취득한 자를 위하여 등기부의 기재내용은 정당한 것으로 간주된다(독일민법 제892조 제1항). 즉 그가 등기부[의 기재]의 부실을 알지 못하였거나 그 기재의 진실성에 대한 이의가 등기되지 않은 한, 등기부[의 기재]가 정당하였다면 존재하였을 권리상태가 존재한다고 간주되는 것이다.*¹³ 따라서 등기부상 소유자로 기재되어 있는 사람으로부터 토지의 소유권을 양수하거나 저당권(Hypothek)을 설정받은 사람은 그 등기명의인이 진정한 소유자가 아니더라도 소유권이나 저당권을 취득한다. 게다가 그는 등기부상 기재되지 않는(또는 부당하게 말소된) 부담(Belastungen)은 이를 떠안지 않는 상태로 소유권을 취득하는 것이다. 그러나 동산을 그 소유자라고 자처하는 사람으로부터 취득한 경우에는 그와 같은 정도로 보호되지는 않는다. 처분자가 그 물건을 인도하였다면, 그 물건이 진정한 소유자의 점유를 이탈한 것이 아닌 한 선의의 취득자는 보호된다. 법률은 처분자가 점유를 이전해 줄 수 있었다는 것에서 그가 소유자라는 표지標識를 발견하며, 이러한 표지에 대하여 취득자는 일반적으로 신뢰할 수 있다. 그러나 법률은 물건이 진정한 소유자의 의사에 기하지 아니하고 그 점유에서 벗어난 경우에는 선의의 취득자보다 진정한 소유자를 보호한다.

---

*12 우리 민법 제186조도 마찬가지로 정하고 있다.

*13 우리 민법은, 등기부의 기재를 신뢰하여 그 등기부상 권리자로 기재된 자와 거래한 사람을 보호하는 제도(이른바 등기의 공신력)를 정면으로 인정하는 규정을 두지 않고 있다.

진정한 권리자가 그 소유권을 상실하는 것은, 신뢰상태의 창출에 대하여 책임을 물을 수 있을 때, 즉 그가 물건의 점유를 제3자(예를 들면 임차인 또는 수취인)에게 이전함으로써 무권리자가 물건을 소유자와 같이 처분할 수 있게 하는 상태를 스스로 창출하였을 때에만 정당화될 수 있다.[41] 그러한 경우가 아니면 취득자는 그의 선의에도 불구하고 ──독일민법 제935조 제2항의 경우를 제외하고──보호받지 못한다. 그 한도에서 신뢰보호는 법률의 평가에 따르면 소유권 보호──이 역시 정당한 법의 한 원리이다──보다 열후한 것이다. 반면 제935조 제2항의 경우, 즉 금전, 유가증권이나 공적으로 경매된 물건에 있어서는 거래의 안전(Verkehrssicherheit)은 소유권 보호보다도 앞선다. 법은 여러 가지의 원리들이 조화되도록 노력하고 있음이 이 경우에도 다시 한 번 드러난 것이다. 그에 있어서는 그 모두가 '정당한 법'이라고 할 수 있는 다양한 해결책을 상정할 수 있는 것이다.

신뢰원리는 법윤리적 내용을 가지기도 하고 또 거래안전의 사상을 지향하는 내용을 가지기도 하며 이 양자는 서로 완전히 분리될 수 없다. 바로 위에서 언급한 경우에는 거래안전의 사상이 더 비중을 가진다. 법윤리적 내용은, '권리외관'(Rechtsschein)이, 이것에 대하여 신뢰한 사람을 보호하게 되면 불이익을 입는 사람에게 귀책될 수 있는(zurechenbar) 사유로 성립하였다는 한도에서만 영향을 미친

---

41) 이에 관하여는 Hübner, *Der Rechtsverlust im Mobiliarsachenrecht*, 1955, S. 97 ff. 참조. 신뢰요건에 대한 귀책가능성의 요구 및 귀책기준 일반에 관하여는 Canaris, *aaO.*, S. 467 ff, 참조.

다. 이에 반하여 '신의성실'(Treu und Glauben)의 원칙에 있어서는 법윤리적 요소가 전면에 대두한다. 그 원칙은, 책임져야 할 방법으로 신뢰상태가 발생하여 타인이 이에 상응한 신뢰를 가진 때에는 이 신뢰는 충족되어야 함을 요구한다. 신뢰의 발생에 대하여 그것을 발생시킨 사람이 타인이 이를 믿을 것임을 알았거나 알았어야만 할 경우에는 '귀책가능하다.' 그것은 그 한도에서 신뢰원리와 동일한 것이다. 그러나 신의성실의 원칙은 그 이상의 것이다. 그것은 또한 무엇보다도 장기간의 협동이 필요한 법률관계에 있어서 서로 상대방에 대하여 배려할 것을, 자신의 권리를 행사함에 있어서도 상대방에 대한 배려를 잃지 않을 것을 요구하고, 또 일반적으로 선의로 행동하는 거래참여자 간에서 기대할 수 있는 행태를 요구한다. 그 원칙은 독일민법 제157조 및 제242조에서, 또 스위스민법 제2조에 표명되고 있다.[14] 독일민법 제242조에 한하여 보면 좁게 규정되고 있지만 독일법에 있어서 그 원칙은 스위스민법과 같은 범위로 적용된다고, 즉 채권법에만 한정되지 않는다고 인정되고 있다. 현재에는 그 원칙은 공법상의 법률관계에도 적용된다. 계약법에 있어서 그것

---

[14] 독일민법 제157조: "계약은 거래관행을 고려하여 신의성실이 요구하는 바에 따라 해석되어야 한다.

독일민법 제242조: "실무자는 거래관행을 고려하여 신의성실이 요구하는 바에 따라 급부를 할 의무가 있다."

스위스민법 제2조 1항: "권리의 행사와 의무의 이행은 신의와 성실에 따라서 하여야 한다."

우리 민법 제2조 1항: "권리의 행사와 의무의 이행은 신의에 좇아 성실히 하여야 한다."

은 개별적인 계약상 의무의 이행에 대하여서 적용될 뿐만 아니라, 그 원칙의 적용에 의하여 보호의무나 충실의무와 같은 수많은 부수의무(Nebenpflichten)가 계약목적이나 상대방의 이익을 고려하여야 한다는 요구에 기하여 인정되기에 이르렀다. 게다가 이러한 부수의무는 계약체결 전의 계약교섭단계 및 계약체결준비단계에서도 인정되는 것이다. 그 원칙의 적용으로, 계약은 그 '문언'대로 이행되어야 할 뿐 아니라, 그 의미와 목적이 요구하는 대로, 또한 전체적인 사정에 따라, 구체적으로 계약서면상에 표현되지는 않았으나 당사자 사이에서 논의된 바에 따라, 선량한 거래의 관습에 따라 상대방이 기대할 수 있는 대로 이행되어야 하는 것이다. 즉 계약당사자는 경우에 따라 계약의 '문언'이 요구하는 바 이상의 것을 하여야 할 의무가 있다면, 다른 한편 그 의무에 대하여는 그것을 ('문자 그대로') 이행하는 것이 사정에 비추어 그에게 '기대될 수 없는 경우'(unzumutbar)에는 거기서 한계가 그어진다. 그러한 경우란, 예를 들면 그 의무의 이행이 보다 중요한 윤리적 의무와 모순된다든가, 그 자신 또는 가족의 건강에 대한 현저한 위험을 초래한다든가, 채권자에 주는 이익과 균형이 맞지 않고 동시에 채무자에게는 생존을 위협하는 예상하지 않은 지출을 강요한다든가 하는 것이다. 마지막으로 어떤 권리의 주장이나 가령 시효소멸의 항변이 당사자의 선행행태와 모순되며 (이른바 "자신이 행한 것에 반하여 행동하는 것" venire contra factum proprium), 상대방이 그 선행행태에 상응하여 행위하였을 때에는 그러한 권리주장은 '신의성실'에 반하는 것이라 하여 용납되지 않을 경우도 있다. 이 경우에는 신뢰원리와의 관련이 다시금 분명해진다.

특히 독일민법 제242조에 관한 판례는 이루 다 말할 수 없을 만큼 많다. 독일민법의 큰 주석서들 중의 어느 것을 들쳐 보아도 이는 분명하다. 따라서 여기서 그 세부를 논하는 것은 무의미할 것이다. 그러나 판례가 그와 같이 폭넓은 '일반조항'을 구체화함에 있어서 어떠한 사고과정을 밟았으며, 밟고 있느냐 하는 의문은 제기되지 않을 수 없다. 이에 관하여는 두 개의 사실이 강조되어야 한다. 첫째, 그 일반조항은 누구라도 자기에 유리한 것을 끌어낼 수 있는 단순한 '공허한 정식(Leerformel)'이 아니다. 그것은 비록 명확한 경계를 그을 수는 없기는 하나, 그래도 정의定義의 틀에 넣을 수 있는 내용을 가지고 있다. 즉 누구라도 그와 같은 행태는 그와 같은 사정 아래서는 '신의성실'에 부합되지 않는다고 곧바로 확언할 수 있는 사례유형(Fallkonstellationen)이 많이 존재한다. 그와 같은 예증적 사례들은 신의성실이 무슨 의미인지를 비록 개괄적이기는 하나 분명히 보여준다. 반면에 그에 대하여는 [확정적인] 정의가 없기 때문에 그것에 포섭한다는(subsumieren) 것은 불가능하다. '신의성실'은 하나의 개념이 아니라, 비록 법명제라는 외적인 형식을 취하고 있기는 하나 구체화를 요하는, 즉 개별적인 경우에 직접 적용하기에는 적합하지 않은 하나의 원리인 것이다. 구체화는 점진적으로 행하여진다. 그에 있어서는 일정한 방향지시적 요소(orientierende Faktoren)들이 중간항으로서 보조하며, 또 그때그때 추가적인 가치평가 ─ 그러나 이 가치평가는 주어진 한계 내에 머물러 있어야 한다 ─ 가 필요하다. 법률 자신이 그러한 방향지시적 요소의 하나를 제시하고 있다. 즉 거래관행(Verkehrssitte)이 그것이다. 사람들이 일반적으로, 상대방이 다른 특별한 사정이 없는 한 거래에 통상적인 방식으로 행위할 것을 믿고 있고 또 믿을 수 있기 때문에 거래관행은 의미가 있다. 비아커[42]는 ("입법자 자신의 인식가능하고 확정가능한 지시" 이외에) 나아가 "일정한 법률가에 있어서 보편타당한 재산이 된" "승인된 판결, 판결의 주이유(rationes decidendi), 격언, 규정 및 주요명제의 전체상" 속에 표현된, "정당한 행위의 실제적으로 이의의 여지가 없는 기본명제들"을 든다.[43] 이러한 관점에서, 법관이 구체적인 사안을 별다른 어려움 없이 그 속에 편입시킬 수 있는 일정한 전형적 사례유형들이 형성된다. 이러한 형성이 불가능한 경우에는 기본사상이나 비교가능한 사례를 살피면서 개개의 사안마다 조심스럽게 영역을 확보해 간다. 모든 판결은 다음에 판결할 사안에 대한 모범이 될 수 있다. 따라서 비아커가 적절히 표현하였듯이[44] "독일민법 제242조에 기한 판단은 편물의 한 바늘처럼 그 자체가 장래의 법을 공동창조하는 것이다." 그러나 구체적인 경우에 법관에게 필연적으로 남겨진

---

42) Franz Wieacker, *Zur rechtstheoretischen Präzision des § 242 BGB*, 1956, S. 19.
43) *AaO.*, S. 18(에써의 견해에 좇는다).
44) *AaO.*, S. 15.

판단의 여지를 메움에 있어서는 방향(Richtung)뿐만 아니라, 일정한 틀도 미리 주어져 있으며, 이 틀은 '편물'이 두꺼워질수록 알기 쉽게 된다. 물론 그에 있어서는 전혀 새로운 입론, 때로는 비아커가 말하는 대로[45] "법률법(Gesetzesrecht)의 법윤리적 돌파"도 그와 같은 일반조항의 성질상 전적으로 배제되지는 않는다.

---

45) *AaO.*, S. 36.

제4장 형법적 및 민법적 유책성의 원리

제1절 형법에서의 책임원리

지금까지 설명한 법원리는 당사자들 자신이 넓은 범위에 걸쳐서 스스로 규율할 수 있는 인간관계의 규칙, 즉 계약법과 나아가 사법적인 거래상의 행위에 관한 것이었다. 이러한 영역에 대하여 법질서는 당사자들에게 단지 하나의 '보조수단'을 제공할 뿐이다. 즉 그것은 법률행위의 유효요건을 정하고, 당사자 사이의 합의 내용을 보충하며, 그로부터 발생하는 청구권 및 근거 있는 신뢰를 보호할 뿐 아니라 권리의 남용을 금지한다. 그러나 법질서는 개인에 대하여 명령적일 수도 있는데, 이것은 물론 법적 평화를 유지한다는 그의 임무에 기한 것이어야 한다. 법질서는 그에게 다른 모든 사람의 이익을 위하여, 또 모두에게 공통되는, 법의 규정에 따른 공동생활의 이익을 위하여 이에 상응한 행태를 요구한다. 이러한 요구에 좇지 않는 자에 대하여는 각종의 법적 불이익이 가해질 수 있다. 가장 크고 또 인격에 가장 심중한 영향을 미치는 불이익은 형벌의 부과이다. 그와 같이 중대한 가해(Eingriff)는 정당한 사유를 필요로 하며, 극히 특정되고 엄격하게 이해되어야 하는 요건 아래서만 이루어져야 하고 형벌의 집행에 있어서도 상호존중의 원리나, 그로 인하여 제한을 받을 인격권에 비추어서 '정당한 법'에 대한 일정한 요구가 충족되어야 함은 명백하다.

우선 형벌이 애초 어떻게 정당화될 수 있는가를 살펴보기로 한다. 그에 있어서 우리는 모든 형벌이 ——세부적으로는 다양한 외관을 가진다고 하더라도——처벌을 받는 자에 있어서는 하나의 해악을 의미하고 수형자도 형벌을 그와 같은 것으로 받아들임을 전제로 한다. 국가에 의하여 대표되는 법공동체가 그 구성원 중의 한 사람에 대하여 해악을 가하는 것, 만일 자유형이라면 그가 가지는 가장 중요한 인격권 중의 하나, 즉 신체적 활동의 자유와 인격의 자유로운 전개에 대한 자유를 현저하게 제한하는 것이 무엇에 의하여 정당화될 수 있는가? 답은 법질서의 존속, 법적 평화의 유지를 위하여는 형벌제도가 불가피하다는 데 있을 수 있다. 이러한 설명은 두 개의 널리 승인된 형벌목적, 즉 일반예방(Generalprävention)과, 장기자유형의 경우에는 '위험하다'고 분류된 범죄자로부터의 사회의 보호라는 목적을 시사하고 있다. 형벌제도가 단지 그것이 존재한다는 것만으로 많은 사람들이 ─── 비록 범죄자가 아니더라도 ─── 범죄행위를 범하는 것을 저지한다는 것은 통계적인 입증이 거의 불가능하기는 해도 인정될 수 있을 것이다. '일반예방'이라는 표현을 너무 좁게 이해하여서는 안 된다. 슈미트호이저의 다음과 같은 설명은 적절하다.[1] 즉, "비도덕임과 동시에 벌할 만한 행태에 대하여 정당하게 반응하는 모든 과형科刑제도는 사회병리학적 기능을 가진다. 그것은 도덕적인 판단을 확인하고, 이로써 사회의 의식 속에 규범이 효력을 가짐을 확인하여 준다." 이러한 설명은 고려되지 않으면 안 되는 몇 개의 필요사항을 동시에 밝히고 있다. 즉 우선 그때그때 지배적인 사회도덕(Sozialmoral)[2]에 비추어 도덕적인 비난을 받을 만하고, 또 ─── 그 일반위험성(Gemeinschädlichkeit) 또는 그에 표현된 법의 무시를 이유로 ─── 벌할 만한 행위(또는 부작위)에 대하여만 형벌의 위협이 가해져야 한다. 또한 형벌은 구체적인 경우에 '정당한' 것으로 느껴져야 한다. 이러한 요건들이 충족되면, 어떠한 행위가 가벌적이라는 의식은, 무엇보다도 그러한 행위가 발견되고 또 일반에게 알려지는 것과 결합된 도덕적인 무가치판단(Unwerturteil) 때문에 ─── 즉 형벌 그 자체 때문만이 아니라 ─── 많은 사람들을 법을 준수하도록 묶어 놓을 것이며, 반면 그러한 것이 없을 경우에는 이들은 아마도

---

1) Schmidhäuser, *Strafrecht, Allgemeiner Teil*, 2. Aufl., 1975, S. 52.
2) 가령 칸트적 의미의 '자율적 윤리'나, 종교적 또는 세계관적인 근거를 가지는 다양한 '고차윤리' 또는 단순한 관습이나 풍속과는 구별되어야 할 '사회도덕'의 개념에 관하여는 Henkel, S. 71 ff. 참조. 또한 저자의 *Allgemeiner Teil*, 1. Aufl., 1960, S. 40 ff.도 참조.

동요하기 쉬울 것이다. 그와 같이 인간은 하나의 당위를 잘 수긍
함과 동시에 빈번하게 서로 상충되는 충동과 욕망에——이것을 억
누르는 것은 대개의 인간에 있어서 매우 힘든 일이다——맡겨지기
쉬운 것이므로, 그들은 위와 같은 '지주支柱', 즉 규범을 준수하는 데
대한 부가적인 동기부여가 필요하다. 형벌제도는 이러한 부가적 동
기를 제공하는 것이다.

그러나 그러한 답변만으로는 충분하지 않다. 일반예방의 목적
또는 사회를 '개선불가'라고 분류된 반복범으로부터 보호한다는 목
적이 형벌의 사회적인 필요성을 명백히 밝혀 준다고 하여도, 이러한
목적만으로는 형벌에 내재하는 범인의 인격에 대한 심중한 가해를 아
직 범인 스스로에 대하여 정당화하지 못한다. 왜냐하면 형벌을 사회
를 위한 효용이라는 관점에서만 본다면——그리고 그것이 사회를 위
한 형벌의 불가피성이라는 결론에 도달한다 하더라도——그것은 범
인을 그 한도에서 단지 하나의 수단으로만 취급하는 것이며, 이는 그
존엄에 반한다. 사람들이 교육목적, 즉 '특별예방'(Spezialprävention)
을 이에 부가한다고 하더라도 달라지는 것은 없다. 왜냐하면 교육목
적이 대부분의 경우에 달성가능하다고 치더라도,[3] 역시 성숙한 범
인에게 강제교육을 과하는 것을 무엇으로 정당화할 수 있는가가 문
제되기 때문이다. 그러한 강제교육은 그것이 어떠한 내용의 것이라
도 그 범죄자에게는 하나의 해악을 의미하며, 또 그는 그것을 그러

---

[3] Hellmuth Mayer, *Strafrecht*, 1953, S. 25는 이에 대하여 극히 회의적이다.

한 것으로 느낀다. 이 모든 것은 범죄자가 스스로 도덕적인 판단을 하는 사람으로서 형벌을 그의 행위에 상당한 것이어서 정당한 것으로, '받아 마땅한 것'으로 생각하며 따라서 내심으로 수긍할 수 있을 때에만 범죄자의 윤리적인 인격성과 조화될 수 있다. 이것은, 즉 그가 자신의 행위에 대하여 책임을 느끼고 형벌을 자신의 책임(Schuld)에 대한 불가피하고 정당한 반응이라고 볼 능력이 있는 경우인 것이다. 이 양자는 책임원리를 요구한다. 이 원리를 극히 간략하게 말하면, (개별적인) 책임이 없으면 형벌 없으며, 형벌은 책임의 정도에 따라야 한다는 것이다. 제도로서의 형벌 및 그에 내재하는 범죄자의 인격에 대한 가해는 그것이 법적 평화를 위하여 불가피하다는 것과 책임원리의 결합에 의하여 정당화된다.[4] 이 원리는 현대 독일형법의 원칙인 동시에 그것만이 범죄자의 인격에 대한 가해를 그에 대하여 정당화할 수 있기 때문에 역시 정당한 법의 한 원리이다.

그러나 '책임'이란 무엇을 의미하는가? 이것을 설명하려면 인격의 자기구속의 능력과 관련하여 이미 본 바 있는 윤리적 기본경험을 다시 논하여야 한다. 인간은 자신의 행위 ——부작위도 포함하여—— 및 일정한 정도까지는 그 사실상의 결과를 자신에게 귀속시키며(zurechnen), 비록 그것이 자신에게 불리한 것일지라도 그에 대

---

4) 같은 취지 : Schmidhäuser, *aaO.*, S. 56 f. 그는 이렇게 하여도 형벌은, 인간을 단지 수단으로서 다루어서는 안 되고, 자기목적으로 보아야 한다는 칸트의 요구에 반하는 것이라고 생각한다. 그러나 나는, 이러한 요구는 정당하게 이해된 책임원리로써 충족된다고 생각한다. 그러므로 이 원리는 '정당한 법'인 것이다.

하여 책임이 있음(verantwortlich)을 안다. 이 양자, 즉 자기귀책 (Selbstzurechnung)과 책임의 인수는, 니콜라이 하르트만의 말을 빌면,[5] "윤리적인 존재의 실재적 사실"이다. 인간이 자신의 행위 및 그로 인한 예측가능한 결과를 자신에게 귀속시킨다는 것은 그가 인격을 가진 이로서 일정한 정도까지 그 행위 등을 자신과 동일화함을 의미한다. 그것은 자신을 이용하여 또는 자신을 통하여 발생한 어떠한 사건이 아니라, 그 연원을 자신 속에, 자신의 행위선택능력 속에 두는 것이다. 그가 달리 행동할 수도 있었기 때문에, 또 그렇다면 그 결과는 회피할 수 있었던 것이기 때문에, 그는 그 행위 등을 자신과는 아무 상관 없는 어떤 것으로 자신으로부터 돌려버리지 못하며, 그것을 자신에게 귀속시킨다.

이에 대하여 인과因果의 메카니즘을 절대화하는 결정론의 신봉자는 인간도 역시 그 감정, 원망, 기호 나아가 그로부터 일어나는 행동에 있어서 자연법칙에 종속된다고 반론한다. 그는 자발적으로 행동하는 것이 아니고 단지 반응할 뿐이다. 그는 자신이 실제 행한 것과 달리 행동할 수 없으며, 결과적으로 그는 원인과 결과의 영원한 사슬 속의 한 고리일 뿐이다. 따라서 의도적인 투석과 폭풍으로 파손된 지붕기와의 낙하와는 아무런 차이가 없다. 자기귀속과 책임은 인간의 자기기만의 결과일 뿐이다. 인간은 자신이 돌을 던진 상대방에 대하여 폭풍과 마찬가지로 책임이 없다. 두 경우 모두 소여의 조건

---

5) Nicolai Hartmann, *Ethik*. 2. Aufl., S. 660.

아래 자연법칙에 따라 발생하여야 할 것이 발생한 것뿐이라는 것이다. 그러나 어떠한 결단의 상황에 선 사람이 행위의 선택을 할 수 있음은 부인될 수 없다. 그가 자신이 달리 결정할 수 없었음을 사후에 인식했다고 하더라도, 그는 역시 그것을 자신의 고유한 결단으로 생각하고, 많은 가능성을 비교고량한 후 하나의 결단을 내린 사람으로 자신을 치부한다. 그것이 하나의 '자기기만'이라면, 그것은 인간으로서의 자신의 실존의 기본속성에 속하는 것이라고 할 것이기 때문에 인간이 피할 수 없는 바의 자기기만인 것이다. 결정론은 실제로 그 반대입장과 마찬가지로 학문상 증명할 수 없는 것이다. 아니 그것은 모순에 빠지지 않고는 생각할 수 없다.[6] 그러나 이것으로써 비결정론의 변호로 삼을 수는 없다. 우리는 인간이 그 행위에 대하여 충분한 근거를 가짐을 의심하지 않는다. 그 근거는 순수한 본능일수도, 숙고한 후에 행한 목적과 수단의 선택일 수도, 자유롭게 이행한 당위요구일 수도 있다. 그러나 그때그때의 동기를 택하는 것은 그 자신이다.[7] 이렇게 볼 때 그가 행위를 자신의 것으로서 자신에 귀속시키는 것은 정당하다.

---

6) 인간을 포함한 모든 일이 최후까지 인과적으로 결정된다면, 이는 인간이 하는 사고思考에 대하여도, 궁극적으로는 인간의 모든 사상에 대하여도 적용될 것이다. 그러나 사고가 인과법칙에 따르는 것이라면, '정당한가', '그른가'에 따른 사고의 조향이란 있을 수 없고, 모든 사람이 사고'하여야 하는' 방식대로만 사고하게 된다. 그러므로 결정론은 다른 어떠한 견해와 마찬가지로 정당성에의 요구를 제기할 수 없다.

7) Ryffel, S. 148도 참조. '동기결정론'에 관하여는, Zippelius, *Das Wesen des Rechts*, 4. Aufl., 1978, S. 163 f. 참조.

자신의 행위와 그 행위의 의도적인 또는 예견된 결과를 자신에게 귀속시킨다는 것은 동시에 자신의 그에 대한 책임을 인식하는 것이다. 인간에게는 당위요구(Sollenanforderungen)가 과하여지기 때문에 그는 책임을 인식한다. 자신의 행위가 당위요구에 상응하지 않으면 행위의 무가치는 그 행위의 결과에 대하여 책임을 지는 자로서 자신에게 돌아오게 된다. 이것이 자신에게 잘못(Schuld)이 있다고 말할 때의 의미이다. 자신의 잘못을 인정하는 사람은 자신의 인격을 걸고 책임을 인수하고 보상을 하여야 한다고 느낀다. 다시 한번 니콜라이 하르트만의 말을 빌리면[8] "인격은 어떠한 부담을 스스로 인수한다. 이것은 어떠한 자연적인 기호나 이익에 맞는 것이 아니며, 오히려 모든 자연적 경향에 반하는 것이다. 그러므로 그것이 자기기만이라는 의심은, 자기기만이란 습관적인 자기파악으로부터 나올 수 있는 어떠한 것인 한 일체의 근거를 상실한다." 리펠[9]은 "(구체적인 경우에) 책임이 있는지에 대하여 의견대립이 매우 분분하여 분명치 않을 수도 있으나, 그럼에도 책임이란 정당성 또는 자유와 마찬가지로 인류의 기본자질의 하나이며, 인간의 전체적 실존으로부터 분리하여 생각할 수 없다"고 한다. 책임(Schuld) 성립이나 유책성(Verantwortung) 인수의 가능성을 부인하는 이는, 자신의 의도와는 달리 인간을, 인간이 스스로에게 과한 부담으로부터, 현대의 '계명

---

8) *AaO.*, S. 660.
9) Ryffel, S. 155.

된' 시대에는 더 이상 맞지 않는[10] 극복된 관념으로부터 해방시키는 것이 아니고, 인간을 인간답게 하는 가장 본질적인 능력 중의 하나를 말살하고, 인간을 동물과 별로 차이가 없었던 그 발전의 초기단계로 돌려보내는 것이다. 그 당시 인간은 타고난 '본능'에 의하여 행동할 수 있었으나, 이제는 그러한 본능은 이미 존재하지 않으므로 만일 그가 자신의 행위에 대하여 아무런 책임을 느끼지 않는다면 그는 바로 자신을 파괴하게 될 것이다.

자신의 책임을 인정하는 이는 당위요구의 불이행으로부터 발생하는 행위의 무가치를 자신에게 귀속시키는 것이다. 그는 스스로를 비난한다. 이 비난의 이유는 당위요구를 거부한 데 있다. 이때 '거부'란 단순한 불이행뿐만 아니라, 그 속에 존재하는 인격의 오도誤導(Fehlleistung)를 의미하는 것이다. 바로 그러한 점으로 인하여 그 비난은 그만큼 심중하고 인간존재의 핵심에 관련된다. 책임을 단순히 [외부로부터의] '비난가능성'(Vorwerfbarkeit)으로 정의하는 것은 잘못이다. 비난할 수 있는 것은 행태, 보다 정확히 말하면 거기에 표출된 당위요구에 대한 거부이다. 이 거부, 인격의 오도가 바로 '책임'이다. 이것은 도덕적 의미의 책임뿐 아니라 법적 의미의 책임에도 타당하다. 양자간의 차이는, 전자가 개개인에 의하여 자기귀책에 기

---

10) 그렇다고, 합리적 윤리라는 관점에서 볼 때 객관적으로 근거가 없는──가령 그것이 잘못된 관습에 기인된 것이기 때문에──유책감정(Schuldgefühl)이 있다는 것을 부인할 수는 없다. 그러므로 여러 가지의 인간적 문제가 발생할 수 있을 것이다. 여기서는 다루지 않기로 한다.

하여 파악되는 데 대하여 법적인 책임은 타자귀책(Fremdzurechnung)의 방식으로 확정되는 데 있다. 그와 같은 타자귀책은 누구도 타인의 영혼의 기저에까지 꿰뚫어볼 수는 없으므로 궁극적으로는 의심스러운 것이다. 그러나 그러한 귀책이 없이는 책임비난, 그리하여 구체적인 형벌이 정당화될 수 없으므로 이것은 불가피하다. 귀책이 정당하려면 유책자 스스로도 적용해 볼 수 있는 범주에 기초하여야 한다. 귀책에 대한 판단은 그에 있어서도 추체험가능(nachvollziehbar)한 것이어야 한다.

　책임원리에 관한 단행본에서 아르투르 카우프만은 상술한 것보다 좁은 책임개념을 주장하였다. 그는 책임이 비난가능성과 같은 것이며, 비난의 객체를 의미한다는 견해는 거부한다. 그러나 책임은 행위의 기초에 있는 "무가치에의 의식적인 결단"이라고 한다.[11] 그러나 '무가치에의 의식적 결단'이란 어떠한 행위를 하는 순간에 자신이 해야 할 것(er soll)과 다르게 행위하고 있음을 아는 사람에게만 해당된다. 이에 따르면 범죄의 고의적 수행이나 기껏해야 인식 있는 과실[12]로 인한 금지된 결과의 야기만이 '유책한 것'(schuldhaft)이 되고, (인식 없는) 과실행위는 그렇지 않은 것이 된다. 실제로 카우프만은 "책임이란 의식적이고 자의적自意的인, 무가치의 결단이라고 하는 윤리적 책임론의 입장에서 보면, 인식 없는 과실은 책임형식

---

11) Arthur Kaufmann, *Schuldprinzip*, S. 178.
12) 인식 있는 과실에 관하여는 Kaufmann, S. 153 ff. 참조.

(Schuldform)이 되지 못한다"는 결론에 도달한다.[13] 이것은 (인식 없는) 과실을 역시 하나의 책임형식으로 인정하는 통설의 견해와 상반되는 것이다.[14] 카우프만의 이러한 입장은, 법철학에서 전혀 지지자가 없는 것은 아니다. 즉 헤겔은 책임을 전적으로 의사, 보다 상세히는 행위자에 의하여 의도된 결과에만, 따라서 고의적 행위에만 연관시킨다. 그는 과실행위에 대하여는 언급하지 않는다.[15] 헤겔은 형벌은 범죄자의 특수한 의사에 대한 개입(그것을 굴복시키는 것)이고 따라서 "그렇지 않으면 효력을 발생하였을 범죄의 지양"이라고 형벌에 근거를 부여하는데,[16] 이러한 입장은 고의적 범죄에만 해당하고, 과실범에는 해당하지 않는다.

---

13) *AaO.*, S. 187.

14) 과실책임의 근거에 관하여는 Schmidhäuser, *aaO.*, S. 442; Bockelmann, *Strafrecht*, Allgemeiner Teil, §20 Ⅳ 참조.

15) 이에 대하여는 다툼이 있다. Dulckeit, *Rechtsbegriff und Rechtsgestalt*, 1936, S. 153 ff.는 다른 견해를 취한다. 헤겔은 그의 『법철학』(*Rechtsphilosophie*), §117 에서 행위자가 작용을 가하는 바의 현실은 그 자체 그의 관념에서와는 다른 무엇을 포함할 수 있다고 한다. '의지의 권리'는 행위자가 "그의 목적상 알고 있는" 것, "그의 고의에 포함되는 것"에 대하여만 책임을 인정한다는 것이다. §118은 이러한 사고를 진척시킨다. 즉 그는 행위의 사실상의 결과를, "행위의 목적을 실현하는 형상"으로서 행위에 속하는 것과 그 밖에 존재하는 우연적인 결과로 구분한다. 나아가서 "전자만을 자신에게 귀책시키는 것이 —— 왜냐하면 그것만이 고의에 해당하므로—— 의지의 권리이다"라고 한다. 여기서는 고의적 행위의 간접적 결과(entfernte Folgen) 중 어느 범위까지가 행위자에게 부책되는가가 문제되고 있고, 과실행위 그 자체는 문제되지 않는다. 이것은 1974년에 일팅(Ilting)에 의하여 편집된 호토(Hotho)의 『강의필기』(Hegel, *Vorlesungen über Rechtsphilosophie*, Bd. 3), S. 358 ff.에 의하여 특히 명백하다. 왈, "행위의 정신(Geist der Handlung)에 속하는 결과, 따라서 고의를 그 안에서 발견할 수 있는 결과만에 대하여 책임이 귀속된다", 그러나 그 외의 것은 그렇지 않다는 것이다.

16) Hegel, *Rechtsphilosophie*, §99.

과실(Fahrlässigkeit)은 일반적인 견해에 의하면, 위법한 결과의 회피를 위하여 필요하고 또 행위자에게도 기대할 수 있기 때문에 법질서에 의하여 요구되는 주의, 예견 및 통찰을 행하지 않는 것을 의미한다. 이러한 것이 흠결되도록 한다는 것은 역시 당위요구에 대한 거부라고 할 것이고, 따라서 주의흠결의 결과가 행위자가 회피하였어야 하고 또 필요한 주의를 했더라면 회피할 수 있었을 것이라면 책임비난을 성립시키기에 족하다. 이는 필요한 주의를 하지 않았기 때문에 사람을 치어서 사망하게 한 사람은 누구나 만일 조심스럽게 운전하였더라면 사고가 일어나지 않았으리라고 한다면 그에 대하여 책임을 인정할 것이라는 사실에서도 드러난다. 그러나 이 경우 비난은 그 정도에 있어서 고의행위자에 비하여 훨씬 미치지 못하는 것이며, 그것은 주의흠결의 정도나 행위자가 고려할 수 없었던 다른 요소들의 결과야기에 대한 기여의 비율 등 사정에 따라 차이가 있을 수 있다. 이와 같이 어떤 사람이 범죄요건을 과실에 의하여 실현하였다는 판단에 있어서도 하나의 책임귀속(Schuldzurechnung)이 문제되는 것이다. 그러므로 카우프만과 헤겔의 책임개념은 너무 좁다고 생각되며, 책임은 요구된 것에 반하는 의식적인 판단이라기보다는 당위요구의 거부라고 파악하고자 한다. 이러한 파악은 고의행위뿐 아니라 과실행위도 포괄한다. 그러나 그렇다고 과실행위는 어느 것이나 가벌적이라고 하는 것은 물론 아니다.

누구에게 무엇에 대한 책임을 인정하는 판단은 귀책판단[또는 귀속판단](Zurechnungsurteil)이다. 그것은 인과관계뿐 아니라 행위 전체에 환원하여 그에게 책임 있다고 생각되게 하는 행위연관도 확정한다. 귀속은 3단계로 행하여진다. 제1단계에서는 사람의 신체적 운동이 행위(Handlung)로 평가된다. 이 단계에서 이미 귀책의 한 측면이 나타난다는 것은 종종 간과된다. 흐루쉬카가 지적하는 대로,[17] "운동으로 나타나는 단순한 외적 현상에" 추가적으로 그 "인지된 운동을 행위——행위조향操向의 능력이 있는 주체의 표출로서의——로 해석"하는 것이다. "귀속은 어떠한 행동——이것에 의하여 나는 어떠한 과정을 행위로 파악한다——에 대하여 일정한 성질을 규정 짓는 것이다."[18] 무의식상태에서 하는 신체운동, 단순한 반사운동 그리고 불가항력("절대력" vis absoluta)에 의한 운동은 귀속의 대상이 되는 행위라고 할 수 없다. '행위'가 성립하지 않는다고 하는 것은 모든 유책성(Verantwortlichkeit)이 배제됨을 의미한다. 왜냐하면 유책성은 이미 본 대로, 다르게 행위할 수 있음(Andershandelnkönnen), 따라서 의사에 의한 행위조향 내지 의식적 통어가 가능함을 전제로 한다. 이 가능성이 없다면 행위——그 주체가 질 책임의 대상이 되는——가 애초에 존재하지 않는다.[19]

---

17) Joachim Hruschka, *Strukturen der Zurechnung*, 1976, S. 5.

18) *AaO.*, S. 13.

19) 행위조향의 가능성으로서 충분하고, '목적적 행위론'이 요구하는 것처럼(Maurach, *Deutsches Strafrecht*, § 16 참조) "행위를 조향하는 의지에 지배되고, 일정한 결과를 지향하는 인간의 행태"가 필요한 것은 아니다. 흐루쉬카(S. 10)는 "휘파람을 불거나, 산책하거나, 장기를 두는 것"과 같은 목적지향되지 않은 "단순한 활동"을 정당하게도 지적하고 있다. 이러한 것도 행위이고, 주체의 표현이다. 그러한 행위

귀속의 제2단계에서는 그 행위의 결과에 대한 책임, (결과의) 행위와의 연관이 문제된다. 이때에도 (개별적인) 책임이 문제되는 것은 아니다. 단지 행위에 의하여 발단된 인과연쇄 ——이것은 사태의 진전에 작용하는 수많은 다른 요소들에 의하여, 행위자가 예견하였던 것, 또 다른 사람이 그의 입장이었다면 예견할 수 있었던 것과는 전혀 다른 결과를 초래할 수 있다 ——를 행위자에게 '원인제공자'로서 귀책시킬 수 있는가가 문제이다. 이러한 '객관적' 귀속의 판단기준으로서는 일반적으로 다음과 같은 것을 든다. 즉 그와 같은 결과의 발생에 그 행위가 일반적으로 적합한 것인가(상당설 Adäquanztheorie), 법질서에 의하여 부인되는 결과가 발생할 위험(Risiko)이 그 행위에 의하여 더 높아졌는가.[20] 이 '객관적 귀속'의 문제는 현재 독일형법에 있어서는 별로 의미가 없다. 왜냐하면 독일형법 제20조가 "법률이 행위의 특별한 결과에 대하여 보다 중한 형을 규정하고 있는 경우에는 정범 또는 공범이 그 결과에 관하여 적어도 과실이 있을 때에만 그를 그 형으로써 벌할 수 있다"고 규정하고 있기 때문이다. 즉 법률은 행위자가 책임져야 할 결과에 대하여도 책임귀속, 적어도 과실의 결과라는 귀속을 요구하는 것이다. 그러나 행위결과의 객관적 귀속

를 하는 이는 언제라도 그것을 중단하고, 또는 의도적으로 그러한 행위에 다른 방향성을 부여할 수 있다. 그러므로 그는 그러한 행위를 하면서도 필요한 주의를 태만히 할 수 있고, 즉 '과실로' 행위할 수 있는 것이다. 과실로 인한 행위의 가능성이 '목적적 행위론'의 난점임은 주지하는 대로이다.

20) 이에 관하여서는 *Festschr. f. Richard M. Honig*, 1970, S. 79, 133 u. 169의 Roxin, Schaffstein 및 저자의 논문; Schmidhäuser, *aaO.*, S. 219 ff.; Bockelmann, *aaO.*, S. 65 ff. 참조.

가능성의 요구는 현 형법에 있어서도 전혀 의미가 없지는 않다.[21] 그러나 그의 주된 의미는 민사책임의 한계 획정이라는 데 있다. 왜냐하면 민법적 의미의 '불법행위'에 의하여 야기된 간접적인 손해(fernere Schäden)에 대한 배상책임은 이 간접적인 결과에 대하여 적어도 과실이 있다는 비난을 배상책임자에게 가할 수 있는지와는 관련이 없이 인정되기 때문이다. 다른 한편, 무한히 연장될 수도 있는 단순한 인과관계만으로 그 결과에 대한 책임을 모두 그에게 돌릴 수 없음은 오래 전부터 인정되어 왔다. 이에 대하여 이 자리에서 더 논할 필요는 없을 것이다.

　제3의, 그리고 형법에 있어서는 결정적인 귀속단계는 책임귀속(Schuldzurechnung)이다. 즉 어떤 사람에 대하여 행위——하나의 행위로서 이미 그에게 귀속된——와 그 결과——그에게 적어도 객관적으로 귀속되는——에 관한 책임을 선언하는 판단을 하는 것이다. 이 판단은 당위요구를 개인적으로 거부하였음을 확인하는 것을 의미한다. 책임은 형벌이 가하여지는 행위를 고의로 범하는 경우뿐만 아니라 과실로 범하는 경우에도 발생가능한 것이나, 이들 각 경우에 책임비난은 그 경중이 전혀 다르므로 이하에서는 고의와 과실의 귀속을 나누어 고찰하기로 한다.

　고의행위자에 대하여는, 그가 의식적으로 법의 명령을 무시하고, 그 명령에 반하는 결단을 하였다는 비난이 가능하다. 그 행위자

---

21) Roxin 및 Schaffstein, *aaO.* 참조.

가 그의 행위를 가벌적으로 만드는 모든 사정을 인식하고 있었고 나아가 그가 어떠한 금지를 위반하고 있음을 인식하였다면 이 비난은 정당하다고 하겠다. 즉 그는 위법성의 인식(Unrechtsbewußtsein)을 가졌다고 할 것이다. 독일형법 제17조[*1]는 이와는 다르게 규정하고 있다. 그에 따르면 위법성에 관한 착오를 행위자가 회피할 수 있었는지 여부가 문제된다. 그가 그것을 회피할 수 없었다면 그는 그 행위에 대하여 책임이 없는 것이고, 따라서 형벌을 받지 않는다. 그러나 그가 적절한 방법으로 그에 주의를 기울였다면 그것을 회피할 수 있었던 경우에는 그는 그 고의행위로 인하여 형벌에 처해지며, 단지 그 형벌이 감경'될 수 있을' 뿐이다(반드시 감경되는 것은 아니다). 이 규정이 책임원리와 조화되는 것인지에 관하여는 매우 다툼이 있다.[22] 자신의 행위의 위법성을 인식할 수 있었음에도 인식하지 못하였다는 비난은 주의 부족, 사려 없음에 대한 비난, 즉 과실비난이다. 그렇다면 고의적인 법파괴라는 보다 무거운 비난은 정당하지 않은 것이 된다. 다른 한편 법이 허용하는 것 또는 허용하지 않는 것에 대하여 충분한 주의를 쏟지 않았다는 비난은 법질서의 관점에서 볼 때 중대한 것이다. 왜냐하면 법평화의 유지라는 요청은, 모든 사람이

*1 우리 형법 제16조("자기의 행위가 법령에 의하여 죄가 되지 아니하는 것으로 오인한 행위는 그 오인이 정당한 이유가 있는 때에 한하여 벌하지 아니한다") 참조.

22) Schmidhäuser, *aaO.*, S. 394 ff., 410 ff.는 이것을 부정한다. Bockelmann, S. 122 f.는 회피할 수 있었던 금지착오가 있는 경우 이를 고의범으로 처벌하는 것은 문제가 있다고 하면서도, 그 규정은 "형사정책적 이유 및 정의의 근거에 의하여 요구된다"고 한다.

법질서에 의하여 허용된 행위의 한계에 대하여 충분한 지식을 가질 것을 요구하기 때문이다. 위법성에 관한 착오를 피할 수 있었던 경우의 '고의적인' 행위는 법에 대한 무관심을 의미하므로, 또 그것을 의미하는 한도에서 일반적인 과실보다도 중한 비난을 가할 수 있다. 그러나 그것을 고의적인 범죄로 처벌하는 것은 정당한 법에 상응하는 것이라고 하기 어렵다.[23]

과실비난은, 행위자가 그가 의욕하지는 않았으나 법적으로 인정될 수 없는 결과를 필요한 주의를 기울였다면 회피할 수 있었음에도 불구하고 이를 회피하지 않았다는 것을 내용으로 한다. 즉 그 경우에는 주의(Sorgfalt)의 흠결이 문제된다. 에르빈 도이치[24]에 따라 '외적' 주의와 '내적' 주의를 구별할 수 있을 것이다. 외적 주의는 단지 행태(Verhalten)에만 관련된다. 그 행태가 결과의 발생을 회피하기 위하여 필요한 대로가 아니라면 외적 주의는 흠결되었다고 할 수 있다. 그에 반하여 '내적 주의'는 당면한 제반 사정에 관하여 행위주체가 기울여야 할 주의(Aufmerksamkeit), 그의 지적知的 능력——가능한 결과를 예견하고, 그것을 회피하여야 한다는 명령 및 그 회피에 필요한 행태를 인식하며, 그에 따라 자신의 행위를 조향하는 데 필요한 능력——의 긴장을 의미한다. 과실비난은 행위자가 이와 같이

---

23) 한편 저자는 독일형법 제17조가 효력 있는 것이라고 생각한다. 그러나 슈미트호이저와 같이 책임원리가 정당한 법의 원리일 뿐만 아니라 실정헌법의 원리라고 한다면 다른 결과가 될 것이다.

24) Erwin Deutsch, *Fahrlässigkeit und erforderliche Sorgfalt*, 1963, S. 93 ff.; *Haftungsrecht*, Bd. 1, 1976, S. 276 ff.

요구되는 외적 주의와 아울러 내적 주의를 다하지 않았다는 것을 내용으로 한다. 외적 주의, 즉 제반 사정에 비추어 타당한, 결과의 회피를 위하여 객관적으로 필요한 행태가 없었다고 하더라도, 그에게 요구되는 내적인 주의가 결여되지 않았다면——주의력의 긴장에도 불구하고 자동차 운전자 앞에 갑자기 나타난 장애물을 미리 알아챌 수 없었고, 따라서 차에 의한 그 장애물의 충격 및 그로 인한 제반 결과를 그가 회피할 수 없었다면——그를 비난할 수는 없다. 그러나 법에 의하여 요구되는 이러한 내적 주의를 하지 않았다는 판단을 함에 있어서 일반적인 거래당사자의 육체적인 또는 정신적인 능력을 기준으로 할 것인가, 아니면 구체적인 행위자의——아마도 그보다 열등한——능력을 기준으로 할 것인가가 문제된다. 갑작스런 병환으로 주의를 일시적으로 소홀히 하였거나 감지능력이나 반응능력이 저하되었다는 것이, 또는 그러한 위험을 인식하고 회피하는 데 필요한 지식이나 경험이 없다는 것이 그를 면책시킬 수 있는가? 뒤에서 보는 대로 그 손해의 배상에 관한 민법상의 책임이 문제인 경우에는 이러한 사정은 면책사유가 되지 못한다. 그러나 형법에 있어서는 다르다. 행위자가 자기귀책을 행함에 있어서 추체험할 수 있는, 따라서 자기 자신의 평가에 의하더라도 정당하다고 받아들일 수 있는 책임비난은 오직 다음과 같은 경우에만 가능하다. 즉 행위 당시에 가지는 그의 능력을 기준으로 볼 때 그가 이를 적절히 행사하였더라면 그 행태의 위험성을 적시에 인식할 수 있었고 따라서 그 결과를 회피할 수 있었을 경우에만 가능한 것이다. 엄격한 의미의 책임, 즉 형법상 의미의 책임은 행위자에 대하여 개인적으로 가하여지는 개별적인(individuell) 책임이며 따라서 그가 자신의 개별적인 능력에 의하여서도 다르게 행위할 수 있었음을 전제로 하는 것이다.[25]

책임비난이 정당화되면 그 형벌은 범죄자에 '마땅한' 것이다. 이는 일반적으로 퍼진 확신——이것에 이성적인 근거를 부여하는 것이 어렵다——에 맞는다. 아르투르 카우프만[26]에 따르면 형벌은 책임에 상응하게 부과되어야 하나, 동시에 또한 책임은 형벌을 요구한다는 것은 "윤리의 세계의 원칙이며, 자연법(lex naturalis)이고, 따라서 절대적인 효력을 가진다." 칸트[27]와 헤겔[28]도 같은 의견이다. 특히 칸트는 이에 관하여 엄격하였다. 그러나 문제는 더욱 복잡하다. 행위의 결과를 스스로에게 인수시키고, 가능하면 이를 원상회복(전보塡補)하여야 한다는 요구는 책임의 영역에 속할 것이다. 결과[에 대

---

25) Maurach, *aaO.*, S. 451은 이것을 강조한다. 그는, 법질서의 비난판단(Mißbilligungs-urteil)은 행위자가 당위의 요구를 충족하지 못하였을 때 이미 내려지는 것이 아니라, 그가 자신의 인적 가능의 기준도 충족하지 못하였을 때에야 비로소 내려진다고 한다. Bockelmann, *aaO.*, S. 160은 가능(Können)의 흠결은 인식 없는 과실행위에 있어서는, 적법적 행위를 기대할 수 없다는 것을 정당화한다고 한다. 어떤 사람이 그에 요구되는 지식이나 능력을 가지지 못함을 알았거나 알았어야 했음에도 불구하고, 전혀 위험성이 없는 것은 아닌 행위를 인수한 경우와 같은 이른바 '인수과책'(Übernahmeverschulden)에 관하여는 언급이 없다. 그러한 과책이 있으면, 행위자가 그 행위에 있어서 객관적으로 과실 있는 경우에는 그 가능의 흠결은 그를 면책하지 못한다.

26) Kaufmann, *Schuldprinzip*, S. 208.

27) Kant, *Metaphysik der Sitten*, 1.Teil(Rechtslehre), Allgemeine Anmerkung E nach §49.

28) Hegel, *Rechtsphilosophie*, §§ 99 ff.

한 책임]의 인수는, 외적인 전보(손해배상)뿐만 아니라 더 나아가 하나의 내적 회귀, 선에의 노력, 죄갚음을 요구한다. 그러나 속죄도 역시 인격의 자유로운 행위이다. 이것은 형벌을 달게 받음으로써도 가능하고, 다른 방식으로도 가능하다. 외부로부터 부과된 해악으로서의 형벌은 속죄가 될 수 없다. 형벌은 이미 본 대로 법평화의 유지필요성과 책임원리를 결합함으로써 정당화된다. 형벌은 범죄자의 그 행위에 대한 유책을 그 자신에게, 그리고 무엇보다도 다른 사람에게 분명하게 한다. 그것은 포기될 수 없으며, 그가 하나의 인격으로 받아들여지는 한, 형벌은 헤겔[29]이 말한 대로 "범죄자를 이성적인 존재로 축복한다." 이것은 이상하게 들릴지도 모르며, 또 범죄자가 '정당한 것'으로 받아들일 수 있고——왜냐하면 그것이 자신의 유책을 밖에 나타내 주므로——, 그의 책임에 알맞은 형벌에 대하여만 적합한 말이다. 그러나 그로부터 형벌의 집행에 있어서도 범죄자를 '객체'로 보아서는 안 되며, 자신의 불법을 통찰할 능력이 있는 인격——그에 대하여 인간공동체에로의, 법에 따른 생활에로의 복귀가 봉쇄되어서는 안 되는——으로 보아야 한다는 요청이 발생하는 것이다.

따라서 형의 집행은 적어도 일반적인 경우에 있어서는 범죄자의 인격을 파괴하여서는 안 되며, 오히려 그로 하여금 위와 같은 복귀를 가능하게 하고, 종국적으로는 자신의 죄를 뉘우친 한 인간으로서

---

29) 같은 책, § 100(Zusatz).

자신의 삶을 자유롭게 영위하도록 준비하게 하여야 한다. 그것이 정당한 법이 요구하는 바이기도 한 것이다. 이렇게 볼 때 범죄자의 '재사회화再社會化'(Resozialisierung)는 비록 완전히 성공하는 경우는 드물다고 해도 형의 집행의 정당한 목적이 되는 것이다. 아르투트 카우프만은 다음과 같이 말한다.[30] 즉, 실제의 재사회화는 그 당사자의 협력을 필요로 한다. 왜냐하면, "범죄자가 자신의 과오를 통찰하고 이로써 자신의 책임으로부터 벗어나게 되는 경우에만 그가 장래에 재범하지 않으리라고 기대할 수 있기 때문이다." 범죄자는 단지 환경의 불행한 희생일 뿐이며, 그에게 일정한 행위를 하도록 요구하는 것은 불가하고, 책임이란 애초에 "전혀 존재하지 않는다"는 전제 아래 '재사회화'를 논하는 것은 전혀 잘못된 것이다. 삶을 영위하는 모든 인간은 일정한 행위를 하도록 요구되고 있으며, 또 이와 같은 요구를 충족하여야 한다는 것을 범죄를 행한 이는 깨달아야 할 것이다. 그에게 그러한 깨달음에 이르는 길을 제시하고, 또한 새 출발을 하기 위한 제반 조건을 창출하는 것이 행형行刑의 목표이어야 한다. 그러나 유감스럽게도 행형의 실제는 이에 미치지 못하고 있음을 인정하지 않을 수 없다.

책임원리의 내용은 책임비난이 가능한 때에만 형벌이 가하여질 수 있다는 것뿐 아니라, 형의 경중도 책임의 그것에 상응하여야 한다는 것을 포함한다. 이때 정당한 법의 다른 하나의 원리, 즉 비례성

---

30) Kaufmann, *Schuldprinzip*, S. 273.

또는 상당성의 원리가 등장한다.[31] 그러나 어떠한 형이 어떠한 책임에 알맞은 것인가. 한편으로 특정한 범죄자에 대하여 특정한 범죄를 이유로 하는 비난의 경중과, 다른 한편으로 벌금액의 다소 또는 자유형의 장단은 서로 공통점이 없는 것이다. 여기서 거의 해결 불가능한 어려움이 제기된다. 그러나 법은 우선 전형적인 범죄행위에 대하여 대개는 폭넓은 형의 범위를 정하고 있으며, 그 형의 범위는 그와 동종의 행위의 전형적인 불법내용만을 고려하여 정하여진다. 이것이 부족하나마 해결책을 제시해준다. 법관은 이 범위 내에서 개개의 책임에 알맞은 형을 결정하여야 한다. 그 양형에 있어서 그는 동일한 척도를 적용하여야 한다는 정의의 요구, 즉 균등정의를 존중하여야 한다. 그러나 책임의 경중을 따짐에 있어서는 매우 다양한 요소들이 결정적일 수 있다. 예를 들면 범죄행위의 방식, 동기, 범죄자의 생활환경 ——이는 범죄자가 범죄에 빠지도록 다소간 영향을 미쳤을 수도 있다 ——또는 그의 행위 자체에서 직접 간취할 수 있는, 범죄에 대한 그의 내심의 태도 등이 그러하다. 따라서 가령 외견상으로는 유사한 두 범행에 대하여 행위자의 책임의 크기가 동일하다고 판단하는 것은 불가능한 일이다. 기껏해야 어떤 범행에 있어서는 다른 경우보다 책임이 분명히 더 또는 덜하다고는 말할 수 있을 것이나, 둘 사이에 차등을 둘 수 있을 만큼 더하다고는 할 수 없다. 다시 말하면 법관이 알맞은 형을 선택함에 있어서는 일정한 재량의 여

---

31) Engisch, S. 174 f. 참조.

지가 있는 것이다. 물론 법관에게 양형의 이유를 설명할 의무를 부과함으로써 이 재량의 여지를 좁히도록 노력하여야 할 것이나 그것이 전혀 없게 되지는 않을 것이다. 왜냐하면 질적인 것을 양적인 것으로, 이 경우에는 벌금의 액이나 자유형의 기간으로 변환시킴에 있어서는 뚜렷한 계산방식이 있을 수 없고, 불확정요소가 남기 때문이다. 이것을 제거할 수 없는 한 법관은 재량에 따라 결정할 수밖에 없다. 헤겔은 이와 같이 법률에 일반적으로 규정된 것을 양적으로 일정한 것으로 변환시키는 과정을 다음과 같이 표현하였다.[32] "개념규정은 단지 일반적인 경계를 정할 뿐이고, 그 안에서는 다시 유동流動이 있다. 그러나 이것은 구체화(Verwirklichung)를 위하여 제거되어야 한다. 이 때문에 우연적이고 자의적恣意的인 결단이 저 경계 내에서 발생할 여지가 생긴다." 이것은 이 경우에도 '정당한 보수'나 '정당한 가격'의 경우와 마찬가지로 ──물론 "저 경계 내에서"라는 말에 주의하여야 한다── '절대적으로 정당한' 판결이란 존재할 수 없음을 달리 표현한 것에 불과하다.

---

32) Hegel, *Rechtsphilosophie*, § 214.

제 2 절 손해배상책임의 원리

이미 본 대로 책임의 사상은 전보塡補(Wiedergutmachung)를 요구한다. 그리하여 위법행위의 결과로서 형벌 이외에 손해배상의무가 발생하게 된다. 이는 다시 민법의 영역에 속하는 문제이다. 그러나 민법상의 손해배상의무는 형벌과는 다른 기능을 수행한다. 형벌에 있어서는 법질서의 요구를 거역한 범죄자의 행태 및 그의 개별적인 책임이 전면에 등장하지만, 손해배상에 있어서는 특정한 사건으로 말미암아 법익을 침해당한 이의 손해가 문제된다. 그가 자신의 손해에 대한 배상을 타인에게 요구할 수 있으려면, 그 타인이 이 손해의 발생에 대하여 책임이 있다고 할 수 있는 근거가 필요하다. 그 타인이 법상 금지된 행위에 의하여, 즉 위법하게(rechtswidrig), 또 나아가서 유책하게(schuldhaft) 그 손해를 야기하였다는 것이 그러한 근거가 될 수 있다. 그러나 이것이 남의 손해를 배상하여 주어야만 하는 유일한 근거는 아니다. 위법·유책한 손해야기란 단지 많은 손해귀속(Schadenzurechnung)근거의 하나에 불과하다. 우리는 계약상 의무의 불이행으로 인한 책임(Haftung)과 계약외적 책임을 구별하여 살펴보아야 한다. 후자는 가해자의 유책한 불법행위를 이유로 할 수도 있고, 손해를 발생시킨 사건이 법률상 피해자 이외의 사람이 인수하여야 하는 위험에 기인하였음을 이유로 할 수도 있다. 그 외에 보조자의 가해행위에 대한 책임, 이미 본 바 있는 신뢰원리에 따른 책임, 및 마지막으로 타인이 치른 '특별희생'으로 인한 배상의무가 문제된다. 이와 같이 다양한 책임원리에 대하여 아래에서 논의하고자 한다. 이들 여러 원리는 모두 '정당한 법'이나, 개별적인 실정법에서 어떻게 구현되는가는 차이가 매우 심할 수도 있다.

　기존의 계약관계 내부에서의 손해배상책임에 대하여는 독일법에서는 과책원리(Verschuldensprinzip) —— 이것은 많은 측면에서 이미 후퇴하고 있다 ——가, 영미법에서는 보장원리(Einstands- oder Garantieprinzip)가 적용된다. 독일법에서 과책원리가 원칙적으로 인정되는 것은, 비난받을 만한 행태를 하였다는 것만이 손해배상의무의 발생을 정당화할 수 있다는 생각에 근거하고 있다. 그러나 법률은 아래에서 자세히 보는 대로 이것만을 규정하지는 않는다. 계약상 의무자는 그 의무에 관련된 자기 자신의 유책한 행위에 대해서뿐만 아니라, 이른바 이행보조자의 행태에 대해서도 '책임을 져야'(vertreten) 한다(독일민법 제278조). 이에 관하여는 후에 재론하기로 한다. 그러나 계약에 위반하는 자신의 행태에 대한 책임의 영역 내에 있어서도(독일민법 제276조 제1항)[*2]이 판례와 대다수의 학설은 과책원리의 적용을 제한하고 있다. 이미 본 대로 개별적인 책임비난을

[*2] 독일민법 제276조 제1항 제1문 : "채무자는 다른 정함이 없는 한 고의와 과실에 대하여 책임이 있다." 이는 2002년의 대개정에서 "보다 엄격한 또는 보다 완화된 책임에 대하여 정함이 없고 또한 그러한 책임이 채권관계의 다른 내용, 특히 보장이나 조달위험의 인수로부터 인정되지도 아니하는 경우에는, 채무자는 고의와 과실에 대하여 책임이 있다"고 개정되었다.

가능하게 하는 바의 '과실'(Fahrlässigkeit)이란, 가해결과의 회피를 위하여 필요하고 또 동시에 그 채무자 자신의 개별적인 능력과 지식에 비추어 할 수 있는 주의를 게을리한 것을 의미한다. 그러므로 필요한 능력 또는 지식의 결여는 '인수과책'(Übernahmeverschulden)의 경우를 제외하고는 채무자를 면책시킬 수 있다. 그러나 계약상 거래관계를 맺는 사람들은, 일정한 급부의무를 부담하는 이가 이것을 이행함에 필요한 능력을 가지고 있음을 믿고 있으며 또 믿을 수 있어야 한다는 사실, 그리고 계약의무자가 그러한 능력을 결하고 있다고 해서 이것을 주장하여 어떠한 책임을 면할 수 있다고 해서는 안 된다는 사실을 간과할 수는 없다. 그러므로 판례와 통설은 민법에 있어서는 객관화된 또는 전형화된 과실개념을 받아들이고 있다.[33] 이에 따르면 거래당사자가 속하는 직업 또는 신분을 가지는 사람이라면 가질 것으로 기대되는 전형적인 능력에 따라 하여야만 하는 주의를 다하지 못하였다면 '과실'이 있다는 것이다. 이와 같이 과책원리는, 신분에 전형적인 능력의 보유에 관한 객관적인 보장의무를 요구하는 사상에 의하여 수정되는 것이다. 그 배후에는 주로 신뢰원리가 작용하고 있다.

그러나 통설은 그와 같은 수정을 다른 측면에서도 뒷받침하고 있다. 즉 비록 법률에 명문의 규정은 없으나, 계약상 의무자는 계약

---

33) 이에 관하여는 Larenz, *Schuldrecht*, Bd. 1, § 20 III; Deutsch, *Haftungsrecht*, Bd. 1, 1976, S. 279 ff. 참조.

체결시에 이미 급부를 할 능력이 없었음을 주장할 수는 없다는 것이다.[34] 만일 그의 주장이 사실이고 그 무능력에 대하여 과책사유(Verschulden)가 없다고 해도 손해배상책임을 져야 한다. 여기서도 채권자의 정당한 신뢰의 보호가 문제되는 것이다.

반면 영미법에서 계약상 의무자의 책임은 채무자가 계약체결에 있어서 채권자에게 급부를 약속하였다, 즉 급부의 실현을 보장하였다고 보는 사상에 근거하고 있다.[35] 채권자가 급부를 받지 못하거나 또는 채무의 내용에 좇은 급부를 받지 못하였다면 채무자는 보증약속에 기하여 이에 대한 책임을 져야 한다. 그에 있어서는 채무자가 왜 급부를 하지 못하였는지, 독일법식으로 하면 그 이유에 대하여 채무자에게 과책사유가 있는지 여부는 원칙적으로 상관없는 일이다. 그러나 보장이 무제한한 것은 아니다. 급부를 불가능하게 하거나 곤란하게 하는 일정한 위험에 대한 책임은 계약으로 배제할 수 있다. 그러한 합의를 '묵시적으로', 즉 약정의 함의含意에 따라 할 수도 있다고 인정한다면 보장, 즉 계약상 책임의 인정을 판례에 의하여 합리적으로 제한할 수 있는 길이 열리는 것이다. 이와 같이 유럽 대륙법과 영국법에서 각각 발전된 계약책임의 원리들은 현재 독일에서도 시행되고 있는 국제통일동산매매법(Einheitliches Gesetz über

---

34) Larenz, *Schuldrecht*, Bd. 1, §8 Ⅱ 참조.
35) 이에 관하여는 Rabel, *Das Recht des Warenkaufs*, Bd. 1, 1964, S. 263, 280 f., 333, 342 f.

den internationalen Kauf beweglicher Sachen)*3에서 독특하게 결합되어 있다. 이 법률에 의하면 매도인은 매매물건의 인도 및 소유권 이전의 의무를 부담한다(제18조). 그가 이 의무를 이행하지 않거나 또는 이행기에 이행하지 않거나 또는 올바른 방식으로 이행을 하지 않은 때에는 채권자에게 인정되는 다른 법적 구제수단 외에 채무자는 일반적으로 손해배상의무를 부담한다. 이 손해배상의무는 매도인의 과책사유와는 무관하다. 그러나 다른 한편 자신의 의무를 이행하지 않은 당사자는 "그 불이행이 계약체결시 쌍방 의무자의 의도에 따르면 고려하여야 하거나 회피 또는 극복하여야 할 의무가 없는 사정에 기함을 증명하는 때"에는 그 불이행으로 인한 책임을 지지 않는다. 그러한 사정의 진전에 관한 쌍방 당사자의 의도가 확인되지 아니할 때에는 "합리적인 인간이 같은 위치에 있을 때 통상 가지는 의도를 기초로 한다"(제74조 제1항). 이 규정의 내용을 여기서 상세히 살필 필요는 없으나, 이것이 계약상 의무의 불이행에 대한 책임을 현저히 제한하는 것임은 틀림없다.

이 두 가지 책임원리, 즉 보장원리와 과책 있는 불이행 또는 불완전이행의 책임원리 중 어느 것이 더 나은 것인가를 가리고자 할 때에는 다음과 같은 사실에 주목할 필요가 있다. 즉 두 원리는 그것을 채택한 나라의 법원에 의하여 적지 않게 수정되었다는 것이다. 둘

---

*3 이 국제협약의 우리나라에서의 공식 명칭은 「국제물품매매계약에 관한 국제연합 협약」으로 2005년 3월부터 우리나라에서도 가입·시행되고 있다.

중 어느 것도 어떠한 경우에나 구체적으로 타당한 결과를 가져올 수는 없다. 이와 같이 하여 그 원리들이 제한되었다고 하더라도 그들로부터는 서로 다른 규준들이 얻어지기도 한다. 그러나 그 적용의 결과는 서로 크게 차이가 나는 것이 아니며, 개선가능성을 유보한다면 대체로 두 원리를 모두 '정당한 법'이라고 부를 수 있다. 장래에는 위 통일법에서 규정하는 해결책에 귀일歸一될지도 모른다. 그러나 그에 관하여는 유의할 것이 하나 있다. 독일법은 계약의 의미와 목적 그리고 신의성실의 원칙(독일민법 제157조)으로부터 고지의무, 보호의무, 유지보존의무, 배려의무 등과 같은 일군의 부수의무들을 다른 나라보다 광범위하게 인정하였다. 이러한 부수의무들은 일반적으로 그 이행을 구하여 제소할 수는 없으나 이를 유책하게 불이행하면 계약책임의 원칙에 따라 손해배상의무가 발생한다. 보장책임의 사상은 고유한 계약의 이행의무와 계약에 명시적으로 규정된 부수의무에만 적합하고, 그때그때의 상황에 따라 발생하는——따라서 일일이 열거하는 것은 불가능하다——기타의 행태의무에는 잘 들어맞지 않는다. 이러한 의무들은 부분적으로는 계약당사자들이 계약 체결시에 전혀 생각조차 할 수 없는 것이다. 이에 대하여 귀책사유와 관계없이 책임을 인정하면 그것은 지나치다고 아니할 수 없다. 그러므로 그러한 부수의무의 위반의 경우에는 제한적이나마 과책 원리를 적용하지 않으면 안 될 것이다.

　계약외적인 손해배상책임에 대하여는 우선 과책원리가 적용된다. 이것이 사람이 당위요구의 위반으로 말미암아 책임을 져야 하는 사정으로 인하여 발생한 손해는 전보되어야 한다는 요청에 부합하는 것이다. 이러한 배상책임 발생의 전제는 모든 사람에 대한 관계에서 보호되는 타인의 권리를 침해하거나 타인의 보호를 목적으로 하는 규범을 위반하여 그에게 손해를 가하는 행위를 하고, 또 그 행위에 대한 책임(Schuld)이 행위자의 고의 또는 과실로 말미암아 그에게 귀속될 수 있다는 것이다. 독일법에 있어서 과실은 위에서 본 대로 객관적인 기준, 즉 제한된 과책원리에 따라 정하여진다. 민법에 있어서는 형법에 있어서처럼 유책한 행위에 대한 응징이 문제되는 것이 아니라, 공평한 손해의 분담(Schadensverteilung)이 문제이기 때문에 이러한 객관적인 기준의 채택이 정당화된다. 손해의 발생에 기여하지 않았고 오히려 그로써 피해를 입은 이보다는, 위법한 행위에 의하여 타인에게 손해를 가한 자가 비록 '객관적'인 과실밖에 없다고 할지라도, 역시 그 손해를 부담하기에 '더욱 근접한 지위'(näher daran)에 있는 것이다. 또한 독일법에서는 고의나 과실은 권리침해 또는 법률위반 자체에 대하여서만 존재하면 족하고, 그로 인하여 피해자에게 발생한 후속의 손해결과에 대하여는 이것이 요구되지 않는다.36) 이것은 과책원리가 형법에 비하여 그만큼 완화된다는 것, 또 나아가서는 '객관적' 기준에 의하여 유책 여부를 정함에 그만큼

---

36) Deutsch, *Haftungsrecht*, Bd. 1, S. 141 ff., 270 f. 참조. 프랑스법에 관하여는 Ferid, *Das Französische Zivilrecht*, Bd. 1, 1971, 2M 43 ff. 참조.

접근함을 의미한다. 즉 손해결과에 대하여는, 부분적으로는 '상당인과관계'에 의하여 또 부분적으로는 침해된 규범의 보호범위와 같은 기타의 범주에 의하여 정하여지는 바의 객관적 귀속이 인정되면 족한 것이다. 그러므로 일단 '객관적'으로 과실이 있다는 비난이 정당하다면, 그로부터 발생한 손해에 대하여는 경우에 따라서는 매우 광범위한 책임이 인정될 수 있다. 그것은, 피해자도 그에게 요구되는 주의를 게을리하였을 경우에만 제한을 받는다(독일민법 제254조).[*4]

기술의 진보와 거래의 발달은 손해가 발생할 가능성 및 손해의 크기를 현저히 증대시켰다. 그리하여 가해자에게 아무런 과책사유가 없는 때에도 공평한 손해의 분담을 인정하여야 할 경우가 많아졌다. 우선, 일정한 공장설비나 운송수단을 써서 기업을 운영하거나 일정한 재료를 보관 또는 유통시킴으로써 손해발생의 위험이 증대된 경우, 비록 그 위험이 개별적인 경우에 누구에게 현실화될 것인지——이것은 다소간 '우발적으로' 일어난다——예측할 수 없다고 하더라도 그 위험에 의한 사고발생의 빈도로 말미암아 그러한 위험을 파악·계산할 수 있는 때가 그러하다. 이러한 경우에는 그러한 특수한 손해위험(Schadensrisiko)을 공장이나 운송사업을 경영하든가, 재료를 보관하거나 유통시킨 사람에게 부담시키는 것이 당연하다. 왜냐하면 그러한 자가 위험을 가장 잘 지배할 수 있을 뿐 아니라, 그러한 기업으로부터 이익을 얻고 있으며 나아가 그가 배상하여야

---

*4 우리 민법 제396조(과실상계) 참조.

할 손해를 기업비용으로 산입하고 또 그에 대하여 보험에 가입할 수도 있기 때문이다. 다른 한편 타인의 공장이나 운송수단 또는 위태로운 재료로 인한 위험에 노출되어 있기는 하지만 이에 대하여 스스로를 충분히 보호할 수 없는 이가 우연히 그로 인하여 손해를 입었을 경우에는 그에게 손해배상청구권이라는 구제수단을 부여하여야 한다. 독일법에서는 이와 같은 경우 '위험책임'(Gefährdungshaftung)이 문제된다. 그에 있어서는 공장이나 기업 또는 재료로 인한 '특별한 위험'이 책임의 유무를 결정한다.[37] 그 기초에는 일정한 손해위험은——이것이 비록 금지되지는 않지만——이 위험을 발생시켰거나 자신의 이익을 위하여 유지하고 있는 이가 부담하여야 한다는 원리가 놓여 있는 것이다.

이것이 평균적 정의(ausgleichende Gerechtigkeit)의 한 표현임을 1911년에 에리히 카우프만이 처음으로 천명하였다.[38] 그는 위험분배의 원칙을 다음과 같이 일반화하였다. 즉 "타인이 미리 고려할 수 없는 일이 그에게 발생하는 데 대하여 원인을 제공한 이는, 다음과 같은 경우에는 그 타인에 대하여 그로 인하여 발생한 손해를 배상하여야 한다. 즉, 그 손해가 발생하지 않도록 조치하는 것을 그 관계의 특성상 그 타인에게 기대할 수 없는 경우에는." 그 후 1941년에 요

---

37) Deutsch, *Haftungsrecht*, Bd. 1, S. 366.
38) 그의 논문 Das Wesen des Völkerrechts und die clausula rebus sic stantibus, 1911에서(이는 Erich Kaufmann, *Rechtsidee und Recht*, Bd. 3, 1960, S. 125 ff. 에 재수록되어 있다).

제프 에써는 위험책임이 위험분배의 기능을 담당하고 있으며, 따라서 배분적 정의(distributive Gerechtigkeit)의 실현에 봉사한다고 설명하였다.[39]

독일법에 있어서 위험책임은 지금까지 특정한 시설, 운송수단, 기업 및 재료에 한정되어 인정되어 왔다. 예를 들면 철도, 자동차 및 항공기를 이용한 운송, 송전시설 또는 가스공급시설, 핵발전시설 및 핵원료의 보관, 최근에는 의약품의 유통이 그러하다.[40] 이에 대한 일반적인 규정은 존재하지 않는다. 가해원인이 '불가항력'에 기인하는 경우에는 어떤 때에는 배상책임이 인정되고, 어떤 때에는 부인된다. 위험에 관련한 경제적인 타산을 가능하게 하기 위하여 대부분의 경우 책임최고한도액이 설정되어 있다. 또 일정한 경우에는 책임보험(Haftpflichtversicherung) 또는 기타의 '보상報償관계'에 관한 규정을 두고 있다. 이 책임영역은 위에서 본 바에서 이미 알 수 있는 대로 발전도상에 있다. 위험책임은 과책책임(Verschuldenshaftung)의 영역을 침범하여 이를 빼앗는 것이 아니라, 그것과 공존한다. 위험책임으로 인한 손해배상청구권을 발생시키는 데 과책사유 또는 의무자의 위법한 행위의 존재를 증명할 필요가 있는 것은 아니다. 그러나 이러한 입증이 이루어지면, 많은 경우에, '불법행위'의 성립

---

39) Josef Esser, *Grundlagen und Entwicklung der Gefährdungshaftung*, 1941, S. 69 ff.

40) 1976년 8월 24일의 Gesetz zur Neuordnung des Arzneimittelrechts(약품법의 새로운 규율을 위한 법률) 제84조.

을 이유로 하는 다른 청구권, 예를 들면 위자료청구권을 책임최고한
도액의 제한을 받음이 없이 주장할 수 있다. 즉 과책사유는 여기서
도 대부분의 경우에 중대한 역할을 한다.

　프랑스법은 더 나아가서 물건을 지배하고 있는——'그의 보관 아
래'(sous sa garde) 두는——사람은 그 물건에 의하여 발생한 손해 전
부에 대하여 책임을 져야 한다고 인정하고 있다.[41] 단지 그것이 불
가항력("force majeure")에 기한 것일 경우에만 배상책임이 발생하지
않는다. 이 책임에 있어서는 독일법적 의미의 위험책임과 같이 그
물건의 특수한 위험성이 문제되는 것은 아니나, 위험을 넓게 그 지
배자에게 귀속시킨다. 물건보관인(gardien)은, 그 물건에서 연유하
여 타인에게서 현실화된 모든 손해위험에 대하여 책임을 지는 것이
다. 그는 이러한 경우에 물건을 주의를 기울여 감시하여 손해의 발
생을 방지할 의무를 게을리한 것이 된다는 관점, 즉 반증불가능한
과책추정[42]을 인정하는 사상이 이 책임의 인정에 어떠한 영향을 미
쳤는지에 대하여는 깊이 논하지 않기로 한다. 독일의 학설에도 위험
책임의 원리가 형성되지 않았던 19세기에 이미 반증불가능한 과책
추정을 인정하자는 것이 있었다. 이와 관련하여서는 독일법상 인정
되는 건조물점유자의 책임(독일민법 제836조)을 지적해 두고자 한다.
그것은 추정된 과책사유에 기한 책임이다. 즉 점유자는, 자신이 "위

---

41) Ferid, *aaO.*, unter 2M 169 ff. 참조.
42) Ferid, *aaO.*, unter 2M 182 참조.

험의 방지를 위하여 거래상 요구되는 주의를 다하였음"을 증명하여
야만 그 책임을 면하게 된다.

최근 자동차소유자의 책임에 관하여 다음과 같은 제안이 있었
다. 즉 자기 소유의 차가 사고의 발생에 관여하였을 경우 그 피해자
에 대한 배상책임을, 그와 같은 손해를 전보하는 내용의 모든 교통
관계자가 가입하는 일반적인 보험으로 대체하자는 것이다. 그 보험
의 재원은 주로 모든 자동차소유자가 납입하는 보험료로써 충당된
다. 그 보험은, 자동차의 소유자와 운전자가 입은 손해를 포함하는
모든 손해를 일정한 최고한도액까지 보상한다. 단지 그 사고의 발생
에 대하여 중대한 과책사유(고의 및 일정한 경우 중과실도)가 있는 자는
보험금청구권을 취득할 수 없으며, 오히려 그러한 자에 대하여는 경
우에 따라 보험회사가 청구권을 취득한다는 것이다. 프랑스의 튕크
(Tunc)[43]와 독일의 아이케 폰 히펠[44]이 이러한 제안을 하였다. 이에
따른다면 그와 같은 사고의 처리가 현저히 간단해질 것이라고 전망
된다. 왜냐하면 단순한 경과실은 손해배상에 아무런 영향을 미치지
못하므로, 사고관여자 일방의 중대한 과책사유 유무에 관하여 의문
이 제기되지 않는 한 과책사유에 관한 입증은 전혀 필요하지 않기
때문이다. 복수의 차가 사고에 관여한 경우에도 그의 보험회사들 사
이에 누가 얼마의 보험금을 지급하여야 하는가에 관한 분쟁은 발생

---

43) Deutsch, *Haftungsrecht*, Bd. 1, S. 407에 수록되어 있다. Ferid, *aaO.*, unter
   2M 239에도 부분적으로 독역되어 있다.
44) Eike v. Hippel, *Schadensausgleich bei Verkehrsunfällen*, 1968.

하지 않게 된다. 그러나 이에 대하여는, 그것이 많은 사람들로 하여금 차를 운전함에 있어서 충분한 주의를 하지 않게 되도록 만들 우려가 있다는 반대가 제기된다. 왜냐하면 특히 중대한 과책사유가 없는 한, 자신이 입은 손해에 대하여도 배상을 받을 수 있고 보험회사로부터 받는 무사고에 대한 '보너스'도 상실하지 않을 것이기 때문이다. 도이치[45]는, 이와 같이 사고관여자의 배상책임을 배제하는 보험시스템으로의 전환은 "책임의식을 결정적으로 둔화시킬" 수도 있다고 한다. 이에 대하여는 운전면허를 장기간 정지시키는 등 제재규정의 강화로써 대처하면 된다는 견해도 있을 수 있다. 그러나 그것이 바람직한 것인지는 심히 의심스럽다. 민사적 배상책임이 과책사유와 연결되어 있는 한 그에는 일정한 예방효과도 있음을 간과하여서는 안 된다.[46] 물론 그 효과를 대단한 것으로 볼 수는 없겠지만 말이다. 그러한 예방효과를 형법을 통해서 또는 '질서범'의 확장을 통해서 달성하려 하든지 아니면 사법적私法的 책임을 통해서 달성하려 하든지 간에 그 효과 자체를 포기할 수는 없을 것이다. 분명히 사회보험——이것을 이 자리에서 논하는 것은 지나친 일일 것이다——을 포함하여 현재의 사고책임법(Unfallhaftungsrecht)이 지나치게 복잡한 것은 사실이다. 그러나 근본적인 개혁을 행할 시기는 아직 도래하지 않은 듯하다.

---

45) *AaO.*, S. 413.
46) 이에 관하여는 Deutsch, *aaO.*, S. 71.

손해배상책임의 또 하나의 원리는, 타인의 행위에 의하여 야기된 손해, 즉 보조자(Gehilfe)가 자신에게 맡겨진 업무를 수행함에 있어서 제3자에게 가한 손해에 대하여 [본인이] 배상책임을 진다는 것이다. 이것은 계약책임뿐만 아니라 계약외 책임에 대하여도 중대한 의미가 있다. 계약책임에 관련하여서는 우선 '이행보조자'의 과실에 대한 책임(독일민법 제278조, 오스트리아민법 제1313조의a)*5을 들 수 있다. 그 기초가 되는 배상책임원리는 무엇일까? 이 책임의 인정에는, 본인이 이행보조자를 선임함에 있어서 또는 지도·감독함에 있어서의 본인 자신의 과책이 존재할 필요는 없고, 그가 자신의 계약상 의무를 이행하기 위하여 보조자를 '이용'하였다는 것으로 족하므로, 과책원리는 그 책임원리가 아니다. 계약의무자의 배상책임이 과책원리가 아니라 보장원리에 의하고 있는 법제에 있어서는, 의무자가 채권자에게 그가 급부를 받을 것을 보장한 것이 되기 때문에 급부의 불이행이 그 이행보조자의 행위로 인한 것이어도 그 보장은 '적용'된다. 따라서 위와 같은 문제는 발생할 여지가 없는 것이다. 이와는 달리 독일법에서는 다음과 같은 근거를 생각할 수 있다. 채무자가 계약상 인수한 급부의 전부 또는 일부를 다른 사람, 즉 '이행보조자'로 하여금 준비하도록 하거나 실행시켰다면, 이것은 한편으로 자신의 이행영역 따라서 수익가능성을 확장하였다는 것이 된다. 왜냐하면 이행보조자는 채무자 본인의 계산으로 행위한 것이요, 그

---

*5 우리 민법 제391조(이행보조자의 고의과실) 참조.

의 행위는 채무자 본인의 채권자에 대한 관계에 있어서 채무자의 이익으로 돌아가기 때문이다. 다른 한편 이행보조자는 채권자에 대하여 계약상 의무를 부담하지 않으며, 또 그가 자신에게 맡겨진 업무를 수행함에 있어서 '불법행위'로 채권자에게 손해를 가하였어도 그에게는 변상능력이 없는 경우가 많다. 따라서 채무자가 그 보조자의 잘못 있는 행위 ── 만일 이것이 채무자 자신의 행위였다면 그 계약상 의무의 유책한 불이행이 될 것이다 ── 에 대하여 배상책임을 지지 않는다면, 채무자가 급부를 스스로 하지 않고 그 보조자로 하여금 하게 함으로써 채권자의 지위가 현저히 악화되는 결과가 된다. 그러므로 그 이행보조자가 자신에게 맡겨진 업무를 함에 있어서의 행태에 대하여 채무자가 법정의 보장의무(Einstandspflicht)를 부담하여야 한다는 것은 평균적 정의의 요청이다.

보조자의 가해행위에 대한 계약외적 책임은 독일법에 있어서는 (독일민법 제831조)*6 프랑스법과는 달리47) 과책원리에 기하고 있다. 다만 그것이 입증책임의 전환에 의하여 약화되어 있을 뿐이다. 즉 사업주가 피용자의 선임·지도 또는 감독을 함에 있어서 과책을 범하였다고 추정되는데, 이 추정에 대하여는 반증이 가능하다. 이와 같은 책임요건으로 충분한지, 또는 사업주 자신의 과실이 전혀 필요 없어서 그러한 과실이 없어도 책임을 부담하여야 한다고 할 것인지

---

*6 우리 민법 제756조(사용자의 배상책임) 참조.
47) 이에 관하여는 Ferid, *aaO.*, Bd. 1 unter 2M 117 ff.

에 관하여는 오랫동안 다투어졌다.[48) 위와 같은 오늘날의 규정은 결과적으로——특히 하자 있는 상품에 대한 생산자책임의 유무에 관련하여서——불만족스러운 것이다. 기업주가 자신의 공장을 잘 편성하여서 하자발생의 원천을 가능한 한 봉쇄하였고, 생산에 관여하는 전직원에게 필요한 지시와 감독을 충분히 하였으며, 또 모든 생산품이 출하되기 전에 하자가 없는지에 관하여 검사를 하였다는 것을 입증하였다고 하자. 그렇다면 그 공장 내의 어디에선가 하자가 실제 발생하였고 이로써 다른 사람이 손해를 입었더라도 기업주가 배상책임을 지지 않게 된다. 이러한 경우에는 경영위험(Betriebsrisiko)을 지배할 수 있고 또 경비의 일부분으로 함으로써 이를 흡수할 수 있는 이에게 그 위험을 귀속시킨다는 관점에서 과책 없는 배상책임, 즉 위험책임(Risikohaftung)을 인정하여도 무방할 것이다. 이러한 결론은 위에서 본 바와 같은 입증사항에 관하여 실제로서는 충족될 수 없는 요구를 내세움으로써도 도달할 수 있다. 그에 반하여 가령 신뢰할 만한 운전능력을 가졌다고 알려진 친구에게 가까운 약국에서 약을 지어다 달라고 부탁하였는데 그 친구가 약국으로 차를 몰고 가는 도중 교통사고를 냈다고 하자. 나는 이러한 경우에도 본인이 책임을 져야 한다고 하는 것은 부당하다고 생각한다. 왜냐하면 교통사고가 발생할 일반적인 위험이 그와 같은 부탁에 의하여 제고되었다

---

48) 이에 관하여는 Larenz, *Schuldrecht*, Bd. 2 §73 VI. 제조자의 책임에 관하여는 같은 책, §41a.

고 할 수 없으며, 따라서 위험귀속이 행해질 수 없기 때문이다. 또 그러한 부탁을 한 사람의 배상책임을 인정할 이유도 발견할 수 없다. 단순한 원인제공(Veranlassung)은 충분한 책임원리가 될 수 없다.

　마지막으로 희생원리(Prinzip der Aufopferung)를 책임원리로 들 수 있다. 법은 개개인에게 그의 법익의 침해를 개별적인 경우에 인용할 것을 요구하거나 또는 어떠한 것을 '희생'시킬 것을 요구하는 경우가 종종 있다. 가령 보다 높은 가치의 법익을 획득할 목적이거나 또는 타인의 보다 우선적인 이익을 보호하기 위하여서, 아니면 공공의 중대한 이익을 위하여서. 법은 무엇을 양보·포기하여야만 하는 사람에게 그 대가로 수익자에 대한 보상청구권補償請求權을 부여한다. 그와 같은 사법상의 보상청구권[49)]으로 가령 독일민법 제904조 (긴급피난), 제906조 제2항(타인의 토지에 대한 침해의 수인의무受忍義務), 제912조(경계침범 건축), 및 제917조(주위토지 통행)에 기한 청구권을 들 수 있다. 오래 전부터 공법상의 보상청구권이 이와 궤를 같이하여 인정되어 왔다. 그 배후에는 평등대우의 원칙이 작용하고 있다. 국가의 긴급한 공적 필요에 의하여 특별희생을 강요당한 사람은 그러한 강요를 받지 않은 사람에 비하여 불이익을 받은 것이다. 그러므로 이러한 경우에는 평등대우의 원칙을 관철하기 위하여 적당한 보상이라는 형태로 구제책이 마련되어야 한다. 보상청구권(Aufopferungs-anspruch)은 바로 '평균적' 정의의 전형적인 예이다.

---

49) 이에 관하여는 Deutsch, *Haftungsrecht*, Bd. 1, S. 387 ff.가 상세하다.

이와 같은 손해배상책임에 대하여는 하나의 원리만이 있는 것이 아니고, 각자가 고유한 적용영역을 가지는 다수의 원리가 존재한다. 그 모든 원리에 공통되는 것은 정당한 손해전보 또는 일정한 손해위험(Schadensrisiko)의 정당한 분배의 사상이다. 그러한 한도에서 그 모두가 정당한 법의 원리를 이룬다.

제5장 공동체영역에서의 원리

제1절 참여(Teilhabe)의 원리

1. 사법분야에서

재화를 교환하는 내용의 계약이 체결되면, 당사자 사이에 일정한 법률관계가 형성되는데, 이 법률관계는 쌍방의 급부가 완전히 실현되면 종료되도록 처음부터 되어 있는 것이다. 이러한 법률관계는 일정 기간 존속하는 경우도 있으나, 역시 실행행위(Vollzugsakt)를 목표로 존재하는 것이며, 그것이 이루어지면 일단 성립하였던 관계는 '소멸'한다. 그러나 이른바 계속적 채권관계(Dauerschuldverhält-nisse)는 그와는 다르다.[1] 이 경우에 각 당사자는, 미리 정해질 필요는 없지만 하여튼 상당한 기간 동안 계속적으로 일정한 행태를 취할 의무를 부담한다. 이러한 계속적 행태가 공동의 행위를 요구하는 경

---

1) 그 시간구조(Zeitstruktur)에 있어서의 차이에 대하여 Gerhart Husserl, *Recht und Zeit*, 1955, S. 37이 지적한다.

우, 따라서 당사자들이 계속적으로 서로 협조하고 제3자, 즉 국외자에 대하여 일체로서 거래상 등장할 것을 요구하는 경우를 법률용어로 인적 결합(단체 Personengemeinschaft)이라고 부른다.[2] 그 징표, 즉 공동의 행위와 제3자에 대한 일체로서의 등장은 최소한도의 '조직'을 요구한다. 인적 결합의 최초의 형태는 민법상의 조합이다. 민법상의 조합(Gesellschaft)에 있어서는 조합원 개개인의 개성이 여전히 중시되어서, 원칙적으로 조합원 전원이 공동하여서 '조합'을 대표하여 행위할 수 있으며, 또한 조합원 1인의 탈퇴로 조합관계가 종료된다. 그러나 그에 있어서도 '조합재산'이 존재하면 이것은 조합원 전원이 공동하여서만 처분할 수 있으며, 그 한도에서 그 각 조합원 개인으로부터 독립한 공동의 법영역이 성립한다고 할 수 있다. 이러한 공동의 법영역에 관하여는 원칙적으로 구성원 전원이 공동하여서만 행위할 수 있으므로, 그 구성원 사이의 의견조정이 요구된다. 또한 각 구성원과 전체(Gesamtheit), 즉 공동의 법영역 사이에도 법적 관계가 성립할 수 있다. 이와 같은 구성원과 단체와의 분리는 단체가 일정한 목적을 위하여 지속적으로 또한 구성원의 변경에도 상관없이 유지되는 경우, 즉 권리능력 없는 사단(Verein)의 경우에는 보다 고도에 이르게 된다. 그에 있어서는 이미 구성원의 수가 많

---

2) 이에 대하여, 어떠한 권리의 공동귀속에 있어서 각자가 그 몫(지분)을 처분할 수 있는 경우를 '단순한 권리공동체'(einfache Rechtsgemeinschaft)라고 부른다(독일민법 제741조 이하 참조). 이 경우에도 공동관리의 필요에 비추어(독일민법 제744조 이하), 부수적으로 인적 결합이 성립한다.

다는 이유도 있고 하여, 공동의 의사형성과 외부에 대한 통일된 행위 ——그러한 임무를 가지는 '대표자'(Vertreter)를 통한 ——를 가능하게 만드는 조직이 필요하게 된다. 그러한 분리는 단체 그 자체가 권리능력을 가지는 경우, 즉 권리와 의무를 독자적으로 가질 수 있는 경우에 가장 고도로 일어난다. 그것을 '법인'(Körperschaften)이라고 한다. 단체나 법인은 사법상의 것과 공법상의 것이 있다. 우선 전자를 살펴보기로 한다.

조합이나 사법상의 사단에의 소속은 그 구성원 자신의 의사결정, 즉 조합계약이나 설립행위에의 참여 또는 사후적인 가입행위에 의하여 이루어진다. 그 한도에서 자기결정과 자기구속의 원리는 이 경우에도 유지된다. 사단의 구성원은 그로부터 탈퇴를 함으로써 장래를 향하여 그 소속으로부터 벗어날 수 있다. 이러한 탈퇴의 권한은 정관에 의하여서도 박탈될 수 없다(독일민법 제39조, 제40조).*1 조합원은, 적어도 "중대한 이유가 있을 때"에는 조합관계를 해지할(kündigen) 수 있다(독일민법 제723조, 제724조).*2 이것도 역시 자기결정의 원리에 상응하는 것이다. 그러나 사단이나 조합의 구성원으로 남는 한 조합계약이나 사단의 정관에 따라 행하여진 다수에 의한 결의에 좇지 않으면 안 된다. 즉 그러한 결의에 대하여는 비록 자신이 이에 찬성하지 않았더라도 그에 구속되어야 하는 것이다. 이러한 결

*1 우리 민법에는 이에 해당하는 규정이 없으나, 탈퇴의 권한을 박탈하는 정관규정은 민법 제103조에 의하여 무효라고 해석하여야 할 것이다.
*2 우리 민법 제716조(임의탈퇴) 참조.

의는 직접적으로는 공동의 법영역에만 관련되나, 이것을 통하여 간접적으로는 구성원 개인의 이해관계에도 영향을 미친다. 예를 들면 구성원은 자신이 출연한 재화라고 할지라도 그것이 자신이 원하는 것과는 다르게 사용되는 것을 용인하여야만 한다. 이는 자신은 동의하지 않았으나 법인의 이름으로 또는 조합원 전원의 이름으로 의무를 부담함으로써 자신의 출자분(Beiträge)으로 그 변제에 충당하지 않으면 안 되는 경우나, 정관에 좇아서 출자분을 인상하거나 사단이 구성원에 대하여 공여하는 이익을 멸축하는 경우에도 마찬가지이다. 사단에 있어서는 언제나, 조합에 있어서는 대부분의 경우에 다수결원칙이 적용되는데, 구성원이 다수에 속하지 아니하는 한 그는 그 단체에 소속되는 동안 타인의 결정에 복종하게 되는 것이다. 이러한 불이익에 대한 보상으로서, 그는 다수인에 공통된 관심사항의 결정에 참여하고, 단체의 의사형성에 영향을 미치는 가능성을 가지게 됨으로써 자신의 행동영역을 확장하는 것이다. 이 이점과 불이익은 서로 관련되어 있다. 오토 폰 기르케(Otto von Gierke)[3]는 이를 분명히 밝혔다. 즉 "단체의 구성원이 된다는 것은 그의 법영역이 공동생활에의 가입에 의하여 제한을 받음과 동시에 그에 참여함으로써 확장되는 인법상人法上의 관계이다."

　여기서 알 수 있는 최초의 원리를 참여(Teilhabe)의 원리라고 부르고자 한다. 이 원리의 내용은 다음의 둘이다. 우선, 어떠한 단체의

---

3) O. v. Gierke, *Deutsches Privatrecht*, Bd. 1, S. 492.

모든 구성원은 공동의 관심사항의 결정과 의사형성에 참여하는 불가침의 권리를 가진다는 것이다. 물론 그 권리의 범위는 기본규약(조합계약 또는 정관)에 의하여 자세히 정하여진다. 다음으로, 구성원은 누구도 '자의적으로' 즉 정당한 이유 없이 단체로부터 축출되지 않는다는 것이다. 이 원리는 소극적으로는 다음과 같이 표현될 수 있다. 즉, 어떠한 구성원이 공통의 관심사항의 결정에 참여하고 또 단체에 계속 소속하고 있을 권능은 다른 구성원들의 자의적인 결정에 의존하지 않는다는 것이다. 비록 그것이 다수의 결정이더라도 말이다. 이것이 정당한 법의 원리임은 다음과 같이 생각할 때 자명해진다. 공통의 관심사항의 결정이나 의사형성에의 참여를 전적으로 배제하는 것은, 그에 대한 보상으로서 동시에 공동결정에의 참여가능성을 보장함이 없이 구성원을 타인의 결정에 복종시키는 것을 의미한다. 이와 같은 우려는 단체로부터의 자의적인 축출에도 해당한다. 뿐만 아니라 그러한 축출은 상호존중의 원리에도 반한다. 왜냐하면 구성원은 그에 의하여 타인의 의사결정의 단순한 객체가 되기 때문이다. 이와 같이 참여의 원리는 위에서 살펴본 여러 원리를 법적으로 규율되는 인적 결합의 영역에 확장하는 것이다.

　루돌프 슈타믈러도 상호존중의 원칙 이외에 참여의 원칙을 논하고 있다.[4] 그러나 그는 이 경우에도 자신의 전제에 상응하여 이를 형식적으로 규정하고 있기 때문에, 모든 인간은 법인격(Rechtsperson)

---

4) Stammler, S. 150 f.

으로서 모든 다른 사람과 법적인 공동체를 이루고 있으며 그 공동체로부터 함부로 배제되어서는 안 된다(슈타플러의 표현에 의하면 "고립자로 다루어지고 혼자 방치되어서는 안 된다")는 사상 이상을 표현하고 있지 않다. 그는 그 원칙을 법적으로 규율되는 특정한 단체 ——그것이 사법상私法上의 것이든 공적 영역의 것이든—— 에 적용하고 있지도 않다. 그러나 슈타플러가 "법적으로 공동체에 통합된 사람이 주관적인 자의恣意에 의하여 그 공동체로부터 배제되어서는 안 된다"고 할 때 그로부터 우리가 파악하는 바의 위 원리의 일면을 간취할 수 있는 것이다.

그러나 그 원리는 현저히 약화된 형태로 현행의 사법에 구체화되어 있다. 그것은 주로 단체의 활동능력 또는 존속 ——법은 이것에 상당한 사회적 가치를 인정하는 것이다—— 을 도모하기 위하여서이다. 우선 조합에 관하여 보면, 업무집행은 원칙적으로 조합원이 공동하여 하도록 되어 있고 그 경우 [조합 내부의 의사결정은] 조합계약상 만장일치 또는 다수결에 의하기로 정할 수도 있으나(독일민법 제709조), 민활한 행동을 위하여 업무집행이 조합원 1인 또는 수인에게 맡겨질 수도 있다. 이때에는 기타의 조합원은 업무집행으로부터, 따라서 또한 대표권의 행사(독일민법 제714조)로부터 배제되는 것이다(독일민법 제710조). 그러나 그들에게는 상당한 감독권(Kontrollrechte)이 인정된다(독일민법 제716조). 즉 그들은 업무집행조합원으로부터 업무보고와 계산서류를 요구할 수 있으며(독일민법 제

713조에 의한 제666조 준용), 독일민법 제712조에 따라 업무집행자의 해임에 참여할 수 있다. 그 한도에서 위의 원리는 그럭저럭 유지되고 있다. 마지막으로 조합계약의 변경, 특히 출자분의 증액은 통상 조합원 전원의 동의를 요한다.[5] 조합으로부터의 제명에 관하여서는 독일민법 제737조가, 기타의 조합원으로 하여금 조합으로부터의 탈퇴를 요구할 수 있도록 하는 '중대한 사유'가 어떤 조합원의 신상에 발생한 때에는 그 조합원을 조합으로부터 제명할 수 있다고 규정하고 있다. 조합원이 탈퇴함으로써 조합관계가 전적으로 해소되는 대신에 조합원 1인을 제명할 수 있도록 하는 것은 기타의 조합원들간에 조합관계를 유지하는 데 기여한다. 그러나 '자의적인' 제명은 무효이다. 학설과 판례가, 위 제737조는 임의규정이므로 조합계약의 내용으로 위와 같은 중대한 사유——그에 해당하는지 여부는 법원의 심사를 거칠 수 있다——가 없어도 제명가능하다고 정할 수 있다고 해석하는 것은 실정법상 허용될 수는 있으나,[6] '정당한' 법은 아니다.[*3]

---

5) BGH, LM Nr. 8 zu §138 HGB의 판결 참조. 그러나 판례는 다수결에 의한 조합계약의 변경을, 이것이 당초의 조합계약에서 규정되어 있는 경우에는 일정한 범위 내에서 인정한다. Flume, *Allgemeiner Teil*, Bd. 1/1, 1977, S. 215 ff.는 이에 대하여 의문을 표시한다. 그는 그 변경이 조합원 1인의 법적 지위에 관한 것일 때에는 판례의 태도에 반대하나, 그것이 조합의 협동적 요소에만 관련된 것인 경우에 대하여는 그렇지 않다. 그러나 이러한 구분은 법인에 가까운 합명회사(offene Handelsgesellschaft)에는 타당할지 모르나, 민법상의 조합에는 관철될 수 없는 것으로 생각된다. 적어도 후자의 경우에 조합계약을 변경하려면, [그 변경사항 여하에 상관없이] 새로운 계약, 즉 전원의 동의가 필요하다고 하여야 할 것이다.

6) Flume, *aaO.*, S. 138은 이에 대하여 의문을 표시한다.

*3 이상에 관하여는 조합에 관한 우리 민법 제706조 내지 제710조, 제718조 참조.

사단의 일에 대한 사단구성원의 관여는 주로 사단의 최고의사결정기관으로서의 사원총회에의 참가를 통하여 이루어진다. 사원총회는 특히 사단을 대외적으로 대표하는 이사(Vorstand)의 선출과 해임을 행하며, 그들에게 방침을 부여할 수 있다. 그들은 사원총회에 결산서류를 제출하여야 한다. 사원총회에서 각 사원은 원칙적으로 한 표씩을 가진다. 정관으로 일단의 사원에 다수의 표결권을 부여하거나 아예 표결권을 전혀 부여하지 않을 수 있다. 그리고 사후적으로 정관의 변경을 통하여 그 표결권을 변경할 수도 있다. 이때에는 그 변경으로 인하여 그 표결권이 줄어드는 사원 전원의 동의가 필요하다.[7]

사원의 사단으로부터의 제명은 실제상 중대한 의미가 있는 문제이다. 경제적 목적단체에 있어서 제명은 그 사원의 생존을 위협할 수 있고, 기타의 단체에 있어서는 사원의 위신을 심하게 해할 수 있다. 사원의 개인적 영역에 대한 그와 같이 심중한 침해를 사단 또는 그 기관의 자의恣意에 맡기고, 법원에 의한 심사를 배제하는 것은 타당하지 않다.[8] 제명이 징벌적 성격을 가지는 한, 그에 충분한 이유가 있다고 하기 위하여는 사원의 귀책사유 나아가 그에 대한 모든 비난에 대하여 그가 의견을 표명할 수 있는 적법한 절차의 보장 및

---

7) 이는 독일민법 제35조로부터 도출된다. v. Tuhr, *Der Allgemeine Teil des Deutschen Bürgerlichen Rechts*, Bd. I, S. 513 f.

8) 이에 관하여는 Meyer-Cording, *Die Vereinsstrafe*, 1957; Beuthien, Der Betrieb. 1968, Beilage 12; *Festschrift f. Rolf Dietz*, 1973, S. 5의 저자의 논문 참조.

그 절차의 준수와 제명의 내용적인 이유에 대한 법원의 포괄적인 심사가능성이 요구된다고 하겠다.

위에서 본 조항들에서 알 수 있는 대로 현행법은, 최소한 일정 범위에서 모든 조합원 또는 사원이 공동의 사항의 결정에 참여할 권리를 가지며 자의에 기한 제명은 허용되지 않다는 내용의 규정을 하나의 범형(Muster)으로서——비록 그것이 대부분 임의규정이라고 하더라도——제시하고 있다. 그러나 이 조항들의 임의법규성으로 인하여 조합계약이나 정관에서 이와는 다르게 정하여질 수 있으므로 그러한 내용이 어느 경우에나 적용되는 것은 아니다.

2. 국가적 영역에서

참여의 원리와 그로부터 도출되는 참여의 권리는 공적 영역에 있어서 평등대우의 원리와 결합하여 모든 민주적 국가체제의 기본요소로서 중차대한 의미를 획득한다. 그러나 이 원리를 사적인 단체의 영역으로부터 국가의 영역에로 전이하는 것은, 우리가 국가를 1차적으로 법률에 따른 인간의 결합으로, 즉 하나의 '단체'(Körperschaft)로 이해한다는 것을 전제로 한다. 그러나 이러한 전제는 자명한 것이 아니다. 또한 국가는 그가 국가영토 내에서 행사하는 권력으로 인하여 기타의 모든 단체와는 구분되는 특징을 가진다는 것을 간과하여서는 안 된다. 한편 중세에 있어서 국가는 기본적으로 지배자에 대한 인적인 충성관계에 의하여 발생한 하나의 동맹과 같은 것으로 생각되었고, 루터는 그것을 '관헌 당국'(Obrigkeit)으로 이해하였으며, 19세기에 이르러서도 개신교의 법철학자이며 국가철학자인 프리드리히 율리우스 슈탈(Friedrich Julius Stahl)은 그것을 '영조물'(Anstalt)로 이해하였음[9]을 생각해 볼 때 국가를 하나의 '단체'라고 이해하는 것은 매우 함축 있는 진술을 포함한다고 하겠다. 본서는 국가철학을 논하는 것이 아닌 만큼 여기서 그 진술의 정당성을 논증할 수는 없으나, 우리는 그 진술을 수긍할 만한 것으로 보는 것이다. 단체로서의 국가는 그에 속하는 구성원, 즉 '국민'들에 의하여 유지되며 또 그들이 마련된 제도에 참여함으로써 그 모습이 형성되는 인적 결집체(Personengesamtheit)이다. 그러나 동시에 그것에 지속성과 활동능력을 부여하는 조직, 즉 그의 단체적인 체제(Verfassung)가 국가를 개인으로부터 분리된 모습으로 부각시킨다. 개인은 전체에의 결합에 있어서만 '국가'가 되는 것이다. 국가는 개개인에 대하여 하나의 법률관계(Rechtsverhältnis)를 가진다. 이 법률관계는 모든 다른 법률관계와 마찬가지로 권리와 의무를 성립시킨다. 그 중에는 국민으로서의 각 개인이 가지는 참여(Mitwirkung)에 대한 권리도 있다.

사법적인 기초 위에 선 단체와는 달리, 개인은 통상 가입행위에

---

9) Stahl, *Die Philosophie des Rechts nach geschichtlicher Ansicht*, Bd. 2, 1837, S. 17.

기하여, 즉 자신의 독자적인 의사결정에 의하여서가 아니라, 국가법에 의하여 국가에 속하게 된다. 법은 국적을 혈통 또는 출생지와 같은 특정한 요건과 결합시킨다. 따라서 이것은 강제소속관계로서, 자기결정의 원리와는 합치하지 않는다. 국가는 법률 또는 그에 기한 규칙·명령에 의하여, 어떠한 사적 단체가 할 수 있는 것보다도 더욱 깊숙이 각 개인의 생활에 개입하는 것이므로, 이러한 강제관계는 그 의미가 더욱 심중하다. 그리고 국가는 그만이 그 규칙·명령을 폭력적으로 실현할 수 있는 권리를 가진다. 각 국민을 '국가권력'에 복종시키는 것 및 특히 위와 같은 강제소속관계를 주저 없이 '정당한 법'이라고 볼 수는 없다. 그것을 정당한 법에 합치될 수 있도록 하는 조건들을 제시하는 정당화의 논리가 필요하다. 이것은 법철학에 특유한 문제이나, '정당한 법'에 관한 문제를 다룸에 있어서 이를 회피할 수는 없다.

근세 유럽의 자연법론은 주지하는 대로 이 문제의 답을 위하여 국가계약(Staatsvertrag)이라는 의제를 사용하였다. 물론 역사적 사실로서 그러했다는 것이 아니라, 단지 관념적으로, 국가를 만인萬人의 만인과의 계약——국가의 조직과 그 구성원의 중요한 권리의무는 이로써 정하여진다——에 연원을 두는 것이라고 한다면, 각자의 국가에의 소속 따라서 국가법에 대한 기속은 사적인 사단에 있어서와 마찬가지로 자신의 의사에 기한 것이 된다. 리펠10)은 정당하게도 다

---

10) Ryffel, S. 188.

음과 같이 서술하고 있다. 즉, 사회계약 내지 국가계약은 "국가적 지배, 즉 인간의 인간에 대한 지배가 인간의 자유와 평등에 합치되어야 하는 경우에 생겨나는" 사고상思考上의 산물(Denkfigur)이다. 그러나 그와 같은 계약을 역사적 사실로서 증명할 수는 없다. 또한 누구도 자신이 체결한 계약으로 그 먼 장래의 후손까지 구속할 수는 없는 이치이므로, 각 세대마다 새로이 그러한 계약이 체결되어야 한다는 불합리한 결론이 나온다. 그러므로 국가계약은 '이성적으로 생각하는 이'라면 누구나 동의할 수 있는, 아니 동의하여야 하는 내용을 가지며, 따라서 이성적으로 관찰할 때 그에 대한 만인의 동의가 얻어질 수 있다고 간주되는 것이다. 이미 칸트는 국가의 정당성(Recht-mäßigkeit)이 도출될 수 있는 유일한 '규정적規定的 사상'(regulative Idee)으로서 이러한 사고물을 이용하였다.[11] 그는 국가계약을 "한 민족 모두(전체 및 개인으로서)가 그 외적 자유를 포기하고, 곧바로 다시 공동체, 즉 국가로서 파악된 (보편적인) 민족의 성원으로서 그것을 되찾는 원초적인 계약"이라고 설명하였다. 만인에게 이성적이라고 여겨지는 것만을 포함하기 때문에 누구나 동의할 수 있는 계약이라는 사고물은 상당한 설득력을 가지고 있어서, 최근 미국의 법철학자 존 롤즈(John Rawls)가 이를 다시 사용하였다. 다만 그는 그것을 국가의 정당성을 논증할 목적에서가 아니라, 절대적으로 타당한 사회질서의 원칙에 기초를 부여할 목적에서 사용하였다.

---

11) Kant, *Metaphysik der Sitten*, 1.Teil(Rechtslehre) §47.

그러나 이러한 계약사상은 사람들이 기대하는 것을 제공할 수가 없다. 특정한 시기에 특정한 영토 위에서 사는 사람 모두가 그들의 국가형태와 국가행위의 방식에 관한 기본규정 전부에 대하여 일치된 의견을 가진다는 것은 상정될 여지가 없다. 또한 모든 형태의 국가권력을 '인간의 인간에 대한 지배'라 하여 부정하고, 어떠한 방식으로든지 권력으로부터 멀어지려고 노력하는 몇몇의 사람이 항상 존재한다는 것은 쉽게 상상할 수 있는 일이다. 그들은 자신이 '황야의 이리'처럼 살 수 있다고 믿는 것이다. 계약을 체결한다는 것은 그 체결을 거부할 가능성이 있다는 의미이기도 하다. 그러나 사회계약설을 주장하는 사람들은 이 가능성을 인정하지 않는다. 뿐만 아니라 그들은, 그 계약은 누구나 합리적이라고 생각하고 따라서 누구나 원할 것임에 틀림없는 것만을 그 내용으로 하기 때문에 그러한 가능성을 인정할 필요가 없다고 믿는다. 그러나 이것은, 이성이 기존 국가의 헌법이라면 어느 것이나 정하고 있는 바와 같은 구체적인 규범들을 그 유일하게 정당한 내용에 있어서 인식할 수 있고 또 누구에 대하여서도 그것의 정당성을 설득할 수 있다고 그 능력을 과대평가하는 것이다. 이것은 자연법론과 마찬가지의 잘못을 범한다. 즉, 자연법론은 그 자체 항상 구체화를 요하며 또 많은 부분을 미규정인 채로 두는 일련의 원리가 아니라, 하나의 완벽한 규범체계 또는 하나의 법전(Kodex) ——이 경우에는 국가기본법 ——을 누구에게나 또 어느 시대에나 정당한 것으로서 제시할 수 있고, 따라서 그러한 법전에 없어서는 안 되는 구체적 개별규정까지도 만인에 의하여 실제로 '의욕된' 것으로서 제시할 수 있다고 주장하는 과오를 범하였던 것이다.

국가의 '권력'(Gewalt)은, 국가에 의한 형벌과 마찬가지로, 법적 평화를 형성하고 유지하기 위하여는 그러한 권력이 필요하다는 것에 의하여서만 정당화될 수 있다. 법적 평화는 인류의 존립에 필수불가결한 가치이다. 법을 실현하는 임무를 자각하고 있는, 법원리에 따라 조직된 공동체에로 인간이 스스로를 결합시키는 것이 이 가치의 실현을 위하여 필요하다면, 그로부터 발생하는 제반의 권리와 의무를 안고 그러한 공동체에 속하는 것은 바로 정당한 법이 명령하는 바이다. 이 때 '법적 평화'란 위에서 설명한 것과 같이 인간이 폭력에 대한 공포 없이, 모두에게 적용되는 법에 의하여서만 구속을 받는 자유인으로서 같이 살아가는 상태를 의미한다. 따라서 이상의 근거는 정당한 법의 여러 원리, 따라서 법치국가적 원리에 따라 조직되고, 그 전체적인 활동에 있어서 법의 여러 원리를 존중하는 ── 또한 법의 실현과 유지를 직접적으로 지향하지는 않으나, 기타 '공동선'이라는 정당한 목표를 지향하는 한도에서 ── 국가에 대해서만 부여될 수 있는 것이다.

그러나 그와 같은 국가에 있어서는 일반적으로 개개인의 국가에의 소속을 당연한 전제로 하는 만큼 참여의 원리는 그 의미가 더욱 중대하게 된다. 의사형성 ── 단지 선거에서의 투표뿐만이 아니라,

정치생활 전체와 여론형성에의 참여 및 공적인 임무의 수행 일반을 의미한다——에의 (동등한) 참여를 통하여서만, 자신의 행위선택가 능성 축소를 상쇄할 행위영역의 확장을 도모할 수 있다. 이것은 기본적으로 칸트가 가상의 자연상태에 있어서의 자유에 대신하는, '공동체'(gemeines Wesen)의 분지分肢로서의 자유라고 표현한 것에 해당한다. 참여의 원리가 민주적 국가체제의 기본요소 중의 하나임은 이미 말하였다. 그 의미를 여기서 더욱 분명히 해 보기로 하자. 리펠[12]이 "시민은 불가피하게 상대적으로만 정당한 것의 제정에 스스로 참여할 때에만, 그 상대적으로 정당한 것을 자신의 자율과 조화시킬 수 있다"고 한 것은 같은 취지에서이다. 대의제도代議制度를 가진 현대국가에 있어서 이러한 참여는 단지 간접적인 것일 뿐이라고 하더라도, 선거에의 참여뿐만 아니라 여론형성의 전체적 과정에의 참여를 생각할 때 그것의 의미는 작지 않다. 투표에서 소신에 따라 소수파가 된 이라도 다음번에는 다수가 될 기회를 보유하여야 한다. 그럴 때에만 그때그때의 다수의 지배가 견딜 만한 것이 된다. 다수라는 것 자체가 그들의 결정의 정당성을 담보하는 것은 아니다. 그러나 그들도 소수가 될 수 있으므로 그 결정은 언제까지나 효력 있는 것이 아니고, 일정한 정도까지 수정가능하며, 또한 소수로 하여금 그것을——최소한 현재로는——받아들일 수 있게 한다. 참여의 원리가 그때그때의 소수파에게도 보장되지 않는다면 그러한 것을

---

12) Ryffel, S. 444.

기대할 수는 없을 것이다. 이것은 다시, 다른 모든 정당한 법의 원리와 마찬가지로 참여의 원리의 핵심내용도 하나의 지도적 원리로서 다수의 결정에 따라 좌지우지되지 않는 것임을 의미한다.

다수의 소수지배도 역시 '인간의 인간에 대한 지배'임을 간과하여서는 안 된다. 그것은, 다수라 할지라도 무시할 수 없는 원리가 있을 때에만 정당화될 수 있다. 그러한 원리 중에는 소수가 장차의 참여로부터 배제되어서는 안 되며, 스스로 다수가 될 가능성을 보유하고 있어야 한다는 원리가 포함된다. 그렇지 않을 경우에는 일시적인 다수의 제한된 지배가, 만인의 '진정한 의사'를 대표한다고 내세우는 또는 그렇다고 실제로 믿는 소수의 독재에 의하여 교체될 것이다. 역사는 이에 대한 예를 충분히 제공하고 있다.

나아가 참여의 원리로부터 공동체로부터의 자의적恣意的 축출 금지가 도출된다. 국가에 있어서 이것은 국가단체로부터의 배제는 어느 것이나 정당한 법에 반하는 것이라는 데까지 확장되어야 한다. 국가가 그의 국민에게 국가에의 소속의사 유무를 캐물어서는 안 된다고 하는 것은 그 다른 측면이다. 국가는 국민의 의사에 반하여 그 보호를 거부하여서는 안 된다. 범죄자도 법질서의 보호 아래 살아갈 수 있다. 그도 인간적 존엄의 존중을, '공정한' 절차와 '합당한' 형벌을 요구할 수 있다. 그는 인간공동체, 따라서 법공동체의 구성원이다. 누구도 무법상태로 방치되어서는 안 된다.

제 2 절 평등대우와 비례성의 원리

1. 사법분야에서

참여의 원리는 평등대우(Gleichbehandlung)의 원리와 결합할 때 비로소 그 완전한 의미를 획득한다. 모든 법공동체의 원리로서의 평등대우의 원리는, 그 구성원이 상호간에 또 공동체에 대한 관계에 있어서 동등한 권한이 있으며, 동일한 권리와 의무를 가짐을 말한다. 그러나 그 공동체의 구조상 또는 그 공동체 내부의 기능분할상 부분적인 불평등대우를 정당화하는, 아니 요구하는 이유가 있을 수 있다. 그러한 이유가 상당한 것인 때에는 평등대우의 원리 대신 비례성의 원리가 등장한다. 그에 따르면 불평등대우는 객관적인 이유가 정당화하는 이상이어서는 안 된다. 차별은 이러한 이유에 비추어서만, 또 그에 의하여 요구되는 정도를 넘지 않도록 가하여져야 한다. 엄격한 평등에 대신하여 '상대화된' 평등이 비례성의 모습으로 등장한다. 이 두 원리는 서로 매우 밀접하게 관련되며, 또한 평등이론의 통상적인 이해는 대개 이를 합하여 논한다. 그러나 명료한 사고를 위하여 양자는 구분되어야 한다. 또 양자는 '동일한 척도', '평등정의'의 요구와 구별되어야 한다. 후자는 기준에 관련하여 논하여진다. 즉 동일한 경우는 동일한 기준으로, 상이한 경우는 상이한 기준으로 판단되어야 하는 것이다. 법관은 '사람을 가리지 않고' 판결하여야 한다고 할 때는 이러한 의미이다. 이로부터는 법의 규칙성(Regelhaftigkeit)만이 도출된다.[13] 이에 비하여 평등대우와 비례성의 원리는 그 이상의 것이다.[14] 이것은 기준을 설정하는 사람에게 적용되어, 그 설정에 있어서 아무런 차별도 두어서는 안 되고 또는 그 기준 내에서 구체적으로 정당화될 수 있는 차별을 또 그 정당한 한도에서만 설정하도록 요구한다. 이는 '사물정의'(Sachgerechtigkeit)의 원리인 것이다.

다시 사법적私法的 영역으로부터 살펴보기로 하자. 이 경우에 평등대우의 원리는 그 의미가 보다 작다. 왜냐하면 이 영역에서는 불평등대우도 그로 인하여 불이익을 입는 자가 이에 동의하였을 때에는 허용되기 때문이다. 물론 그 동의가 선량한 풍속에 반하는 것으로 판단되는 극단적인 경우는 그렇지 않다. 따라서 독일민법 제706조는 조합원은 별도의 약정이 없는 때에만 동등한 출자의무를 부담한다고 규정한다. 독일민법 제709조 제2항은 조합원들이 업무집행을 공동으로 하는 경우에는 모든 조합원이 동등한 투표권을 가지나 이 경우에도 각 개인이 출자할 액의 다소에 따라 투표권에 차등을 두는 등으로 이와는 다른 약정을 할 수 있다고 한다. 손익의 분배에 관하여서도 유사하다(독일민법 제722조). 이것은 법률이 임의규정을 마련함에 있어서는 평등대우의 원리에 상당한 가치를 부여하나,[15]

---

13) Perelman, S. 53 ff.
14) Erich Kaufmann, *Rechtsidee and Recht*, S. 252가 이것을 적절하게 강조한다.
15) Goetz Hueck, *Der Grundsatz der gleichmäßigen Behandlung im Privat-*

다른 한편 사적 자치의 원칙, 즉 자기결정의 원리를 우선시킴을 의미한다.

사단(Vereine)에 관한 법에 있어서도 마찬가지이다. 사원총회에서 각 구성원은 동등한 투표권을 가진다(독일민법 제32조 제1항 제3문).*⁴ 그들이 동액의 출자를 하여야 한다는 것은 어디에도 규정되어 있지 않고, 실제에 있어서 구성원의 그룹별 종류에 따라 상이한 출자액이 정하여지는 경우가 드물지 않다(예를 들면 청소년이나 부부에 대한 감액 인정). 그 한도에서 차별은 이를 정당화하는 타당한 범주에 따라, 즉 비례성의 원리에 좇아 이루어졌다고 할 것이다. 자본회사[내지 물적物的회사](Kapitalgesellschaft)에 있어서는 표결권과 이익분배의 액이 출자의 액에 따라 정하여짐이 원칙이다. 이것은 그러한 회사의 구조에 있어서는 필요한 자본의 조달이 우선하며, 인적 요소의 의미는 미약하다는 것에 상응하는 것이다. 평등대우의 원리는 참여의 원리와 결합하여 다수가 그 결의를 통하여 소수(또는 몇몇 구성원)의 지위를 약화시키는 것을 막음으로써 소수를 보호하게 된다.¹⁶⁾ 평등대우의 원리는 사법의 영역에 있어서 자기결정의 원리보다는 열후하나, 다수지배의 원칙보다는 앞서는 것이다.

---

recht, 1959, S. 35 ff.도 그러하다.

*4 우리 민법 제73조 제1항도 그와 같이 정한다.

16) G. Hueck, aaO., S. 41 ff., 51 ff., 305 ff.; Flume, *Allgemeiner Teil des Bürgerlichen Rechts*, Bd. 1/1, S. 191.

2. 국가영역에서

평등대우와 비례성의 원리는 국가적 영역에 있어서 그 주된 의미를 획득한다. 어떤 단체에 우월한 권리를 가진 그룹과 저열한 권리를 가진 그룹이 있을 때, 그 중 저열한 권리를 가지는 구성원으로서 그 단체에 가입하는 이는 자신의 그러한 지위를 예견하고 있다. 그는 그것이 못마땅하면 그 가입을 거부하면 된다. 그러나 국가에의 가입은 이를 거부할 수 없다. 이것이 계약설에 대한 우리의 주된 반박논리이었다. 따라서 누가 저열한 지위의 구성원 자격에 동의한다는 것은 있을 수 없다. 누구라도 다른 사람과 같이 존중될 권리를 가지며, 인간 또는 인격으로서 남보다 우선권(Vorrecht)을 가지는 자는 없으므로 각자는 국가적 단체에 속하여야만 하는 이상 모든 다른 사람과 동등한 권리를 가지는 구성원으로서 그에 속할 것을 요구할 수 있다. 우리가 자신을 '국가권력'에 복종시키는 데 대한 불가결의 상관명제(Korrelat)로 인식한 바 있는 각자의 참여는 필연적으로 동등한 권한을 가지고 하는 참여를 의미한다.

국가적 공동체 생활과 국가의 의사형성에의 동등한 참여란 무엇보다 각자의 동등한 선거권, 타당한 이유에 기하여 요구되는 조건(예를 들면 연령, 전과前科 없음 및 ── 만일 그러한 것이 필요하다면 ── 일정한 교육의 증명 같은)을 충족하는 모든 사람에게 허용되는 공직 취임, 정보와 자유로운 의견 표명에 대한 또 정당과 정치적 결사에서의 활동에 대한 동등한 권리를 의미한다. 독일연방헌법재판소[17] (Bundesverfassungsgericht)은 시민의 정치적 의사 형성에의 권리는 살아 있는 민주정치에 있어서는 선거에 있어서의 투표로써뿐만 아니라, "정치적 의견 형성의 일상적인 과정에의 영향력 행사로써"도 나타난다고 하였다. 그러므로 평등원칙은 "정치적 의사형성의 이러한 장에 있어서도 엄격히 형식적으로"(즉 엄격한 평등의 의미로) 해석되어야 한다는 것이다.

국민으로서의 권리에 관하여는 (엄격한) 평등의 원리가 적용되나, 의무와 부담에 관하여는 주로 상대적인 평등, 즉 비례성의 원리가 적용된다. 이 경우는 주로 '분배적 정의'가 문제되는 것이다. 남자들에게만 병역의무가 부과된다. 세법에는 광범위하게 비례성의 원리가 적용된다. '인두세'人頭稅, 즉 모든 사람에게 같은 액이 부과되는 세금은 매우 부당하다. 왜냐하면 부자와 가난한 이에 대하여 그것이 미치는 영향은 매우 상이하여, 후자에게 불이익을 주기 때문이다. 납세의무자의 납세능력에 비례하여 차등 부과되는 세금만이 정당하다.[18] 구분의 '기초'는 소득세에 있어서는 소득액이고, 재산세에 있어서는 재산액이다. 그러나 누구나 알다시피 그것은 결정적인 요소가 아니다. 실제로 소득세는 그 수입이 최저생활한도에 가까운 사람에게는 가령 수입의 10%를 일률적으로 부과한다면, 이보다

---

17) BVerfGE 8, 68.
18) Tipke, *Steuerrecht*, 3. Aufl., 1975, S. 21 참조.

고액의 소득이 있는 이에 대하여는 점점 누진된다. 입법자는 공제액과 누진율에 의하여 이러한 사정을 고려에 넣는다. 이때에는 비례성의 원리와 함께 다른 하나의 원리, 즉 사회적 조정의 원리——이에 대하여는 후술한다——가 작용하는 것이다.

평등대우와 비례성의 원리를 '배분적 정의'의 틀 내에서 상호연결하는 다른 하나의 예는, 두 차례의 대전 동안에 그리고 제2차 대전 후에 실시되었던 것과 같은 비상시의 식량 배급이다. 규제의 대상이 되는 식료품은 누구에게나 원칙적으로 동일하게 분배되었다. 소아는 배급량이 덜하지만, 그러나 예를 들면 우유는 더 많이 배급받았다. 성장기의 청소년이나 임산부 및 중노동자는 추가배급을 받았다. 이 경우 구분은 상이한 전형적 필요에 비례하였다. 이러한 차별은 비록 개별적인 경우에 부당하게 여겨지더라도 객관적으로는 근거 있는 것이었다. 이 경우 '공적'功績(어떤 종류의 것이건)이나 출신, 종교 또는 정당 기타의, 식품에 대한 필요와는 아무런 관련 없는 범주에 따른 차별은 타당치 않은 것이고, 따라서 상대적 평등대우의 원리에 반한다.

독일기본법 제3조가 규정하고 있는 평등원칙은 국민으로서의 협의의 권리와 의무에 관련될 뿐 아니라, 일반적으로 입법자에게 "원칙적으로, 유사한 사안에 동일한 법률효과를 부여하도록"[19] 요구한다는 것이 오늘날의 이해이다. 그 원칙은 분명하고 객관적인 근거가 있는 차별을 행하는 것만을 허용한다. 입법자가 차등을 둘 때

---

19) BVerfGE 35, 272.

에는 통상 그만한 이유가 있을 것이다. 그에게 금지되는 것은 단지 '자의적인' 차등을 두는 것뿐이다. 그러나 차등을 두는 경우에는 그 법률효과는 비례성의 원리에 따라, 구체적으로 유의미하다고 인정되는 피규제 사실관계의 차이에 따라 부여되어야 한다. 그리하여 독일연방헌법재판소[20]도, 규범제정자가 두 사실관계를 다르게 취급한 것을 정당화하려면 그 사이에 존재하는 이러저러한 차이를 제시하는 것만으로는 부족하고, "그러한 차이와 차등적인 규정과의 내적인 연관이 성립"되어야 한다고 강조하는 것이다. 동 법원의 견해에 따르면, 헌법상의 평등원칙은 "사물의 본성상의 또는 기타의 명백한 이유" 없이 차등을 설정함을 금지할 뿐 아니라, 다른 한편으로는 "정의사상에 입각하여 관찰할 때 사실상의 차이가 구체적인 경우 문제되는 연관에 있어서 매우 중요하여서 입법자가 그 규정에 있어서 이를 고려하여야 할" 때에는 상응하는 차등을 설정할 것도 적극적으로 요구하는 것이다.[21] 따라서 그 원칙은 역시 불평등요구, 즉 차등 설정의 요구도 포함한다. 그 한도에서 ──우리의 용어법에 따르면── 비례성의 원리가 문제되는 것이다.

그러나 이 원리의 적극적인 기능, 즉 구체적으로 필요한 차등 설정의 요구가 전면적으로 사법적司法的 심사의 대상이 될 수 있는지는 의심스럽다. 우리는 하나의 원리를 그 소극적 기능에 있어서 적용하

---

20) BVerfGE 42, 388.
21) BVerfGE 1, 276; 9, 130; 21, 4.

는 것이 그 적극적 기능에 있어서 적용하는 것보다 매우 용이하다는 것을 수시로 강조하여 왔다. 즉 입법자가 설정한 차등이 합당한 이유가 없고 따라서 차등 금지에 반함을 인식하는 것이, 설정하지 않은 차등이 설정되었어야 했을 것임을 인식하는 것보다 훨씬 쉽다. 예를 들면 소비자 보호를 상인과 비상인, 자연인과 법인, 법유식자法有識者와 무지자 또는 기타의 다양한 계층마다 구별하여 규율할지 여부 및 그 정도 여하는 법률의 보호목적에 따라, 나아가서는 구별 징표의 실제적 효용성, 즉 합목적성의 관점에 따라 답변되어야 할 문제로서, 정의正義의 관점에서 매우 다양한 답이 가능한 것이다. 독일연방헌법재판소는, 입법자는 매우 광범위한 제정가능성을 가지며, "그가 그때그때 가장 타당하고 가장 합목적적인 규정을 창설하였는지"를 음미하는 것은 "연방헌법재판소의 일이 아니다," 다만 '최소한의 한계'가 준수되었는지를 음미할 뿐이라고 끊임없이 강조하였다.[22] 이러한 한계 안에서, 입법자는 법률상 규율의 평등과 불평등을 정하는 징표들을 자유롭게 선택할 수 있다는 것이다. 실제로 이와 같이 소극적인 태도를 포기한다면 동 법원 자신이 고유한 입법자가 되어 버릴 것이다. 독일기본법 제3조는 그 제1항에서 동일한 기준[의 적용]을 요구하고 있고, 이 요구에 반하는지 여부가 사법적 심사의 대상이 될 수 있음은 분명하다. 또 제2항, 제3항은 근본적인 차등 설정 금지의 구체적인 내용을 담고 있고, 이 또한 사법적 심사

---

22) BVerfGE 1, 275; 9, 206; 14, 238; 17, 330.

를 할 수 있음은 마찬가지이다. 그러나 동조는 나아가서 구체적인 규정으로 확정되지 아니한 하나의 원리를 포함하고 있다. 분명한 부정의와 접하는 경계 안쪽에서 이 원리를 구체화할 책임은 주로 입법자에게 부과되어 있다. 법원은 이 경계의 준수, 따라서 그 원리를 그 소극적인 기능에 있어서 실현하는 역할을 담당하는 것이다.

3. 과도제한 금지로서의 비례성 원리

비례성의 원리는 평등대우의 원리와의 연관과는 다른 측면에서도 문제된다. 그것은 타인 또는 일반의 이익을 위하여 가령 긴급피난에 관한 규정과 같은 법률상의 규정이나 이익형량에 기하여 감수하여야만 하는 제한 또는 불이익과의 관계에 있어서이다. 이에 있어서는 법익의 침해나 자유의 제한이 다른 재화 또는 보다 중대한 이익의 보호를 위하여 필요한 것 이상이어서는 안 된다. 가능한 여러 가지의 수단 중에서 '불이익이 가장 적은 것'을 선택하여야 한다. 선택된 수단과 이로써 당사자가 받는 불이익이 추구되는 정당한 목적에 비하여 '과도한' 것이어서는 안 된다는 원칙이 적용된다. 이것은 보통 '과도제한 금지'(Übermaßverbot)라고 불린다.[23] 이는 모든 법영역에 적용되며, 특히 경찰법과 일반적인 행정법[24]에서, 그리고

---

23) Peter Lerche, *Übermaß und Verfassungsrecht*, 1961.
24) Lerche, *aaO.*, S. 24 f.(다수의 인용문헌과 함께).

서로 충돌하는 기본권이나 인격권을 개별적으로 비교고량할 때에[25] 적용된다. 독일연방헌법재판소는 그것을 현행법의 일반적인 원칙이고, 입법자를 구속하는 헌법적 지위에 있는 것이라고 한다. 그에 따르면 그러한 헌법적인 지위는 법치국가원리로부터, "기본적으로는 이미 기본권의 본질로부터" 생긴다. 왜냐하면 기본권은 시민의 국가에 대한 일반적인 자유주장의 표현으로서, 공적 이익의 보호를 위하여 '불가피한' 한도에서만 제한되어야 하기 때문이다.[26] 비례성의 원리는 보장되어야 할 여러 가치, 즉 한편으로는 기본권의 보호영역과 다른 한편으로는 보호되어야 할 이익과의 사이에 타당한 교량을 가능하게 하는 헌법적인 기준을 제공한다는 것이다.[27] 그것은 무엇보다도 "침해의 수단이 입법의 목표를 달성하는 데 적합하여야 하며, 또 개개인에 과도한 부담을 주어서는 안 됨"을 의미한다.[28] 독일연방헌법재판소는 이 비례성이라는 척도로써 그 중에서도 미결구금(Untersuchungshaft)의 긴급성과 기간을 측정한다.[29]

과도제한 금지라는 의미에서의 비례성의 원리는 직접 정의의 이념으로부터 정당한 법의 한 원리로서 도출된다. 왜냐하면 우리는 정의의 이념을 의심의 여지 없이 균형이라는 의미에서의 '중용', '올바

---

25) *Festschr. f. Klingmüller*, 1974, S. 235에 있는 이익형량의 방법론적 측면에 관한 저자의 논문; Larenz, *Methodenlehre*, S. 394 ff. 참조.
26) BVerfGE 19, 348 f.
27) BVerfGE 44, 373.
28) BVerfGE 17, 314.
29) BVerfGE 19, 342; 20, 45.

른 척도'의 사상과 결합시키기 때문이다. 그의 소극적인 의미에서부터 과도제한 금지가 도출되는 것이다. 이것은 정당한 법의 제정을 임무로 하는 입법자에게 요구되는 바로서 이미 변함없이 적용되어 왔다. 이것을 헌법적 지위를 가지는 것으로 선언하는 것은, 이제 행정공무원(침해행정의 범위 내에서)과 법관도 어떠한 경우에나 이것이 준수되었는가를 음미하여야 한다는 실제적인 의미를 가진다. 그때에는 '과도제한 금지'라는 정식에 있어서도 중요한 역할을 하였던, 그 원리의 소극적 기능이 다시 발휘된다. 벌금의 액이나 미결구금의 기간 또는 건축제한의 범위를 정하는 정당한 기준이 무엇인지를 정확하게 말할 수는 없다. 거의 모든 경우에 재량의 여지가 있을 것이다.[30] 그러나 어떠한 경우에 '불균형' 또는 '과도'한지는 이익형량과 다른 경우와의 비교에 기하여 일반적으로 상당히 확실하게 말할 수 있다. 따라서 '과도제한 금지'의 형태에 있어서의 비례성의 원리는 매우 실용적이다. 이와 같이 그것을 헌법적 지위의 원리로 선언하는 것은 현행법이 '정당한 법'에 접근한다는 의미를 가진다.

---

30) 필요성과 비례성의 원칙이 원리일 뿐 아니라, 순수한 법명제이고, 또 보다 구체적인 명제를 중간에 개입시킬 필요 없이 '하나의 특정한 재료에 대한 적용'을 통하여 개별적인 결론이 얻어질 수 있다는 Lerche, *aaO.*, S. 316의 견해에 대하여, 저자는 그러한 일반적인 형태로는 찬성할 수 없다. 이에 관하여는 Larenz, *Methodenehbre*, S. 465 참조.

제 3 절   사회적 조정의 원리

우리는 이미 객관적 등가에 관한 절에서, 계약당사자 중 일방이 타방에 종속하고 있거나 타방의 급부에 의존하고 있어서 급부의 조건을 받아들일 수밖에 없는 경우에는, 진정한 이익균형, 즉 급부와 반대급부 사이의 '균형잡힌 관계', 나아가서 상당한 정도로 정당한 가격이나 급부는 기대할 수 없게 되는 현상을 살펴본 바 있다. 그 경우 법질서는 강제적인 규정이나 일반거래약관법과 같은 반강제적인 금지규정을 통해서, 통상 열후한 지위에 있는 당사자를 그에게 지나치게 불이익한 조건이나 착취로부터 보호하여야 한다. 또한 근로계약을 체결함에 있어서 근로자는 대개 불리한 지위에 있으므로, 일단의 '노임에 종속적으로 매달려야 하는 사람'을 위하여서 가장 중요한 근로조건들이 단체적인 근로계약에 의하여 정하여진다는 것도 언급한 바 있다. 나아가 예를 들면 청소년, 부녀자 또는 피재해자를 보호하기 위한 여러 규정도 근로생활에 있어서의 일정한 불리요소를 완화하는 데 기여한다. 사법에서도 예를 들면 임대차법이나 할부거래법에는 그와 같은 보호규정이 존재한다. 소송법도 다른 하나의 예이다. 법이 실현되려면, 자신의 권리를 침해당하였다고 믿는 모든 사람에게 재판받을 길이 열려 있어야 한다. 법률이 원고에게 재판비용의 예납을 요구하고 또 많은 소송절차에서 '변호사강제'를 정하고 있는데, 원고가 그 예납이나 변호사 비용을 댈 수 없는 처지라면 위와 같은 요구는 생활현실에서 충족될 수 없다. 이를 막기 위하여 '소송구조법'(Armenrecht)이 마련되고, '구조변호사'(Armenanwalt)가 존재한다. 이 명칭은 진부한 것이나, 그 내용은 그렇지 않다. 위와 같은 경우는 모두, 한 인격이 자기결정을 하거나 권리를 향유함에 있어서 경제적 지위 또는 기타의 여건(가령 연령이 어리다거나, 부녀라거나)으로 인하여 발생할 수 있는 불이익을 조정하는 것으로서 '기회의 균등'이 도모되는 것이다. 나는 그 배후의 원리를 '사회적 조정調整'(sozialer Ausgleich)의 원리라고 부르고자 한다.

사회적 조정의 원리는 다양한 측면에서 문제된다. 조세법에 대하여는 이미 살펴보았다. 동일 비율의 조세는 고액소득자보다 저액소득자에게 더 불리하다. 왜냐하면 후자는 그 세금에 의하여 훨씬 더 부담을 받기 때문이다. 이러한 사실이 누진세율을 정당화한다. 독일연방헌법재판소는 이러한 의미에서, '사회적 법치국가'의 조세정책은 언제나 국민의 보다 빈곤한 계층을 보호하려는 사회정책이기도 하다고 판시한 일이 있다.[31] 그렇다고 해서 우량한 성과를 거둔 사람에 대하여 징벌로서 작용하는 '몰수적' 조세가 옹호되어서는 안 된다. 극단적인 경우에 그것은 부정의한 것이다. 나아가 사회적 조정의 원리는, 국가공동체가 파국적 사태 또는 한 경제부문의 억지할 수 없는 몰락에 의하여 그 생존기반과 물질적 재화를 희생당한

---

31) BVerfGE 13, 346.

사람들을 도와 주도록 요구한다. 그 일례가 제2차 대전 후의 부채소
각이다. 별다른 손해 없이 '모면한' 사람이 가장 크게 당한 사람에게
양보한다는 것은 정당한 일이다. 이 경우에는 연대(Solidarität)의 사
상도 일정한 역할을 한다. 그것은 같은 국가의 구성원에 한정될 것
은 아니고, 세계에로 확장하여 적용되어야 한다.

사회보험, 실업보험, 국가적 의료혜택 및 이들과 관련되는 모든
장치 기타 시설을 마련함에 있어서도 연대, 부조——부분적으로는
집단적 자조를 통한——가 문제되는 것이다. 이것은 노년, 질병, 노
무사고 및 기타 인생의 재앙에 대한 사전배려, 즉 개인 혼자서는 오
늘날의 생활조건 아래서 마련할 수 없을 사전배려를 하는 것이다.
이것은, 국가는 스스로의 힘으로써는 자신을 충분히 보호할 수 없는
이를 그대로 운명에 맡겨 두어서는 안 되는 임무를 부담한다는 현대
적인 국가관념에 부합한다. 독일기본법의 '사회국가 원리'가 이러
한 국가적 생존배려 및 후생의 많은 영역을 뒷받침하고 있음은 의문
의 여지가 없다. 그러나 이 경우는 정당한 법의 원리가 아니라 정당
한 정치의 원리가 문제되고 있는 것이 아닌가 하는 의문이 생길 수
있다. 물론 양자는 선명히 구분되지는 않는다.[32] 입법정책은 정치
의 일부분이며, '법치국가'(Rechtsstaat)에 있어서 모든 정치는 그것
이 법과 조화하는 한에서 법에 좇아 행하여져야 한다. 한편 국가가
인수하는, 인수하여야 하는 모든 임무가 법, 법평화의 확보 및 정의

---

32) 이에 관하여는 Zippelius, S. 171("교차").

의 실현 때문에 제기된 것은 아니다. 그 임무의 많은 부분은 가령 도로건설, 수도와 전기시설, 환경보호, 자연보호, 공간계획, 수질보호, 식품검사, 재해방지 등과 같이 인간의 일반적인 생활조건을 개선하려는 목적을 가지는 것이다. 이를 위하여 무엇을 하여야 하는가는 '정당한 법'에의 고려와는 다른 기준에 따라 결정된다. 그러므로 독일기본법의 '사회국가 원리'는 이를 넓게 파악할 때, 정당한 법의 원리——여기서는 사회적 조정의 원리라고 불리고 있는——를 넘어선다. 그러나 후자의 원리는 광범위한 영역에 영향을 미친다. 의심의 여지 없이 학제, 교양 및 교육은 현대국가의 임무에 속한다. 모든 국민 계층에게 이러한 교육시설을 이용할 기회가 동등하게 부여될 것이 요구되는 것은 그 한도에서 정의의 이념이 작용한 결과이다. 한편 이 경우에는 일정한 계층이 그들 권리를——이 경우에는 교양과 교육에 대한 권리를——향유함에 있어서 받는 불이익을 가능한 한 보상할 것을 요구하는 사회적 조정의 원리도 적용되어야 한다. 어떠한 방식으로 하느냐 하는 것은 다시 입법자가 행하여야 하는 정치적 결단의 문제이다.

사회적 조정의 원리는 '기회균등'의 보장을 요구한다. 기회균등이 사회정책에 의하여 영향받는 외적인 요소에 의존하는 한에서 말이다. 그러나 그 원리는, 모든 인간이 그의 기회를 어떻게 이용하는가에 관계없이 동일한 성과를 얻고, 동등한 생활수준, 동등한 사회적 명망, 모든 생활상 욕구——이것 자체 매우 다양한 것인데——의 동등한 만족을 얻는 것을 요구하는 것은 아니다. 오히려 그 반대이다. 그러한 평등을 관철하려 한다면, 새로운 불평등이 발생하지 않도록 하기 위해서, 더 많은 업적을 성취하고 또는 새로운 경지를 성공적으로 개척한 사람을 억누르지 않을 수 없게 될 것이고, 결국 모든 자유가 파멸될 것이다. 칼 프리드리히 폰 바이체커(Carl Friedrich v. Weizsäcker)[33]는 "평등은 자유 안에서의 평등이며, 자유는 다양성에의 자유"라고 말하였다. '자유 안에서의 평등'은 더도 덜도 아닌 '기회균등'(Chancengleichheit)이다. '자유'는 소수인만의 자유이어서는 안 되고, '평등'은 모든 사람의 평등한 부자유가 되어서는 안 된다. 이 둘을 모두 회피하는 것이 우리가 '사회적 법치국가'(sozialer Rechtsstaat)를 그와 같이 이해할 때 언제나 제기되는 과제이다.

---

[33] v. Weizsäcker, *Der Garten des Menschlichen*, 1977, S. 244.

제6장 협의의 법치국가적 원리

제1절 '법치국가'의 개념에 관한 서설

아래에서 '협의의 법치국가적 원리'에 관하여 논하려 하는데, 그렇다고 해서 이상에서 논한 다른 정당한 법의 원리들이 '법치국가'가 존중해야 할 것이 아니라는 의미는 아니다. 이것은 특히 상호존중, 인간존엄의 보장 및 그로부터 도출되는 인권존중이라는 기본원리, 그리고 공동체영역에 있어서의 여러 원리들, 즉 참여의 원리, 평등대우와 비례성의 원리 그리고 사회적 조정의 원리에 타당하다. 이것들은 모두 '법치국가'에 있어서도 역시 실현되어야 하는 국가법의 원리이다. 여기서 '협의의 법치국가적 원리'란 법치국가로서의 국가를 수립함에 있어서 관련되는 원리들, 특히 국가권력을 행사하도록 맡겨진 사람들이 법의 의미와는 다르게 이를 사용하는 것을 막도록 하는 원리들을 의미한다. 민주국가에도 일정한 상명하복관계, 즉 일방의 일정한 지시권한과 타방의 이에 대한 복종의무라는 관계, 다시 말하면 일정한 '지배구조'(Herrschaftsstrukturen)가 없을 수 없기 때문에 이러한 원리가 요구되는 것이다. 이러한 관계가 존재하는 곳에는 언제나 그 남용의 위험이 없지 않다. 이러한 위험은 인간본성 깊은 곳에 그 뿌리를 내리고 있다. 아무리 사소한 권력이라 할지라도 타인에 대한 '권력'은 많은 사람으로 하여금, 이를 자의로 행사함으로써 자존심을 높이고, 그에 주어진 한계를 넘어서며, 권력 자체를 위하여 권력을 탐하려는 유혹에 빠뜨린다. 역대 지배자들의 권력남용과 많은 독재적 권력자의 권력에의 도취에 관한 경험이 민주주의를 요구하게 하고, 나아가 법치국가에의 열망을 불러일으켰다.

그러나 법치국가의 조직과 운영방식에 관한 여러 원리에 대하여 보다 상세히 논하기 전에, 먼저 여기서 '법치국가'란 무엇인가를 분명히 해두어야 하겠다. 이 용어의 뜻은 많은 사람이 생각하는 것처럼 그렇게 명료한 것은 아니다. 19세기의 법학은 이를 현재의 독일 기본법(Grundgesetz)과는 다르게 이해하였으며, 또 철학도 그 의미를 부분적으로 다르게 파악하였다. 그러면 여기서 '법' 그리고 '국가'라는 개념은 어떠한 의미에서 서로 결합되어 있는가?

철학적 의미에서 법치국가란 인간이 아니라 법칙 ——이성의 법칙를 말한다—— 이 '지배'하는 국가를 말한다. 저자가 틀리지 않았다면 이러한 사상은 플라톤이 법률에 관한 그의 만년의 저작에서 처음으로 밝힌 것이다. 시라쿠스의 전제정치의 실정에 실망하여 플라톤은 이 저작에서, '현자'(철인황제)의 절대적 지배라는 사상에 근거를 두었던 애초의 국가이론에 '차선의' 국가체제에 관한 설명 —— 이것에서는 권력남용의 경험에 의한 영향을 분명히 간취할 수 있다 —— 을 덧붙이고 있다. 플라톤은 여기서, 지상에는 "인간 중에서 가장 강력한 지위를 그 가장 깊숙한 내면에 있어서의 최악의 병, 즉 어리석음에 사로잡힘이 없이 받아들일 수 있는" 정신적 자질을 가진 인간은 없다고 하였다.[1] 이때 '어리석음'(Unverstand)이란 무엇보다 무절제를 의미한다. 그 무절제로 말미암아 자신의 가장 가까운 친구로부터도 미움을 받게 되고, 그리하여 스스로 몰락의 무덤을 파는 것이다. 이것을 방지하는 것이 위대한 입법자의 임무이다. 그가 이성적인 것이라고 인식하여 일단 확정된 것에는 지배자도 구속되어야만 한다. 왜냐하면 "법률이 지배자의 권력에 매어 있어서 스스로가 주인이 아닌 국가에 대하여 나는 대담하게도 그 종말을 예언할 수 있다. 그러나 법률이 지배자에 대하여 주인이고, 관헌이 법률에 복종하는 국가에 대하여 나는 축복과, 그리고 신들이 국가를 위하여 마련한 모든 좋은 것이 베풀어지는 것을 마음 속으로 보기"[2] 때문이다. 아리스토텔레스는 민주정의 다양한 양태 중에서 법률이 지배하는 것과 "단지 군중이 주인이고 법률은 주인이 아닌" 것을 구분하였다.[3] 현실의 국제國制에 있어서 법률은 모든 사람을 지배하여야 한

---

1) Platon, *Nomos*(F. Apelt에 의한 번역 및 해설), S. 97.
2) 같은 책, S. 131.
3) Aristoteles, *Politik*, 4. Buch, 4. Kap.

다. 그렇지 않고 민중이 아무런 법률에도 구속되지 않는다면 그것은 압제적인 것이 된다. 그러한 민주정은 왕정 중에서 전제정이 하는 것과 같은 역할을 민주정 중에서 한다는 것이다.

근대의 철학자 가운데서는 칸트가 인간이 아니라 법률이 다스려야 한다는 것을 가장 명백히 밝혔다. 그는, 이것이 "법률이 스스로 다스리고 어떠한 특정인에게도 매이지 않는, 현존하는 유일의 국가체제"라고 한다.[4] 칸트에 있어서 국가는 "일단一團의 인간이 법의 법칙(Rechtsgesetze) 아래 결합한 것"이다.[5] 이때 '법의 법칙'이란 "순수한 법원리에 따르면 어떠한 모습의 국가가 되어야 하는가에 관하여 모범이 되는" 그러한 법률을 말한다. 헤겔의 '윤리적 국가'도 자의――군주의 자의든, 관헌의 자의든 간에――에 맡겨진 것은 아무 것도 없고, 모든 것이 합법적인 절차에 따라야 한다는 점에서 하나의 법치국가이다. 군주는 오직 "마지막 종지부호를 찍을 뿐이다"라는 그의 언명은 유명하다. 이를 전문 옮기면 다음과 같다.[6] "완성된 국가조직에 있어서는 형식적 결정을 하는 우두머리만이 문제된다. 사람들은 '그렇다'(Ja)고 말하여 마지막 종지부호를 찍을 한 사람의 인간만을 군주로서 필요로 하는 것이다. 우두머리에 있어서 성격의 특수성은 중요시되어서는 아니 되기 때문이다. 군주가 이 최종적 결정권 이상의 것을 가진다면 그것은 원래는 문제되어서는 안 되는 특

---

4) Kant, *Metaphysik der Sitten*, 1.Teil(Rechtslehre) § 52.
5) 같은 책, § 45.
6) Hegel, *Rechtsphilosophie*, § 280, Zusatz(Glockner Ausgabe, Bd. 7, S. 388).

수한 것에 속한다." 그러나 어떠한 철학자도, 필연적으로 일반적이어야 하는 법률——이것이 "지배하여야 한다"——과 예측될 수 없는 구체적인 상황 아래서 그때그때 필요한 결정 사이의 틈을 어떻게 채울 수 있는가 하는 문제에 답한 바 없다. 이 구체적인 결정의 순간에 있어서는 단순한 법률의 적용 이상의 것, 즉 헌법(Verfassungsrecht)에 맞는 규범 설정과 구체적 상황에 대한 대응조치가 필요함은 간과될 수 없는 사실이다. 이 두 가지의 요청을 충족시키려면 다른 사람에 대하여서도 구속력 있는 결정을 공동으로 하는 사람들이 있어야 한다. 사람이 아니라, 추상적이고 비인격적인 법률이 지배하여야 한다는 단순한 공식으로써는 그 요청에 답할 수 없는 것이다.

빌헬름 폰 홈볼트(Wilhelm v. Humboldt)는 『국가의 유효성의 한계』(*Die Grenzen der Wirksamkeit des Staates*)라는 저술에서 전혀 다른 의미로 '법치국가'라는 표현을 사용한다. 그에 의하면, 인간이 그 능력 전부를 최대한 발휘할 자유, 인격의 자유로운 전개, 따라서 모든 국가적 후견으로부터의 자유가 인간이 자신의 진정한 목적을 달성할 수 있는 "제일第一의 그리고 불가결의 조건"이다. 인간은 모든 것을 자신의 주도 아래, 또 자신을 위하여 하여야 한다. "인간 자신에 의하여 선택되지 않은 것——그 선택이 단지 제한되었거나 남으로부터 지도받은 것도 마찬가지이다——은 그 본질에 속하는 것이 아니며 영구히 낯선 것으로서, 그는 그것을 애초 인간적 능력으로써 행한 것이 아니라 기계적인 습성으로써 행한 것이다." 그는 이와 같은 개인의 행복에 대한 전기前期낭만파적인 파악에 기하여, 국가에 그 시민의 내적 · 외적 안전, 즉 법적 평화의 보장 이상의 임무를 인정하는 모든 국가이론——그것이 절대주의적인 것이든 민주주의적인 것이든——에 대하여 맹렬하게 반대하였다. 시민의 복지를 증진한다는 목적을 가진 모든 국가작용은 인간으로 하여금 스스로 난관을 타개하기보다 "타인의 가르침, 지도, 도움을 기대하도록" 습관을 들이고, 따라서 만인이 그에 의하여 자신의 천분을 펼칠 수 있는 "능력의 자유로운 발휘"를 방해하기 때문에 유해한 것이다. 그러므로 "국가는 시민의 적극적 복지에 대한 배려를 포기하고, 자기 내부와 외부의 적으로부터의 안전을 위하여 필요한 것 이상으로 나아가서는 안 되며, 다른 어떠한 목적을 위해서도 시민의 자유를 제한하지 않을 것"을 그는 요구한다. 법의 임무는 개인의 자유영역을 구획하고 보호하는 것이다. '외부의 적'으로부터의 보호를 제외한다면, 국가의 유일한 임무는 그와 같은 임무에 스스로를 제한한 법질서의 수호이다. 따라서 '법치국가'란 이러한 임무에 엄격히 제한된 국가를 말한다. 그리하여 오랫동안 법치국가는 '복지국가'(Wohlfahrtsstaat)의 반대 극으로 인정되어왔다. 이 경우에는, 앞서의 철학자들에게 있어서처럼 지배자의 어떠한 개인적인 자의를 배제하는 것이 문제가 아니라, 국가권력——그것이 합법적이라고 하더라도——을 (자연법론이 말하는 의미의) '자연상태'로의 퇴보를 저지하기 위하여 필요한 최소한에 제한하는 것이 촛점을 이룬다. 홈볼트의 저술은 그 자유에의 열정으로 인하여 오늘날도 역시 ──또는 다시── 읽을 가치가 있다. 그러나 그것은 국가로 하여금 시민의 복지에 대한 배려를 전적으로 포기하도록 놓아 두지 않는 사회적 여건을 전혀 고려하지 않는다.

19세기의 법학은, 지배자와 집행국가기관의 어떠한 자의도 배제 또는 제한되어야 한다는 사상과 개인적 자유권을 보호한다는 사상을 모두 그 기초로 삼는 법치국가에 대한 별도의 개념을 형성해 냈다. 그에 따르면 법치국가란, 모든 활동이 법률제정을 통하여 이루어지거나 또는 법률에 기초를 두고 그에 유보된 권한의 범위 내에서 이루어지는 국가를 말한다. 따라서 그것은 일차적으로 '법률국가'(Gesetzesstaat)이다. 그러나 당시 지배적이던 실증주의에 의하면 이때 '법률'이란, 앞서의 철학자들이 생각하였던 것처럼 그 내용이 그 객관적 합리성에 따라 정하여지는 것이 아니라, 오직 입법자의 의사에 달려 있으므로, 자의를 저지하고 시민의 자유를 보장하는 법률의 기능은 이제 그 보편적 규범성에 있어서가 아니라 그 형식적 성질에 있어서 나타나게 되는 것이다. 이것은 일단 동일한 기준을 적용한다는 '균등정의'의 의미에서의 형식적인 정의를 보증한다. 동시에 이는 법률에 복하는 모든 국가기관──19세기 후반 이래 군주와 행정부 전체가 이에 속한다──의 '자의적' 결정을 저지한다. 그러므로 이러한 법치국가의 개념은 행정이 법률에 규정된 권한과 한계에 엄격히 기속됨을 요구한다. 이러한 기속을 심사하고 실현하기 위하여는 행정재판제도의 설치가 요구된다. 그것은 19세기의 후반에 광범위하게 실현되었다.[7] 법관의 법률에의 엄격한 구속에 대한 요구도 이러한 법치국가 개념에 합치하는 것이다. 1953년에 이르러서도 에른스트 포르스토프(Ernst Forsthoff)는 이러한 법치국가 개념을 말하였다.[8] "법치국가는 추상적이고 일반적인 규범이라는 의미에서의 법률의 우위를 동반한다." 그러므로 포르스토프는 법치국가와 사회국가는 그 각각의 지향에 있어서 대립되는 바가 있다고 생각하였다. 즉 전자는 자유를, 후자는 분배를 지향하는 것이다. 따라서 각자는, 본질적으로 다른 양상을 띨 수밖에 없는 "고유의 제도, 형식 및 개념"을 강조하게 된다. 독일기본법은 양자를 "긴장의 요소도 없지 아니한 상호보완관계로서"[9] 서로 병존시켰다.

이러한 법치국가사상을 가진 사람들은, 19세기가 진행되는 동안 입법권이 국민대표기관으로 넘어갔기——군주에게 약간의 동참권이 남겨지는 경우도 있었지만——때문에 오랫동안 법률을 시민의 자유의 방파제로 생각할 수 있었다. 국민대표제에 있어서 시민의 자유를 필요불가결한 것 이상으로 제한하는 법률 또는 일반적으로 용인되는 법적 기본원칙에 현저히 모순되는 법률은 다수를 얻을 수 없다고 생각되었다. 새로이 등장하는 사회적 문제를 서서히 깨닫게 되

---

7) 주로 Rudolf v. Gneist, *Der Rechtsstaat und die Verwaltungsgerichte in Deutschland*, 1872에 기하여.
8) Forsthoff, Begriff und Wesen des sozialen Rechtsstaates(*Rechtsstaat im Wandel*, 1964, S. 39에 수록).
9) 같은 책, S. 54.

는 한편, 민법과 절차법의 분야에서 연면한 법전통을 마무리지어 19세기 말에 '제국사법법률帝國司法法律들'(Reichsjustizgesetze)과 민법전을 완성하였다. 행정법은 주로 프로이센의 상급행정법원(Ober-verwaltungsgericht)의 판례를 통하여 형성되었고, 따라서 전체적으로 보아 법(Recht)과 법률(Gesetz), 나아가서는 법치국가와 법률국가의 동치同置를 의심할 아무런 이유가 없었다.

20세기에 들어서서 바이마르시대에 이르러서야 다시 철학적 전통에 좇아서 이 동치를 의심하는 몇몇의 이론가들이 ──그러나 이들은 국외자로 여겨졌다──등장하였다. 국법학자이며 법철학자인 에리히 카우프만도 이에 속한다. 1927년 그는 바이마르헌법의 평등조항에 관한 강연10)에서, 동 조항을 "초실정적으로 효력을 가지는" 하나의 법원리(Rechtsprinzip)로 이해하고, 따라서 그것은 "무엇보다도 그리고 1차적으로, 성문법을 만드는 직책을 가지는 입법자에 대하여 적용되며, 그는 그 법제정에 있어서 이 법원리를 위반하여서는 아니 된다"고 하였다. 이어서 당시로서는 처음 들어보는 명제가 제기된다. "일정한 최고의 법원리를 위반하지 않는 경우에만 '법률'은 '법'을 창조하는 것이다."

국가사회주의적 국가(나치스)에서의 '법률합치적 불법'(gesetzliches Unrecht)을 경험한 후에야 이러한 인식이 받아들여졌다. 그것은 행정권과 법원은 '법률과 법'에 구속된다는 독일기본법의 유명한 정식

---

10) Erich Kaufmann, Rechtsidee und Recht(*Ges. Schriften*, Bd. Ⅲ, 1960, S. 249).

定式(제20조 제3항)에서 표현되어 있다. 그것이 어떻게 해석되든지 간에 그에 의하면 법이 법률과 동일하지 않는다는 것은 분명하다. 그러나 그것은 무엇보다도 자유권과 아울러 평등원칙과 같은 원리도 포함하고 있는 기본권에 관한 부분에서 표현되고 있다. 입법은 '합헌적 질서'에 구속되므로, 기본권 및 그 배후의 여러 법원리들, 무엇보다도 인간존엄의 존중의 원리에 구속된다. 이로써 법치국가를 단순한 법률국가와 동치하는 것은 이제 포기된다. 울리히 쇼이너[11]가 "국가의 기본적인 구성원리"가 된 "실질적이고 내용 있는 법치국가원리로의 전환"을 말하는 것은 정당하다. 이 '실질적' 법치국가의 개념은 19세기의 '형식적' 법치국가 개념의 가장 중요한 요소들, 즉 행정의 법률에의 엄격한 기속과 모든 행정행위의 적법성에 대한 행정법원의 심사라는 요소를 포함하지만, 나아가 기본적 법원리와 이를 형상화하는 기본권조항에 입법자가 구속되는 것 및 이러한 구속 여부를 헌법법원에 의하여 감시하는 것이 이에 부가된다. 독일기본법이 정하는 법치국가는 동시에 사회국가(Sozialstaat)이어야 하기 때문에, 그 의미는 단지 입법자를 포함하는 모든 국가기관이 일정한 법원리 및 개인의 기본권에 기속된다는 것일 수는 있으나, 그것은 폰 훔볼트가 주장하는 바와 같이 국가의 임무가 법적 평화의 유지에 불가결한 최소한에 제한된다는 것은 아니다. 이하에서 '정당한 법'

---

11) Ulrich Scheuner, Die rechtsstaatliche Ordnung des Grundgesetzes, in: *Theologische Existenz heute*, herausgegeben von E. Wolf, Heft 119, *Der Rechtsstaat*.

이 요구하는 바로서의 '법치국가'라 함은 법 ——정당성을 지향하는 질서로서의 ——의 창조, 발전 및 실현, 따라서 또한 법평화의 보장을 중요시하며, 나아가 어떠한 임무를 스스로에게 부과하든 상관없이 그의 활동 전반에 있어서 자기 자신의 법과 그 기초를 이루는 정당한 법의 여러 원리에 구속되는 국가를 뜻한다. 그러한 국가는 그 운영에 있어서 다음에서 살펴볼 일정한 원리를 고려하여야 한다. 여기서는 위와 같은 의미의 법치국가이거나, 정상적이라면 그러한 법치국가이어야 할 국가인 한에서만 문제된다. 따라서 그 국가가 기타 어떠한 임무를 스스로에게 부과할 수 있는가 또는 부과하여야 하는가, 그 임무를 다하려면 어떠한 장치를 갖추어야 하는가에 대하여는 언급하지 않기로 한다. 또한 '법치국가'로서의 특성에 직접 속하지 않는 국가적 조직의 문제, 예를 들면 중앙집권적 또는 연방적 국가체제의 문제나 정부수반을 의회에 의해서 선출하여야 하는가 아니면 직접 국민이 선출하는 것이 좋은가의 문제 등등은 논외로 한다. 우리가 이미 공동체영역에서의 원리에 관한 장에서 살핀 바 있는 것들은 기타의 단체에 타당할 뿐 아니라 국가에 대하여도 타당하므로 그 중 몇몇은 법치국가에 있어서 특별한 의미가 있다는 것을 다시 한번 상기시키고자 한다. 거기에서 우리는 이미 단체로서의 국가 및 '국가권력'의 ——이를 원칙적으로 거부하는 의견에 대항하여서의 ——정당화, 나아가 다수결원칙의 정당화와 한계에 관하여 필요한 것을 살펴본 바 있다. 그것들 모두를 여기서 계속 논하게 된다.

제 2 절 권력의 한계 설정과 견제의 원리

　법치국가의 제1의 관심사는 권력을 제한하는 것, 그때그때의 지배자에 의한 권력의 남용을 방지하는 것, 그리고 그를 법에 기속시키는 것이다. 따라서 법치국가가 자신을 운영함에 있어서 실현하여야 할 최초의 원리는 권력의 한계 설정과 견제의 원리이다. 법치국가도 국가인 한 협동적 성질과 아울러 지배적 성질을 가지므로 권력이라는 것을 전혀 배제할 수는 없는 것이다. 이러한 관련에서 헬무트 코잉[12]은, 그가 '보호적 정의'(justitia protectiva)라고 부르는 일정한 정의의 요청, 즉 "인간의 인간에 대한 모든 권력은 제한되어 있어야 한다. 무제한한 권력은 법에 반한다"는 요청에 관하여 논한다. 권력에 그때그때 필요한 정도로 한계를 설정하는 외에 권력은 견제되어야 한다. 왜냐하면 그러한 견제가 없으면 권력남용의 위험이 있기 때문이다. 권력의 한계 설정과 견제는 같은 성질의 것이다.

　이 원리의 최초의 적용을 우리는 이미 '고전'이 된 몽테스키외의 권력분립론에서 발견한다. 그 이론은 19세기의 자유주의적 헌법 대부분에, 그리고 불가피한 수정을 수반하여 현대의 헌법에 수용되었다. 그 배경에 권력남용의 경험이 있다는 것을 다음의 언명이 분명

---

　12) Coing, S. 211.

하게 해 준다.[13] "그러나 권력을 가진 사람은 이를 남용할 유혹을 받는다는 것은 오래된 경험이 증명한다. 그때 그는 한계에 부딪힐 때까지 나아가는 것이다." 그리고 또 "권력이 남용될 수 없도록 하기 위하여 하나의 권력이 사물의 질서에 따라(par la disposition des choses) 다른 권력을 제한하는 것이 필요하다."

오늘날 민주국가의 헌법에 다소간 채택되어 있는 권력분립의 모델은 3개의 국가권능을 구분하고 그 각각에 대하여 '권력담당자'를 배치하는 것에 의하여 이루어진다. 즉 입법 · 행정 · 사법이 그것이다. 현재의 민주국가에 있어서 입법은 원칙적으로 국민 전체 또는 그들에 의하여 선출된 의회——통상은 이것이 정부(내각)도 선출하고 견제한다——가 담당한다. 내각은 한편으로 행정의 우두머리이며, 다른 한편으로 상당한 정도로 입법에 관여하고 국가의 대외관계를 관장한다. 법률에 의한 기속의 범위 안에서 내각의 지시에 따라 행위하는 행정부는 현대의 큰 나라들에서는 주로 전문적 공무원에 의하여 담당된다. 한편 법관은 어떠한 지시에도 구속되지 않고, 오직 '법과 법률'에 따라 판단하여야 한다. 그들은 그들대로, 내각과 행정공무원들이 헌법과 법률들에 의하여 정하여진 범위 내에서 행위하는가를 감시한다. 사법적 '권력'은 심급제도와 법관이 복무하는 법원을 통하여 스스로를 통제한다. 오늘날 모든 행정행위의 적법성이 행정법원에 의하여 심사됨으로써 사법권은 행정부에 대하여

---

13) Montesquieu, *Esprit des Lois*, livre XI, chap. IV.

일정한 우위를 획득한다. 이 우위는 다시 헌법재판의 인정에 의하여 강화되는데, 이는 '법치국가'의 귀결인 것이다. 다른 한편 의회에 의하여 제정된 법률은 그것이 헌법의 테두리를 벗어나지 않는 한 국민뿐 아니라 행정부와 법원을 구속하므로 의회도 일정한 우위를 차지한다. 국민이 자신들이 선출한 대표자를 통하여 그가 그에 속하여 살기를 원하는 바의 체제에 관하여 또 일반적인 규정이 필요한 한에서의 공통적 문제에 관하여 스스로 결정하는 민주국가에 있어서는, 이는 불가피한 것이다. 여기에서 참여(Teilhabe)의 원리와 모든 국민의 동등한 참여의 원리를 상기할 필요가 있다.

권력분립의 원초적인 모델에 있어서는 행정부의 우두머리로서의 내각과 의회는 비교적 독립적으로 대응하며, 상호 견제한다. 이러한 모델에 가장 근사한 것은, 미국처럼 행정수반이 국민에 의하여 직접 선출되는 헌정체제이다. 그에 반하여 내각(또는 그 우두머리)이 의회에 의하여 선임 또는 해임될 수 있는 나라에서는 내각의 존립은 한편으로 의회에 다수를 점한다는 사실에 의존하게 된다. 다른 한편 의회의 다수당과 내각, 즉 '다수당의' 내각 사이에는 자연적인 공동의 이해가 성립한다. 그러므로 의회의 견제기능은 주로 야당이 담당하며,[14] 따라서 야당은 체제의 불가결한 구성부분을 이룬다. 이 기능을 충족할 수 있으려면 야당은 정보에 대한 광범위한 권리를 가져야 하며, 자신의 의견을 방해 없이 공중에 알릴 수 있어야 한다. 권

---

14) 이에 관하여는 Zippelius, S. 218 참조.

력관계의 계속적인 고착화를 막기 위하여는, 다른 당이 다수가 될 가능성, 따라서 정부교체(Regierungswechsel) ── 이를 쉽사리 '권력교체'(Machtwechsel)라고 불러서는 안 될 것이다. 왜냐하면 정치적 체제의 변동이 아니라 단순히 그 체제 내의 한 요소로 예정된 권력의 이전이 있을 뿐이므로 ── 의 가능성이 항상 유지되어야 한다는 것이 권력의 한계 설정과 견제라는 법치국가적 관점에서도 결정적인 의미를 가진다. 정부가 선거 및 그에 선행하는 의사형성에 대하여 어떠한 간섭도 하지 않아야 한다는 것도 그에 속한다. 종국적인 견제는 국민 전체가 선거를 통하여 행한다.

권력에 필요한 한계를 설정하고 견제한다는 문제는 현대사회에 있어서는 비단 국가적 권력의 일부를 담당하는 이에 대하여뿐만 아니라 매우 강력한 힘을 발휘하는 경제적 권력의 보유자, 즉 거대 콘체른과 시장지배적 기업가, 그리고 서로 분수를 지키지 않는 범위에서 여러 이익단체에 대하여도 제기된다.[15] 그러나 이것이 국가적 후견이나 계획경제 ── 이는 오히려 훨씬 강력한 권력팽창에로, 모든 권력을 쥔 국가에로 나아가게 된다 ── 를 의미하는 것은 아니다. 단지 정치적 권력에 비해서도 상당한 크기를 차지하는 경제적 권력의 행사에 최소한도의 한계를 설정하여 그 남용을 막아야 한다는 것뿐이다. 경제적 권력의 남용은 타인의 자유 또는 사회적 여러 힘의 균형관계가 전체적으로 심하게 위협을 받고 있는 데서 시작된다. 남용

---

15) 필자는 여기서 항공기인도사의 파업의 경우를 염두에 둔다.

방지를 위한 방책은 가령 은행감독, 보험회사 감리 및 카르텔 감시의 형태로 나타난다. 그러한 장치가 어떠한 정도로 다른 경제부문에 대하여도 마련될 수 있는가는 주의깊은 음미와 심도 있는 토론을 요한다. 로만 헤르초크(Roman Herzog)[16]는 "무슨 일이나 할 수 있게 된 기업이 지나치게 비대해지지 않게, 아니 독재적이 되지 않게" 하려면 "강력한 교정수단"이 있어야 하며, 이는 국가만이 그렇게 할 수 있다고 생각한다. 그리하여 국가에 대하여는 "그 본질에 있어서 전혀 새로운 임무가 부가되며, 이를 제2차원의 법치국가성이라고도 부를 수 있을 것이다." 물론 이러한 요구는 양날의 칼이다. '강력한 교정수단'은 결국 권능과잉으로 발전할 수 있다. 법치국가적 질서에 있어서 필요한 것이 있다면 그것은 사회적 여러 힘의 균형관계일 것이고, 그 힘들은 그에 의하여 서로 한계(분수)를 지키게 된다. 이러한 균형관계가 심각하게 교란된 경우에만 국가적인 통제장치가 개입하여야 할 것이고, 이 장치는 균형관계를 회복하는 것을 목표로 삼는다. 권력에 대한 한계 설정과 견제의 원리를 그 운영에 있어서의 지침으로 하는 법치국가는, 별개의 영역에서 형성되어 그 강대한 힘으로 타인의 자유를 위협하는 권력에 대하여도 이 원리를 적용하지 않을 수 없을 것이다.

---

16) Herzog, S. 413.

제 3 절 소급입법의 금지

법치국가의 또 하나의 원리는 소급효를 가지는 법률이 허용되어
서는 안 된다는 것이다. 이는 명백히 앞서 살핀 바 있는 신뢰원리와
도 관련이 있다. 입법자가 이미 결말이 난 과거의 법률관계에 개입
하여서는 안 된다는 사상은 이미 로마의 법학자들에서도 등장한
다.[17] 현금에는 독일연방헌법재판소가 이를 법치국가 원리로부터
도출한다.[18] 보다 상세히 살펴보면, 동 법원은 '진정한' 소급효와
'부진정한' 소급효를 구분한다. 전자는 어떤 법률이 과거에 속하는
이미 해결이 된 법적인 사실관계에 개입하는 경우이고, 후자는 "현
재의, 아직 종결되지 않은 법률관계에 대하여 장래를 향하여 개입"
하는 것이다.[19] 진정한 소급효를 정하는 것은 그것이 국민에게 불이
익을 주는 법률일 경우에는 원칙적으로 허용되지 않는다.[20] 그러나
"특정한 법상태에 대한 신뢰가 구체적 사태에 비추어(sachlich) 정당
한 것이 아닐 때"에는 그러하지 아니하다.[21] 이러한 제한은 여기서
신뢰보호가 문제됨을 보여준다. 나아가서 그 원칙은, "법적 안전성
의 요구보다 우선하는 공익(Gemeinwohl)의 강력한 이유가 소급효

---

17) Fritz Schulz, *Prinzipien des Römischen Rechts*, 1934, S. 156 참조.
18) BVerfGE 13, 271; 24, 229; 30, 387.
19) BVerfGE 11, 146; 30, 386.
20) BVerfGE 13, 271; 30, 385 f.; 32, 123.
21) BVerfGE 13, 272; 22, 347; 32, 123.

규정을 정당화"하는 경우에는 적용되지 않는다.[22] 이러한 제한은 정당한 법이라는 관점에서 유감스러운 것이다. 왜냐하면 그와 같이 극히 막연한 요건에 비추어 원칙을 공동화할 위험이 있기 때문이다. 다른 정식(Formulierung)에 의하면, "입법자에게 어떠한 법규정의 존속에 대한 국민의 신뢰를 존중하도록 요구하는 것이 타당하지 않을" 때에는 국민의 신뢰는 보호되지 않는다는 것이다.[23] 이 정식은 적어도 신뢰원리에 보다 충실하다는 이점이 있다. '부진정한 소급효'의 경우에 대하여 독일연방헌법재판소는, 그러한 소급효는 원칙적으로 허용된다는 입장을 취한다.[24] 그러나 이 경우에도 동 법원은 경우마다 국민의 보호필요성과 입법자의 의도 사이에서 교량較量을 행한다.[25]

(진정하게) 소급적으로 불이익을 주는 법률이 허용되지 않는다는 것은, 그것이 신뢰원리를 국민과 입법자 사이의 관계에 적용한 것에 다름아니므로 정당한 법의 한 원리이다.[26] 법치국가만이 입법자가 여러 법원리에 구속됨을 승인하므로 그것은 법치국가적 원리이다. 그러나 법률은 영원히 존재하는 것으로 만들어지지는 않는다. 국민은 그것이 변경될 수 있으며 또한 법률에 규율되지 아니한 사항이

---

22) BVerfGE 13, 272.
23) BVerfGE 25, 291.
24) BVerfGE 39, 167; 43, 286; 43, 391.
25) BVerfGE 14, 300; 31, 227; 43, 286; 43, 391.
26) Larenz, *Methodenlehre*, S. 414 f.도 참조. 당사자에게 유리한 법률의 소급효에 관하여는 Ryffel, S. 406 참조.

언젠가는 규율될 수도 있다는 것을 예상하여야 한다. 그러므로 그는 현재 존재하는 법상태가 장래에도 계속될 것이라고 믿어서는 안 된다. 그와 같은 것은, 법률이 국민에게 추가적인 불이익을 가하는 경우, 예를 들면 세율을 인상하거나 새로운 세금을 부과하거나 국가가 행하는 일정한 급부를 감축하는 경우에도 적용된다. 이러한 일이 장래에 대하여 효력을 가지는 것이라면 그는 이에 대비하여야 할 것이고, 또 대부분의 경우 그렇게 할 수 있을 것이다. 그러나 그와 같은 변경이 이미 지나간 기간——작년 또는 지나간 조세사정기간——에 대하여도 효력이 있고, 또 국민이 이를 예상하여야 할 것이 아니었다면 사정이 다르다. 이에 대하여는 대비를 할 수 없으며, 또 당시 존재하는 상태에 따라 그가 행한 처분을 이제 와서 다시 돌이킬 수도 없다. 따라서 그는 매우 큰 난관에 봉착할 수 있다. 현재 적용되는 규정이 장래에도 그대로 유효할 것이라고 믿을 수 없다면, 국민이 그에 따라 행위하는 바의 현재 적용되는 규정이 후에 소급적으로 폐기되지는 않는다고 믿을 수는 있어야 한다. 입법자는 이러한 신뢰를——그것이 정당화되지 않는 예외적인 경우를 도외시한다면——배반하여서는 안 된다.

소급입법의 금지는 형법에 있어서 중요한 의미가 있다. 18세기 이래로 "법률이 없으면 형벌도 없다"(nulla poena sine lege)는 명제, 즉 행위시에 그 행위가 법률에 의하여 형벌이 가하여지는 것으로 정하여져 있지 않으면 형벌을 가할 수 없다는 명제는 부분적으로는 자연법론의, 부분적으로는 막 등장하던 법전편찬이념(Kodifikationsidee) 의 영향에 의하여[27] 자의적이고 부당한 형벌에 대한 방파제로 생각 되었다. 독일기본법 제103조 제2항은 이를 실정화하였다. 동 조항 을 법관을 향한 규정이라고 보는 한, 그것은 법관은 일정한 행위를 가벌적이라고 선언하는 법률에 기하여서만 형벌을 과할 수 있고, 관 습법이나 '판례법'(Richterrecht)에 의하여서는 안 된다고 정하는 것 이다. 또한 동 조항은 일반적인 견해에 따르면[28] 유추해석의 금지도 포함한다. 이것은 오늘날에는 법관의 법률에 대한 기속羈束의 실현 가능성이라는 문제영역——이에 관하여는 후에 논하기로 한다—— 에 속하는 것이다.[29] 다른 한편 동 조항은 소급형사법의 엄격한 금 지를 포함한다. 독일연방헌법재판소[30]는 이 원칙의 뜻을 "형벌로부 터 자유로운 영역의 한계를 시민에 대하여 명확하게 하는" 데 둔다. 이에는 다시금 신뢰원리가 기초가 되는 것이다. 그러나 신뢰원리는 독일기본법의 규정을 엄격히 문언에 따라 파악할 경우에는 그것을 전적으로 설명하여 줄 수 없다. 형벌을 받지 않을 것이라는 신뢰는, 행위자의 행위가 의심의 여지 없이 비난되어야 할 것이고 또 위법한 것인데도 그가 미리 형법전의 흠결을 발견하여 이를 회피한 경우에

---

27) 역사적 발전에 관하여는, Schreiber, *Gesetz und Richter*, 1976, S. 32 ff.
28) Bockelmann, *Strafrecht*, Allgemeiner Teil, § 4 C I; Schmidhäuser, *Strafrecht*, Allgemeiner Teil, 2. Aufl., 5/24(S. 99); Welzel, *Das deutsche Strafrecht*, 11. Aufl., § 5.
29) 이에 관하여는 Schreiber, *aaO.*, S. 220 ff.
30) BVerfGE 32, 362.

도 실제적으로 보호할 가치가 있는가? 그러므로 신뢰원리와 아울러 모든 자의恣意가 배제되어야 한다는 사상, 즉 법치주의 원리를 그 이유의 설명을 위하여 끌어들여야만 한다.[31] 이것은 특히 유추해석의 금지와 그에 내함된, 해석에 관한 법관의 재량의 여지 ——이는 피고인에 이익되는 방향으로는 형법에 관하여도 인정되고 있다 ——가 제한되어야 한다는 원칙에 적용된다.

제 4 절   모든 국가기관의 법에의 기속

[이 장의] 서두에서 말한 바와 같이, 법치국가의 핵심은 모든 국가기관이 법에 기속된다는 것이다. 그러나 이 기속의 강도에는 차이가 있을 수 있다.

가장 강한 것은 행정의 기속이다. 그것은 1차적으로 법률에 기속된다. 행정은 개별명령이나 법률에 규정된 허가사항에 대한 허가의 부여 또는 거부를 통하여, 또 많은 경우에는 직접적인 강제를 통하여 국민 개개인의 생활영역에 개입하는 정도가 가장 강하다. 어떠한 종류의 '자의', 불평등한 대우나 결정 또는 개인적 정실의 개재 ——실제 그러한 개재가 있는 것이든, 단지 그렇게 생각될 뿐이든 간

---

31) Schreiber, *aaO.*, S. 213 ff.도 그러하다.

에——는 국민에게 특히 민감하게 의식된다. 그러므로 법치국가는 행정이 국민 개인에 불이익을 주려 한다면 오로지 법률의 위임에 기하여서만 할 수 있으며, 법률은 이 경우 행정이 할 수 있는 개입의 한계를 정하도록 요구되는 것이다. 비록 법률이 행정으로 하여금 그때그때의 상황의 특수성을 적절히 고려할 수 있도록 대부분 일정한 재량의 여지를 부여하기는 하지만, 행정은 이 재량을 법률의 목적과 법의 일반적인 기본원칙, 특히 평등대우와 과도제한 금지의 원리에 적합한 범위에서만 행사하여야 하는 것이다.[32] '자의적' 처분은 어느 경우에나 허용되지 않는다. 따라서 행정은 법률, 나아가서는 여러 원칙——이는 헌법에 표명되어 있거나 그 법률의 기초를 이루는 것이다——의 총화라는 의미에서의 법에 기속된다. 법률이 그에게 그러한 권능을 부여하지 않는 한, 행정은 국민 개인의 생활영역이나 권리영역에 개입하여서는 안 된다.

행정을 법률에 엄격하게 기속하는 것은 한편으로 국민을 관헌의 자의적인 개입 또는 그 권한 유무에 관하여 당해 국민이 심사를 구할 수 없는 개입으로부터 보호하고, 다른 한편으로 전체 국가행정이 입법자로서의 의회가 지시하는 내용대로 이루어지는 것을 보장한다. 다시 말하면 그것은 의회가 최종적인 결정권을 가짐을 보장한다. 의회가 추구되어야 할 목적을 선택하고, 그 수단을 제한하며, 일치하여 좇아야 할 지침을 부여하는 것이다. 그렇게 보면 행정부는

---

32) 독일연방헌법재판소는 이를 명언한다. BVerfGE 9, 146; 18, 363 참조.

입법부의 실무담당자이다. 그러나 이것이, 그에게 맡겨진 임무의 수행을 위하여 행정이 주어진 범위 내에서 필요한 판단을 스스로 내릴 수 있음을 배제하는 것은 아니다. 그가 그 판단에 있어서 주어진 범위를 준수하였는지, 따라서 그 결정이 국민에 대하여 법적인 구속력을 가지는지는 행정법원이 심사한다.

민주주의적 국가론에 기하여 의회의 입법자에게 우위를 인정하는 것은 법률이 누구에게나 동일한 기준으로서 기능할 것을 요구하고, 마지막으로 법적 안정성, 즉 법관도 법률에 기속될 것, 다시 말하면 법률을 그 판단의 기초로 삼을 것을 요구한다. 그러나 법원은 법률을 단순히 적용함에 그치지 않는다. 그것을 '적용'하기 위하여는 우선 그것을 해석하여야 하며, 또 법률이 보충이 필요한 기준(ausfüllungsbedürftige Maßstäbe)을 정하고 있는 때에는 판단대상이 되는 구체적 경우를 고려하여 이를 구체화하지 않으면 안 된다. 나아가서 법원은 법률의 불가피한 '흠결'도 보충하여야 하고, 법을 변화한 생활관계나 새로운 인식에 비추어 발전시켜야 하며, 법체제 내부의 규범 사이의 모순과 가능하면 가치평가상의 모순도 조정하여야 할 뿐 아니라, 그 모든 경우에 지도적인 기본원리를 고려하여야 한다. 법관은 개별적인 사건에 적용될 법을 발견하여야 하는데, 이것은 어느 경우에나 법률 안에 이미 주어져 있는 것은 아니다. 그가 입법부와 아울러——통상은 그에는 후위적이라고 하더라도——그 기속의 범위 내에서 법창조와 법형성의 과정에 참여하고 있다는 것은 오늘날 다툴 수 없는 사실이다. 비록 '판례법'이 형식적으로는 '구속'하지 않는다고 하더라도 그것은 독일에 있어서도 광범한 영역을 차지하고 있다.

법관의 법률에의 기속의 문제[33]는, 대부분의 법률이 종전에 인정되었던 것처럼 단순히 논리적으로 포섭하는 방식, 즉 법률이 사용하는 언어적 표현으로 파악된 사실관계를 법률의 구성요건에 포섭하는 방식으로는 '적용'될 수 없다는 데서 제기된다. 법률이 정하는 요건을 정확하게 파악하기 위하여는 해석(Auslegung), 즉 그 기준적인 의미내용을 보다 상세히 확정하는 것이 필요하다. 구체적인 사실관계를 법률이 사용하는 언어적 표현수단에 의하여 파악하는 것은 ──그렇게 하여서만 '포섭'이 가능하다── 일련의 판단을 요구하는데, 그 판단에 있어서 법관이 일정한 주관적 판단활동의 여지를 가지는 것은 종종 있는 일이다.[34] '신의성실'(Treu und Glauben)[35]과 같은 가치판단기준의 구체화나 엄밀히 정의되지 아니한 유형[36]이 문제될 경우에는 애초 '포섭'이란 있을 수 없으며, 단지 비교적인 위치정립(zuordnen)만이 가능하다. 이 경우에는 법관에게 종종 주관적 판단의 여지가 성립한다. 이러한 것은 법률의 내재적인 목적에 따라서 법률을 해석하거나 또는 법률의 흠결(Gesetzeslücken)을

---

33) 논의의 현재 상태에 대하여는 H. J. Koch(Hrsg.), *Die juristische Methode in Staatsrecht, Über Grenzen von Verfassungs- und Gesetzesbindung*, 1977.
34) Larenz, *Methodenlehre*, S. 268 ff. 참조.
35) 같은 책, S. 203 f., 273 ff.
36) 같은 책, S. 200 ff., 287 ff., 450 ff.

보충하는 경우에도 타당하다. 우리는 법률의 해석에 있어서 기초가 되어야 하는 일련의 요소들, 예를 들면 문언의 가능한 의미(이것이 협의의 해석작용의 최종적인 한계를 이룬다), 문맥, 즉 법률의 의미연관, 나아가 법률의 목적, 입법자의 규정에 대한 이해(Normvorstellung), 어느 규정의 기초에 있는 원리와 입법자의 가치평가 등을 알고 있다. 그리고 가끔 주장되는 것처럼 해석자가 이 해석요소 중의 어느 것을 임의로 선택할 수 있는 것은 아니다. 그 여러 요소들은 사물 그 자체로부터 나오는 내적 연관을 맺고 있는 것이다.[37] 그러나 실정법학적 해석(Interpretation)도 또는 다른 어떠한 해석도 '틀림없는' 결론을 제공할 수는 없다. 어느 하나의 결론이 다른 결론보다 더 나은 근거를 가진다는 것은 있을 수 있다. 그러나 여전히 의문을 배제할 수 없는 경우가 있는 것이다. 자신이 담당한 사건에 대한 판단을 거부하여서는 안 되는 법관은 그럼에도 불구하고 결정하여야 한다. 그와 같이 결정한 결과로서의 판결은 '기판력이 발생'하자마자 당사자 사이에 법을 확정지을 뿐 아니라, 때때로 '선례'(Präjudiz)로서 장차의 판결에 대하여 모범이 되고 이로써 법의 발전에 동참하게 된다.[38]

---

37) 같은 책, S. 332 ff.; *Festscht. f. Ernst Rudolf Huber*, 1973, S. 295 ff.에 수록된 저자의 논문.

38) 법관의 법률에 대한 해석이 최초의 것이거나 새로운 것이고 또한 후에 다른 재판에서 받아들여진 것이면, 그것은 이미 법관에 의한 (숨겨진) 법의 계속형성(richtliche Rechtsfortbildung)이다. 법관의 공공연한 법의 계속형성도 그것이 법률에 내재적인 규준을 벗어나지 않는 한 법률의 해석과 유사한 구조를 가지는 것이다. 즉, 그것은 해석을 법률문언의 가능한 의미의 한계를 넘어서 밀고 나가는 데 불과하다. 이에 관하여는 Larenz, *Methodenlehre*, S. 350 ff. 참조.

법률의 해석은 행정공무원이 법률을 적용하려 할 때에도 해야 한다. 그러나 분쟁이 발생하면 법원이 그 해석이 정당하였는지 여부를 결정한다. 그 한도에서 법원이 해석을 독점한다고 할 수 있다. 법원이 주로 그때까지 그 종국적인 의미에 이르기까지는 아직 인식되지 않았던 원리나 규범상황의 변동[39])에 비추어서 종종 행하는 '법률초월적 법의 계속형성'(gesetzesübersteigende Rechtsfortbildung)[40])은 행정부가 이를 하여서는 안 된다. 법원의 법률에 대한 기속은, 법원이 법률을 의미적합적 · 사물적합적으로(sinn- und sachgerecht) 해석하고 법을 일정한 방법론적 원칙에 좇아 발전시킬 자유와 불가분하게 결합되어 있다. 그 한에서 그 기속은 행정공무원의 법률에 대한 기속과는 다른 성질의 것이다. 이러한 사실의 발견으로 말미암아 법원의 법률에 대한 기속의 가능성 또는 유효성 자체를 의문시하게 되기에 이르렀다. 즉 디터 시몬(Dieter Simon)은 "법관의 법률에 대한 기속을 법기술적 · 방법적 또는 제도적으로 보장한다는 것은 원칙적으로 존재하지 않는다"는 결론에 도달하였다.[41]) 오늘날 인식되는 대로 법률이 "판결에 있어서 또 그를 통하여 비로소 성립하고, 형태를 갖추는 것이라면", '법률의 지배'란 단지 비유적으로만 논의될 수 있을 것이다.[42]) 포섭이라는 '논리행위'(Vernunftsakte)가 규범창

---

39) 같은 책, S. 338 ff.
40) 같은 책, S. 402 ff.
41) Simon, *Die Unabhängigkeit des Richters*, 1975, S. 88.
42) 같은 책, S. 9 f.

조적 결단으로 밝혀진 이상 법률의 '적용'이 있을 수 없는 것과 마찬가지로 '기속'이란 논의의 여지가 없다는 것이다. 그러나 법원의 법률에 대한 기속이 진정한 의미에서는 더 이상 운위될 수 없다고 한다면, 독일기본법 제20조 제3항("입법부는 합헌적 질서에, 행정부와 법원은 법률과 법에 각기 기속된다")은 실제로는 공허한 것이다. 법치국가 대신에 우리는 기껏해야 '법관국가'(Richterstaat)를 가지는 것이 된다.[43]

그러나 이러한 결론을 내리기 전에, 대체 법률의 적용이 논리적인 포섭이라는 방식으로 가능한 경우에만 '기속'이 실제로 문제될 수 있는가를 숙고해 보아야 한다. 순수한 포섭과 '규범창조적 결단' 사이에는 일련의 중간단계가 존재한다. 그러나 포섭기술包攝技術의 지지자도, 법률기속을 부인하는 이도 이러한 사실을 승인하려 하지 않는다. 법률이 구체적인 사건에 적용되기 위하여 요구되는 바의 그 종국적인 구체적 내용은 대부분, 개별적인 경우에 그것을 적용하거나 적용하지 않는 데 관한 판단, 즉 법관의 재판(Richterspruch)에서 인식된다고 함은 정당하다. 그러나 그것이 그에 의하여 비로소 '성립'한다는 것은 오류이다. 우선 법률의 규정이 의문의 여지 없이 적용되는 일련의 사안이 거의 언제나 존재한다. 이 경우에는 해석은 문언의 의미와 문맥에 기하여 오직 하나의 결론에 도달한다. 마찬가

---

43) 이에 관하여는 *Rechtsstaat oder Richterstaat*, herausgeg. G. Lanzenstiel, 1970(Forsthoff와 Rupp의 각 발표문) 참조.

지로 규정이 미리 상정하지 않은 다수의 경우가 항상 존재한다. 그러나 나아가 어떠한 사안이 그 규정이 상정한 종류의 것인가 하는 문제가 심도 있고 방법론적으로 확실히 보장된 숙고에 의한다면 대답될 수 있는 경우도 적지 않게 존재한다. 가령 그 규정을 그것이 속하는 제도의 목적이나 기본사상에 기하여 보다 면밀하게 규명하여야 하는 경우가 이에 속한다. 이 경우에도 전적으로, 일정한 사고思考의 보조에 좇아 진행되는 인식과정이 전개되는 것이고, 이 과정은 그 계속이 그 이상의 인식을 약속하지 않을 때에 비로소 일정한 시점에서 중단되고 결단(Dezision)만이 남게 되는 것이다.[44] 법관이 보충을 요하는 기준을 구체화하거나 어떠한 유형에 배속시킴에 있어서 사안비교(Fallvergleichung)의 방법을 사용하거나, 다양하게 상호작용하는 여러 요소(관점)를 교량較量하거나, 또는 '총체적 가치평가' (Gesamtwertung) 등을 하는 경우에는, 그는 항상 그가 법질서, 그 내부의 인식가능한 여러 가치평가 및 종전의 구체화과정으로부터 도출한 논거(Argumente)를 가지고 그 결정을 정당화하려고 노력하는 것이다. 법에 그리고 법창설절차에 존재하는 근거에 의하여 충분히 뒷받침된 결정에 이르게 하는 이러한 수단이 모두 효험을 발휘하지 못하는 나머지의 경우——이러한 경우가 빈번히 신문에 대서특필된

---

44) Fikentscher, Bd. 4, S. 197 ff.는 이러한 경우에 대하여 '해석학적 전환점'(hermeneutischer Umkehrpunkt)을 운위한다. 그러나 저자는, 법관이 이러한 방식으로 발견하는 사안규범(Fallnorm)이야말로 "기술적 의미에서의 법명제"라고 하는 (S. 202) 그의 주장에 동의할 수 없다. 저자의 생각으로는, 그러한 사안규범은 법률에 포함된 규범을 구체화하는 최종적인 단계에 불과하다.

다──에 대해서 비로소 법관이 순수한 결단을 할 여지가 있는 것이다. 그러나 자신의 법률에의 기속을 진지하게 받아들이는 법관은 대부분의 사건에 있어서 방법론적으로 확실하고 주의깊게 숙고된 사고과정을 통하여 그 기속에 고려를 베풀 수 있는 것이다. 그러므로 법관의 법률에 대한 기속은 외부적인 사슬을 의미하는 것이 아니라, 법관 스스로에 의하여 사고과정과 결정과정을 통하여 항상 실현되어야 할, 법률의 합리적 내용, 법률로부터 도출될 수 있는 규범내용에 대한 지향(Hinwendung)이다.

한편 법관이 법률에만 기속되는 것이 아니라, '법률과 법'에 기속된다는 것을 잊어서는 안 된다. 그는 법률을 법사상에 지향된 입법자의 사상의 표현으로 보고, 전체 법질서와의 관련에서, 즉 그 법질서를 지탱하는 여러 원칙과 원리와의 관련에서 이를 파악하여야 한다. 또한 법률에 흠결이 있는 경우에는 언제나 법률을 넘어서 자신의 의도에 따라, 목적론적 축소해석의 방법으로 제한적 태도를 취하거나 유추해석이나 목적론적 확대해석의 방법으로 확장적 태도를 취하여서 변화된 규범상황에 적응하는 것이 요구된다. 이와 같이 그의 법률에의 기속은 법 일반에의 기속의 부분적인 측면에 불과한 것이다. 법은 일반적인 지침으로서 1차적으로 법률에서 표현되나 법률 이상인 것이고, 법률을 통하여 일관하여 고유하게 '기속하는 주체'이다. 이러한 것을 염두에 두는 사람만이 '법률과 법'에의 기속의 의미를 이해한다. 이러한 기속을 포기한다면 법관은 무엇이 정당하고 합목적적인가에 대한 각자의 견해로써 만인에게 적용되는 규정을 대체할 수 있고 그렇게 되면 동일한 기준, 균등정의 그리고 아울러 법적 안전성은 더욱 상실되어 갈 것이 틀림없다. 그렇기 때문에 법치국가는 법관의 그러한 기속을 포기할 수 없는 것이다. 그러므로 법관에 대하여 그들의 법률에의 기속이란 종이 위에 쓰어 있는 것에 불과하다고 항변하려 하기보다는, 차라리 그들에게 그러한 기속을 어떻게 하여 방법론적으로 각성된 작업을 통하여 광범위하게 실현할 수 있는가를 보여주도록 노력하여야 할 것이다.

법치국가는 입법자도 기본적인 법원리에 기속된다고 스스로 여길 때에 비로소 완성된다. 독일기본법——이 경우에도 이것이 하나의 모델일 수 있다. 그렇다고 이것이 정당한 법의 관점에서 유일하게 가능한 '법치국가'의 헌법이라는 것은 아니다——은 그러한 요구를 입법부가 '합헌적 질서'(verfassungsmäßige Ordnung)에 기속된다는 [앞서 본 제20조 제3항의] 규정으로 충족시킨다. 헌법국가에 있어서 헌법상의 규범——입법자의 권한도 이에 기하여 부여되는 것이다——이 헌법 자체에 규정된 절차에 의하여 변경되지 않는 한 입법자가 그 규범에 기속된다고 하는 것은 당연한 일이다. 그러나 독일기본법이 '합헌적 질서'라고 하는 것은 그 법에 포함된 여러 규정의 총화만을 의미하는 것이 아니라, 무엇보다도 기본권 규정들과 동법의 다른 부분——가령 사법부에 관한 절——에서 선언되고, 헌법적 지위로 고양된 여러 법원리 및 국가체제 전체의 법사고(Rechtsgedanken)에의 정향定向(Orientierung)을 의미한다.45) 비록 이 여러 원리의 대부분이 보충을 요하는 것이고, 또한 이들을 서로 조화시킬 필요 및 그 실현을 변화하는 생활관계에 적용시킬 필요가 항상 있기 때문에 입법자는 매우 넓은 활동의 여지를 가지기는 한다. 그러나 그가 넘어서는 안 되는 한계가 있는 것이다. 앞서 본 평등대우의 원리와 국가적 영역에 있어서의 비례성의 원리에 관한 서술을 상기하여 보라. 독일기본법은 매우 분명한 내용을 가지고 있다. 그 중의 다수는 단순한 법률에 의하여 제한될 수도 있다. 그러나 그것은 그 기본권이 효력을 상실하게 되도록까지 제한되어서는 안 된다. 독일연방헌법재판소는 심지어 기본권을 독일기본법이 정하는 바대로 제한하는 '일반적인 법률'도 다시 "이 기본권의 의미에 비추어서" 제한적으로 해석하여야 한다고 하며,46) 이와 같이 하여 그 법률의 기본권 제한적 효력을 기본권의 가치우위를 고려하여 다시 제한하는 데까지 나아가고 있다.

입법자가 헌법, 특히 기본권 조항에 실정화된 '기본가치들'(Grundwerte) 또는 여러 원리에 기속된다는 독일연방헌법재판소가 취하는 것과 같은 입장에 대하여, 또 그 한도에서 실질적인 법치국가원리에 대하여, 뵈켄푀르데는 그것은 "새로운 전체주의를 향한 일보"라고 반대한다.47) "실질적 법치국가의 사상에 따라 만들어진 헌

---

45) 가령 Leibholz/Rinck, *Grundgesetz*, vor Anm. 21 zu Art. 20 참조.
46) BVerfGE 7, 208 f.; 25, 55.
47) Ernst-Wolfgang Böckenförde, *Festschr. f. Adolf Arndt*, 1969, S. 72 ff.

법"은 가치사고 및 정의正義사고(Wert- und Gerechtigkeitsgedanken)의 논리에 좇아 무제한한 효력을 주장하여, 사회적 생활의 모든 영역에 개입하게 된다. 이로써 그러한 헌법은 자신이 '일반적 법효력'을 부여한 특정한 정치적·윤리적 기본신념을 강제하게 된다는 것이다. 실질적 정의라는 의미로 이해된 법치국가에 반대하는 이러한 주장은 쉽사리 받아들일 수 없다. 그에 대하여는 두 가지 점을 반박할 수 있다. 첫째, '새로운 전체주의'를 막는 보장책이 모든 국가기관을 기속하는 기본가치체계 그 자체 안에, 즉 인간의 존엄, 인격의 자유 및 참여에의 권리가 그에 있어서 차지하는 매우 고차적인 위치 안에 마련되어 있다는 것이다. 독일기본법은 국민들이 그 기초를 이루는 정치적·윤리적 기본신념을 같이할 것을 요구하지 않는다. 자유로운 의사표현의 권리는 그러한 신념을 달리하는 사람도 이를 가진다. 그것은 다만 국민이 그것에 합치되게 제정된 법규범들을 준수할 것을 요구하고, 또 법관·행정공무원 기타 이와 유사한 지위에서 이 국가의 법을 적용하고 또 그 과정에서 그것을 구체화하도록 위임받고 또 이를 수락한 사람들에게, 이 법질서가 그에 비추어 만들어지고 이해되는 바의 정신에 따라 이러한 임무를 수행할 것을 요구할 뿐이다. 이것은 기본적으로는 자명한 일이다. 둘째로, 독일연방헌법재판소의 몇몇 판결상의 표현은 여러 기본가치나 여러 원리가, 사람들이 그로부터 일정한 행위준칙을 끌어낼 수 있는 가치표價値表와 같은 것이라는 인상을 불러일으킨다. 실상 그것은 항상 구체화가 필요한 지도사상일 뿐이다. 이 구체화는 최초의 단계에서는 기본법 자체가 행하고 있으나, 나아가 광범위하게 입법자에게 맡겨졌으며, 최종단계에서는 구체적인 사실관계와의 대결이라는 형태로 법원에 의하여 행하여진다. 입법에 의한 구체화의 경우에는 여론이 중요한 역할을 한다. 구체화 절차의 단계 전체를 통하여 다양한 고량 그리고 때로는 부가적인 가치평가가 요구된다. 결정적인 것은, 만사에 대하여 자유로운 토론이 가능하고——전체주의 체제에서는 이것이 불가능하다——, 일단 이루어진 결정도 장래에는 수정될 수 있다는 것이다. 그에 있어서는 누구도 정당한 인식에 대한 독점권을 주장할 수 없다. 예를 들면 독일연방헌법재판소가 그 구체화 과정에서 극히 중요한 역할을 한다고 하더라도 이는 마찬가지이다.[48]

그러나 뵈켄피르데의 주장은 더욱 심도가 깊다. 그는 법(Rechts-gesetze) 아래서의 공동생활의 일정한 기본가치와 원리——비록 이것이 매우 다양한 양상으로 전개되는 것을 허용하는 성질의 것이라고 하더라도——를 전제하지 않는 법체제나 국가가 애초 가능한가 하는 문제를 제기한다. 사실상 이것은 불가능하다. 왜냐하면 법체제는 모두 일정한 행위양식을 그렇지 않은 것보다 더 가치 있고, 일정한 재화——개인의 것이거나 공동체의 것이거나——를 다른 것보다

---

48) 이와 관련하여 전 독일연방헌법재판소 재판관인 가이거(Geiger)의 토의발언은 주목할 만하다고 생각한다. 그는 '반대의견'(dissenting opinion)을 판결에 밝히도록 하는 것의 가치는, 동일한 사안이 일정한 기간 후에 다시 독일연방헌법재판소에서 문제될 수 있다는 것을 일깨움으로써 다수의견의 고정화에 저항하는 데 있다고 한다. [이 각주에는 드물게도 그 발언의 출전이 제시되어 있지 않다]

우선적으로 더 높은 정도로 보호하며, 일정한 요구(명령)는 할 수 있으나 다른 것은 그렇게 하지 못한다는 것을 정하는 기준——그것은 종극적으로 승인(Annahme)에 기하는 것이다——을 마련하기 때문이다. 전적으로 '가치중립적인' 법체제는 없다. 가치, 따라서 정당하게 요구되는 것 또는 요구되어서는 안 될 것에 관하여는 간주관적間 主觀的인 요해가 불가능하다는 무제한적 가치상대주의는 개인적인 신념이나 인생구상의 영역에서는 실현할 수 있을지 모르나, 법체제의 기초로서는 관철될 수 없다. 왜냐하면, 만일 그렇다면 그 법질서의 가치적 기초를 부인하는 이에 대하여 가능한 유일의 '정당성근거'(Legitimationsgrund)는 단지 우월한 힘의 논리밖에는 남지 않기 때문이다. 리펠은, 법 또는 민주주의를 가치상대주의(Wert-relativismus)와 밀접하게 연결시키는 사람——그는 이를 '온건상대주의자'라고 부른다[49]——은 그러나 적어도 하나의 묵시적인 전제를 세우고 있음을 설득력 있게 제시하고 있다. 그러한 사람은 그 전제를 더 죄쳐 탐구하지 않고 그것을 다른 사람이 승인하리라고 믿으며, 또 그에 관하여는 간주관적인 요해와 같은 것이 가능하여야만 한다는 것이다. 그 전제란, 인간의 공동체는 평화로와야 한다는 것[50] 또는 모든 인간은 자유롭고 동등한 권리를 가진다는 것, 누구

---

49) Ryffel, S. 27 ff.
50) Engisch, S. 282가 그러하다. 그는 이 전제 자체가 "단지 상대적으로만 유효한 가치평가의 내용이 될 수 있다"고 한다. 그러나 그렇다면 그는 간주관적인 유효성을 주장하는, 법의 어떠한 정당화도 포기할 수밖에 없을 것이다.

도 다른 사람에게 따라서 다수라도 소수에게 자신의 의사나 신념을 강요하여서는 안 된다는 것이다. 이러한 전제를 세우고, 이것이 모든 사람에게 받아들여질 수 있다고 보는 것 자체가 이미 순수한 가치상대주의를 포기하는 것이다. 리펠[51]이 적절하게 지적한 대로, "민주주의, 관용, 소수파 보호 및 양보의 정치, 그리고 또한 다수결 원칙"이 "상대주의의 귀결"이라고 함은 단순히 외견상의 것에 불과하고, 실제로 그러한 것들을 상대주의의 지양止揚 ── 물론 일정한 한계 안에서 ── 을 전제한다.

피켄처도 마찬가지로, 가치의 상대주의가 공동생활의 기초로서 또 다수에 의한 결정사항의 구속력의 기초로서 무제한적으로 효력을 발휘할 수 없음을 간과하였다. 그에 따르면, 고대 그리스의 민주주의는 그들이 "자유롭게 판단하는 인간들로 구성된 시민총회의 다수결 원칙에 의한 결정과 이들 인간의 불가탈不可奪의 권리와를 조화시킬 수 없었기" 때문에 멸망하였다는 것이다.[52] 이러한 조화는 현대의 '기본권 민주주의'(Grundrechtsdemokratie)[53]에서 비로소 달성되었다. 그 체제에서는 비록 다수파가 공동의 행위의사를 결정하고 또 그에 기하여 법에 있어서 기준이 되는 가치를 광범위하게 설정하지만, 그들은 개개인의 기본권(인간존엄, 사상의 자유와 같은) 및 소수파의 권리, 그리고 법치국가적 여러 원칙도 존중하여야만 하는 것이

---

51) Ryffel, S. 287.
52) Fikentscher, Bd. 1, S. 258.
53) Fikentscher, Bd. 4, S. 476.

다. 이러한 것들은 그들의 처분에 맡겨질 수 없다. 다수파가 이를 의식하고, 그에 관하여 법적 절차에 의한 구제가 가능하다는 것이 "법치국가의 고유한 본질"이라는 것이다.[54] 그러므로 피켄처에 따르면, 법치국가에 있어서도 다수파가 정할 수 있는 가치와 그렇지 않은 가치, 즉 그러한 성질에 대한 통찰이 이루어져야 할 가치가 있다.[55] 후자가 '기본가치(Grundwert)'이다. 그리하여 그는 "가치평가(즉, 다수결에 의한)의 상대주의는 기본가치의 절대화에 의존하고 있다"는 명제에 도달한다.[56] 다수파의 결정이 스스로 존중하여야 할 기본가치의 기반 위에 또한 그것에 의하여 설정되는 한계 안에 머물러 있는 한에서만 당해의 소수파가 이를 받아들일 것을 기대할 수 있다는 사실에 의하여 그러한 의존을 설명할 수 있음을 덧붙이고자 한다.[57] 그러한 가치의 자발적 존중의 한계에 관하여는 마지막 장에서 다시 약간 언급하고자 한다.

---

54) Fikentscher, Bd. 4, S. 474.
55) Fikentscher, Bd. 4, S. 393. 그 통찰가능성에 대하여는 S. 609.
56) Fikentscher, Bd. 4, S. 403.
57) 상대주의의 문제에 관하여는 나아가 Henkel, S. 328 f.; Kaufmann, *Rechtsphilosophie*, S. 53 ff. 참조.

제 5 절   포괄적인 권리보호

포괄적인 권리보호(umfassender Rechtsschutz)의 보장도 법치국가의 기본적인 구성원리에 속한다. 이 말은 국민 상호간의 관계에 있어서의 권리보호의 보장——이것은 고래로 국가, 지배자 또는 정치적 공동체에 의하여 이루어져 온 것이다——만이 아니라, 무엇보다도 국민 및 국가에 편입된 여러 단체의 권리를 국가의 권력행위(Hoheitsakten)로부터 보호하는 것을 의미한다. 법치국가에 있어서 모든 국가기관이 법률과 법에 기속된다고 하면, 특정한 사건에 있어서 무엇이 합법인가를 구속력 있게 최종적으로 결정하는 판단기구(Instanz)가 있어야만 한다. 만일 권력행위를 한 국가기관이 그에 관하여 스스로 결정한다면, 그는 자신의 사건에 대하여 재판관이 되는 것이고, 이는 자기가 스스로 행한 행위를 옳다고 보게 되는 편견의 위험을 동반하며 따라서 그만큼 국민을 보호하지 못하게 될 것이다. 따라서 법치국가가 '종이에 쓰여 있는 것'에 불과한 것이 되지 않고 일상의 현실에서 효력을 발휘하려면, 국민에게 불이익을 주는 모든 국가행위를 법원에 의하여 사후적으로 심사하는 것이 필요하다. 이 경우 그 법원은, 그가 심사하려는 행위를 한 관청으로부터 독립한 것이어야 하고 또 그가 하려는 판결에 관하여 아무런 지시도 받아서는 안 되며, 오직 법률과 법——그것이 어떠한 내용인지를 인식하는 대로——에 따라, 동일한 기준을 적용하여 또 피심사자의 개인적 요소를 고려할 것 없이 판단하여야 한다. 법치국가적 절차의 전제인 사법부의 독립에 관하여는 다음 절에서 보기로 하고, 여기서는 법관에 의하여 이루어져야 할 권리보호의 범위에 관하여 약간 논하려 한다.

행정부의 행위는 법치국가에 있어서는 그로 인하여 불이익을 받았다고 생각하는 국민의 청구가 있으면 행정법원에 의하여 심사를 받는다. 그 심사는 그 행위에 대하여 법률에 의한 수권이 존재하는지, 만일 존재한다면 관청이 그에게 인정된 재량의 한계를 일탈하지나 않았는지에 대하여 이루어진다. 앞에서 본 대로 행정법원의 설치는 19세기의 후반기에 소급된다. 그러나 그 관할범위는 애초에는 한정된 것이었다. 그 후 점차 확대되어 오늘날에는 최광의最廣義의 행정행위의 거의 전부를 포함한다. 현금에는 행정법원의 그러한 포괄적 관할권——가령 학교나 시험의 운영에 대해서도 미치는——이 법치국가의 비대를 초래하는 것이 아닌가, 즉 생활관계의 성질상 다양한 관점이 도입되어야 하고 또 불가피하게 개성에 따라 결정되는 요소가 있기 때문에 어느 경우에나 동일한 기준을 적용하여 판단하는 것을 삼가야 하는 생활관계도 전적으로 '법화法化'(Verrechtlichung)하게 되는 것이 아닌가 하는 문제가 제기된다. 이러한 경우 행정법원은 '재량의 여지'를 비교적 넓게 인정함으로써 다소 소극적 태도를 보이기는 한다. 그러나 법원이 모든 분야의 문제에 항상 또 두드러진 형체도 없이 개입하는 것은, 이전에는 상호 신뢰에 찬 협력에 의하여 해결되고 또 대체로 용납되었던 많은 일들이 이제는 단지 '법상 확실하게' 한다는 이유만으로 성가신 절차를 필요로 하게 되는 결과를 낳는다. 이것은 법적으로 의심스러울 여지가 있기만 하면, 누구도 그에 대하여 스스로 책임을 지지 않으려 하는 경향을 조장할 수 있다. '법으로부터 자유로운 영역'(rechtsfreier Raum)이 많아지면 정의는 줄어들지도 모르나, 그것은 보다 인간다움을 의미할 수도 있다.[58] 어느 것이나 마찬가지이나 법치국가도 끝까지 밀고 나가면, 당초 의도했던 것과는 전혀 다른 결과, 즉 법이나 국가에 식상함이 증가하는 것으로 나타날 수 있다. 그 문제는 여기서 더 이상 다루어져서는 안 되고, 또 그럴 수도 없다. 단지 어떠한 완전주의와 마찬가지로, '완벽한 법치국가'도 별로 유쾌하지 못한 반면이 있다는 것을 지적하는 데 그치고자 한다.

권리보호가 입법자의 일단 전능한 힘을 돌파하지 못한다면 그것은 불충분한 것에 머물 것이다. 비록 행정행위나 법원의 판결이 법률의 내용과 합치하더라도, 그 법률을 입법자가 헌법적 지위로 고양된 법적 원칙들에 따라 제정한 것인지가 의심스러울 경우에는 독립

---

58) 칼 프리드리히 폰 바이체커(Carl Friedrich von Weizsäcker)는 그의 책 *Der Garten des Menschlichen*, 2. Aufl., 1977, S. 65에서 "어떠한 지위가 스스로 극단에 흐름으로써 스스로를 파괴하고, 자신의 부정을 초래하는 끔찍한 현상"에 관하여 언급한다. 부부 사이, 부모와 자식 사이, 스승과 제자 사이 및 친목단체 내부의 여러 관계를 전적으로 법화하는 것은 부정의不正義를 저지하기보다는 상호협력이 필요한 경우에 순치된 인간성을 상실하게 할 수도 있다.

된 법원이 이 법률의 합헌성을 심사할 수 있어야 한다. 이러한 임무는 [독일에서는] 오늘날 헌법기관 사이의 헌법쟁송에 대한 결정과 함께 독일연방헌법재판소가 담당하고 있다. 따라서 그 재판소가 최고의 법원이며, 그것이 헌법의 해석 따라서 모든 법률의 합헌성에 관하여 최종적인 판정권을 가지고 있기 때문에 의회에 대한 관계에 있어서도 역시 그러하다. 그러나 이에 따라 동 법원에 부여된 '힘'은 그 성질상 소극적 성격의 것이다. 그것은 법률의 효력을 저지할 수는 있으되 스스로 입법자가 될 수는 없는 것이다. 따라서 어떤 법률이 헌법에 실정화된 법원리를 위반하는 경우에도 그 소극적 기능만이 문제된다. 이미 설명한 대로 그것은 평등원칙에 대하여도 마찬가지이다. 즉 동 법원은 어떠한 법률이 차별을 설정하여서는 안 되는 경우임에도 그와 같이 하였다거나 또는 그 차별이 객관적으로 요망되는 내용으로 이루어지지 않았음을 확인할 수는 있다. 그러나 이 차별을 구체적으로 어떻게 설정할 것인가는 다시 입법자가 할 일이다. 법원이 그에게 이를 정하여 줄 수는 없다. 동 법원이 법률에 의하여 행하여져야 할 규율을 어느 한도까지 관용할 것인가를 암시하려고 하는 실무관행은 유감스러운 것이다. 그로써 입법자로부터 그가 져야 할 책임의 일부를 앗아가게 되는 것이다.

입법을 헌법법원에 의하여 견제하는 것은 입법자의 전권全權, 그리고 무제한한 다수파 지배라는 의미에서의 민주주의에는 반한다. 그러나 그것이 법치국가적 민주주의 —— 피켄처가 말하는

'기본권 민주주의' ——, 따라서 권력분립에 반하는 것은 아니다. 권력분립은, 의회가 한편 내각을 그리고 그것을 통하여 행정부를 견제하지만, 다른 한편 의회에도 한계가 설정됨으로써 비로소 완성될 것이다. 물론 이 한계는 의회나 내각 그리고 여러 관청이 헌법과 헌법법원의 판결을 존중할 때에만 유효하다. 물론 그 판결이 모든 헌법기관, 법원과 여러 관청을 구속하기도 한다. 즉 어떠한 법률을 헌법에 합치 또는 불합치한다거나 무효라고 선언하는 헌법법원의 판결은 법률로서의 효력을 가진다.[59] 그러나 헌법법원은 자신이 부릴 수 있는 행정부를 가지지 않는다. 그것은 자신의 판결을 무시하는 의회나 내각에 대하여 아무런 강제력도 행사할 수 없다. 헌법법원의 판결의 실효성은 법치국가의 운영에 있어서의 동 법원의 기능 및 자신의 도덕적 권위에 달려 있다. 후자를 상실하면 동 법원은 전자의 기능을 수행할 수 없다. 그러나 그것은 흠이 아니다. 모든 법질서의 사실적인 효력은 종국적으로는 외적인 강제가 아니라, 항상 그 법질서에 좋아 생활하는 사람들의 법감정과 그 질서를 대표하는 사람, 특히 법관의 도덕적 권위와 고결성에 의존하는 것이다. 국가적 법질서를 국가의 강제도구 ——이것은 그 법질서를 보조하기 위하여 부가된 것이다 ——로서만 봄으로써 위와 같은 사실을 파악하지 못하는이는, 법치국가가 어떻게 기능을 발휘하는가를 이해하지 못할 것이다.

---

59) 독일연방헌법재판소법 제31조.

위에서 본 바와 같은 상호 견제의 시스템 안에서는 도대체 누가 헌법법원을 견제하는가 하는 문제는 이로써 해결된다. 누가 심사인 審査人을 심사하는가 하는 문제는 오래된 것이다. 견제라는 것을 강제권의 발동으로만 이해한다면 이 의문은 해결될 수 없다. 왜냐하면, 그렇다면 다른 사람을 강제하는 사람 뒤에 그를 강제하는 사람이 필요하고 이와 같이 하여 끝이 없기 때문이다. 피히테가 이 문제를 어떻게 접근하여 갔는가는 많은 시사를 준다.[60] 그는 "이 최고의 국가권력이 법 이외의 어떤 다른 것을 시행하지 못하게 하고, 또 동시에 불가피하게 법을 모든 경우에 시행하도록 하려면, 그 권력 자체를 어떠한 강제법률 아래 두어야 할 것인가?"라고 물었다. 그러나 그의 이에 대한 대답은 기묘한 기분을 일으킨다. 즉 '교회감독관'(Ephoren)과 같은 감시자를 두어야 한다는 것이다. 그는 아무런 강제권도 가지지 않으나, 정부가 불법을 행하였다고 선언함으로써 모든 국민으로부터 복종의무를 면제시킬 수 있고, 이 면제는 그들에 의하여 소집된 국민회의가 새로운 정부를 수립할 때까지 지속된다는 것이다. 이 경우에도 피히테의 생각에 의하면 그 감독관의 도덕적 권위가 모든 권력수단을 가지고 있는 정부로부터 그 정당성(Legitimität)의 근거를, 따라서 또 그 사실상의 힘도 박탈하기에 충분하다는 것이 될 것이다. 그 필요한 도덕적 권위는, 사법의 형태를 취

---

60) J.G. Fichte, *Grundlage des Naturrechts nach Prinzipien der Wissenschafts-lehre*(1796), 1. Teil. 3. Kapitel, unter Ⅷ und Ⅸ.

한 절차에 좇아 판단하는 법원이, 또 법관의 독립적 지위, 그들의 경험 그리고 인격적 고결성 때문에 그 결정의 타당성을 가장 잘 믿을 수 있는 법원이 가장 잘 누리게 된다.

그러한 법원의 결정은 다대한 정치적 의미를 가진다는 것, 또 법원도 이를 알고 있는 것은 명백한 일이다. 법원은 정치적 결과를 도외시하여서는 아니 되며, 또 이를 그 판단에 있어서 고려하여야 한다. 이러한 이유에서, 법의 현상이 명백하지 않은 경우에는 법원이 정치적 당파성을 띨 위험, 적어도 그러한 외관 성립의 위험이 생길 수 있으나, 법원은 이를 피하도록 노력하여야만 한다. 근시안적인 정치적 기회주의에 따라서도, 또 "세상(또는 '공동체' res publica)이 망하더라도 정의를 세워라"(Fiat justitia, pereat mundus)라는 명제에 따라서도 안 된다. 법원은 이 구체적 국가, 이 공동체를 하나의 법치국가로 유지하는 데 대하여 책임을 져야 한다. 그것은 법률적인 고량만으로는 충분한 이유를 댈 수 없는 결정도 필요하도록 만들 수 있다.[61] 그러나 법원은 항상 그 근거를 분명히 공개적으로 제시하여야 한다.

---

61) 헌법재판의 정치적 의의에 관하여는 Larenz, *Methodenlehre*, S. 496 ff. 참조.

제 6 절 법치국가적 절차의 여러 원리

법치국가적 사법절차의 여러 원리 가운데서 여기서는 두 가지만을 설명하기로 한다. 즉 법관의 불편부당성[즉 공정성]의 원리와 모든 당사자의 법적 청문의 원리가 그것이다.

1. 법관의 불편부당성

모든 사람이 자력구제(Selbsthilfe)를 포기하고 그 대신 자신의 (실제로 가지는 것이든, 단지 가진다고 주장하는 것이든) 권리의 실현을 법원에 대하여 구하여야 하는 것이 법적 평화가 요청하는 바라고 한다면, 적어도 자신의 권리를 증명할 수 있고 또 필요한 절차를 밟는한, 여기서 자신의 권리에 대하여 응분의 조치가 이루어질 것을 믿을 수 있어야 한다. 그러한 신뢰의 제1의 전제는 법관의 불편부당성 不偏不黨性(Unparteilichkeit)에 대한 신뢰이다. 그것은, 법관이 처음부터 일방당사자에 대하여 호감을 가져서는 안 되고 쌍방에 대하여 편견 없이 대하여야 하며 누구를 두둔하거나 불이익을 주지 않을 뿐아니라 두 당사자를 '지위나 신분을 가릴 것 없이' 동일한 기준으로판단함을 의미한다. 이를 위반하는 법관은 '올바른 법관'에 관하여누구나 가지고 있는 기본관념에 반하여 행위하는 것이다. "불편부당성의 원칙은 행정 내부의 조직인에게도 적용되는데, 이것은 현대 문화국가의 법관에 대하여는 진정한 기본원칙으로서 이를 위반하면 지배적인 법적 확신에 의하여 특히 엄중하게 추궁된다"고 핀란드의 법철학자 오토 부르신(Otto Brusiin)은 확언한다.[62] 이것은 의문 없이 정당한 법의 한 원리이다.

법관의 불편부당성은 주로 두 가지 측면에서 위기를 맞을 수 있다. 제1의 위기는 법관이 국가의 조직위계질서(Ämterhierarchie)에 편입되는 데서 생겨난다. 법관이 다른 국가기관의 행위의 적법성을 편견 없이 심사하여야 한다면, 그는 이 위계질서로부터 벗어나 있어야 하며, 행정부를 포함한 다른 기관의 지시에 복종하도록 하여서는 안 된다. 법관이 그 제정하는 법률에 따라야 하는 바의 의회도 법관에게 구체적 사건의 판단에 대한 개별 지시를 하여서는 안 되는 것이다. 그러한 것은 모든 사건이 동일한 기준에 의하여 판단되어야 한다는 요청에 반하는 것일 수 있다. 따라서 불편부당성이 보장되려면, 재판활동에 관한 다른 국가기관의 지시에 구애되지 않는다는 의미에서의 법관의 독립이 요구된다. 그러한 지시는 구속력이 없을 뿐 아니라, 법치국가에 있어서는 사법부의 독립에 대한 부당한 침해로서 위법한 것이다.

법관의 독립은, 현재 독일에서는 헌법적 지위에 있는 원칙(독일

---

62) Brusiin, *Über die Objektivität der Rechtsprechung*, Helsinki, 1949(독일어), S. 33.

기본법 제97조 제1항)이며, 이미 전부터 법원조직법(Gerichtsverfassungs-
gesetz)에, 현재는 그 외에도 법관법(Richtergesetz)에 언제나 법관의
법률에의 기속과 관련하여 규정되어 있다. 이것은 19세기에는 무엇
보다도 군주의 영향력 행사를 물리치고, 동시에 의회에 의하여 제정
된 법률에 절대적인 우위를 보장하는 데 기여하였다.[63] 오늘날 이것
은, 오직 법에 대하여만 의무를 부담하는 사법부를 위하여 법관을
'위로부터의' 어떠한 압력으로부터도 벗어나게 하는 의미를 가진
다. 이를 위하여 부분적으로는 헌법적 지위를 가지는 일련의 법규가
있다. 법관은 원칙적으로 종신직으로 임명되며, 법률에 엄격하게 규
정된 특히 한정된 경우에만 또 법관의 판정에 의하여서만 파면된다
는 것도 이에 속한다. 나아가 법관의 직무수행에 대한 감독의 제한
도 역시 이에 속한다. 감독상의 조치가 자신의 독립을 해친다고 생
각한다면, 법관은 그 감독의 허용 여부에 관하여 법원의 판단을 요
구할 수 있다.[64] 특별법원의 금지와 누구도 "자신에 대한 법정法定의
법관에 의하여 심판받는 것을 방해받지 아니한다"는 원칙(독일기본
법 제101조)은, 특정한 사건을 특정한 법관으로 하여금 심판하게 하
려는 목적으로 사법행정상의 '조작'을 행하는 것을 막는 데 기여한
다. '법정의 법관'이란, 법률에 정하여진 관할과 나아가 그에 의하여

---

63) 사법부 독립의 역사적 발전에 관하여는 Dieter Simon, *Die Unabhängigkeit
des Richters*, 1975, S. 1 ff.
64) 독일법관법 제26조 제3항 참조. 현재의 직무감독기구가 법관의 행동의 자유를
"재판활동을 철저히 해치는 정도로" 제한한다는 Simon, *aaO.*, S. 23의 주장은 아
무런 근거가 없다.

관할권을 가지는 법원 내부에서 원칙적으로 미리 그리고 일반적으로 행하여진 업무분장에 따라[65] 당해 법적 분쟁을 배당받은 법관을 말한다. 이러한 규정은 모두 법관의 독립을, 따라서 법관의 불편부당성의 원리를 보장한다.

불편부당성에 대한 제2의 위험은 법관 자신에 의한 것이다. 법관이 개인적으로 법적 분쟁의 결과에 이해관계를 가지는 경우, 즉 그가 당사자이거나 당사자와 혼인관계나 친족관계에 있거나 또는 경제적인 이해관계가 있는 경우와 같이 현저한 경우에는 비교적 문제가 없다. 그러한 경우에는 법관은 법률에 의하여 그 사건에 대하여 법관직무를 수행하지 못하도록 제척되거나 아니면 어느 당사자든지 재판의 공정을 기대하기는 어렵다는 이유로 그를 기피할 수 있는 권한을 가진다. 기피를 하려면, 법관이 사실상 '편견을 가지고' 있을 필요는 없으며, 단지 법관의 불편부당성에 대한 당사자의 불신을 정당화하기에 적합한 이유가 존재하는 것으로 족하다. 여기서 문제되는 것은 법관에의 신뢰이다. 보다 구체적으로 말하면 당해 법관의 당해 사건에 관련한 불편부당성에의 신뢰이다. 이 신뢰는 최대한 보장되어야 한다.

대처하기가 보다 어려운 것은, 법관 스스로가 아예 의식하지 못하고 있거나 또 그것이 자신의 판결에 영향을 미칠 것임을 명확히

---

65) 독일법원조직법 제21조의e에 따라서 행하여진다. '법정의 법관'의 개념에 관하여는 BVerfGE 40, 361 참조.

깨닫지 못하고 있는 '무의식적' 편견이다. 여기서 우선 사람은 누구나, 따라서 법관도, 그의 출신이 어떠하든지 또 어떠한 교육과 훈련과정을 거쳤는지에 상관없이 그와 같은 선판단先判斷(편견이라는 의미에서의)을 전혀 가지지 않는 경우는 없다는 것을 분명히 확인해 두고자 한다. 사람의 생각은 모두 출생, 환경, 받은 교육, 자신의 생활상또는 직무상 경험 그리고 기타 많은 것에 의하여 영향을 받는다. '독립된 사고의 능력'을 애초부터 타고난 사람은 없고 또 그것은 단지교육만에 의하여 성취되지도 않으며, 오로지 일생 동안 자신을 수양할 것을 요구한다. 법관 모두가 이러한 노력을 게을리하지 않을 것이라고는 사실상 기대할 수 없다. 그러나 법학교육은, 사람이 사물을 법적으로 판단하기 위하여는 다양한 측면에서 또 감정을 개입시킴이 없이 그것을 관찰하여야 하고, 겉으로는 명백히 보이는 결론도일정기간 다시 음미해 보면 불가한 것으로 판명되는 수도 있으며,또한 다시 한번 의문을 제기해 보기를 꺼려서는 안 된다고 가르치는것을 통하여 일정한 기여를 할 수 있다. 단순한 법률지식이나 사건해결의 기술을 전달하는 것이 아니라, 위와 같은 내용을 익히는 것이 법학교육의 고유한 과제이며, 이러한 사실은 대부분의 대학에서,그들에게 강요되는 수업의 방식에도 불구하고 항상 요해되고 있는바이다. 합의부(Kollegialgericht)의 합의과정은 감정이 개입되지 않고 또 일면적이 아닌 파악을 하도록 하는 노력을 계속할 기회, 또 이로써 많은 선입견을 씻어낼 기회가 된다. 이것이 그 장점인 것이다.

물론 법관 전원이 동일한 편견을 가지고 있는 경우에는 합의부에서 의견을 조정하도록 정하여 보아도 별로 도움이 되지 않는다.

그러한 집단적인 편견이 존재하며, 그것은 단순히 법관 전부 또는 거의 전부가 동일한 사회계층, 즉 '상류계층'에 속하기 때문이라는 것이 오늘날 빈번히 강조된다. 많은 문헌[66]이 법관의 사회적 출신, 그들의 자신에 대한 '역할이해'(Rollenverständnis) 및 거기서부터 연유하는 판결에 대한 무의식적 작용을 다루고 있다. 그러나 그것에 의하여 그들의 불편부당성이 어느 정도로 저해되고 있는가는 아직 미해결의 문제이다. 가끔씩의 명백한 오판은 이러한 문제에 대하여 별로 증거가치가 없다. 물론 자기 시대와 주변의 관념세계 밖에 있어서 자신이 속한 사회적 계층의 '그 계층에 특유한' 관념과 가치판단으로부터 전혀 영향을 받지 않는 법관을 상상할 수는 없다. 그러나 그러한 관념이 언제나 법관의 객관성에 대한 장애가 된다고는 할 수 없다. '객관적 태도를 취하게 하는' 요인(objektivierende Faktoren) ──이는 무시되어서는 안 된다── 은 주로 법학교육과 법관으로 하여금 다양한 관점을 고려하도록 강요하는 법관의 직무 그 자체, 그리고 이유제시강제(Begründungszwang)로부터 발생한다.[67] 그러나

---

66) 이 문헌에 관한 개관은 Simon, *aaO.*, S. 146 ff. 참조. 그 이상의 문헌, 특히 미국의 문헌에 관하여는 Luhmann, *Rechtssoziologie*, Bd. 1, S. 4. 시몬은, 그가 매우 비판적인 평가를 내리는 이 문헌들의 공헌을 '법관상法官像의 탈신화화脫神話化'에 둔다(S. 158). 이 문헌들의 일부가 내세우는 전제에 대한 근본적인 비판은 Ryffel, *Rechtssoziologie*, 1974, S. 341 ff.

67) 브루신의 앞서의 저서는 '객관적 태도를 취하게 하는 요인'에 관하여 논한다. 또한 Maunz/Dürig, *Grundgesetz*, Nr.384 a(unter e und f) zu Art.3 Abs.1 GG

이익형량이 문제되거나 또는 단지 당사자의 주장의 내용과 그의 진정한 이해의 초점을 바로 이해하는 것이 문제될 경우, 다른 계층에 속하는 사람들의 사실상의 상태와 따라서 그들의 진정한 요구사항을 이해하는 것이 출신에 연유하는 선입견에 의하여 방해된다면 그것은 유감스러운 일이라 하지 않을 수 없다. 법관의 시야가 '계층 특유의' 편견에 의하여 제약될 수 있는 가능성은, 교육을 받는 동안에 가령 다른 계층의 노동조건이나 생활상태에 관하여 그 계층의 구성원과 논의함을 통하여 저지되어야 한다.

법관이 다른 사람과 마찬가지로 선입견을 떨칠 수 없으며, 특히 자신의 사회적 출신과 환경에 관련되는 선입견으로부터 자유롭지 못하다는 인식은, 그러나 법관 자신도 의식하지 못하는 상태에서 법적 논증이라는 외관의 배후에 '지배계급'——법관은 그 대부분의 출신에 따라 또는 그 자신의 사회적 지위에 기하여 이에 속하는 것이다——의 이해가 숨겨져 있으므로 그러한 선입견은 극복될 수 없는 것이라는 결론을 정당화하지 못한다. 그에 따르면 계급이해는 의식을 지배하며 누구도 이를 벗어나지 못한다는 것이다. 이에 관하여는 우선, 자유민주주의 여러 나라에 있어서 대부분의 법관은 '계급사회'론이 '지배계급'이라고 칭하는 '자본가'의 계급에 속하지 않으며, 오히려 매우 광범한 중간층——그 경계를 넘을 가능성이 많으면 많을수록 '상층'에 대하여도 '하층'에 대하여도 이를 구분하는 것은

참조.

더욱 어렵다——에 속한다는 것을 지적할 수 있다. 이러한 계층이동을 가능한 한 활발하게 하고, 또 그렇게 유지하는 것이 '사회적 법치국가'(sozialer Rechtsstaat)의 요청의 하나이다. 아마도 이 계층은 그 계층 특유의 그리고 그 내부에서 직업 특유의 가치관을 발전시킬 것이나, 그렇다고 그것이 마르크스이론의 의미에 있어서의 '계급'은 아니다. 또한 법관을 포함한 모든 사람이 그 계급의식의 껍질 속에 폐쇄되어 있다는 주장은 입증될 수 없는 것이다. 그것은 그 주장을 이를 수립한 사람들에게 적용해 보면 바로 명백하게 된다.[68]

그러므로 법관의 불편부당성에 대하여는 그들의 선입견——이것은 개인적 성질일 수도 있고, 계층 특유의 것일 수도 있다——이 이를 방해하나, 이러한 선입견이 원리적으로 극복될 수 없는 것은 아니라고 할 수 있겠다. 그것은 오랜 기간에 걸친 그리고 고통스러운 과정을 통하여서만 극복될 수 있고, 또 법관도 다른 사람과 같이 인간인 이상 이를 완전하게 극복할 수는 없다. 그러나 이것이, 법관은 공정하게 판결하여야 한다는 요구를 정당한 법의 요구로서 유지할 수 없다고 할 근거는 되지 못한다. 그 요구의 충족은 위에서 말한 바와 같이 법규범에 의해서 보장되는 것은 아니며, 그에서 나아가 법관의 품성(Ethos)의 문제인 것이다.

---

68) 즉 그들은 그 출신상, 이러한 이론에 따르면 그 계급에 속하는 사람은 필연적으로 이와 결합하고 있는 계급의식에 사로잡히게 되는 바의 계급에 속하고 있는 것이다.

2. 법적 청문의 원리

법치국가의 여러 원칙에 상응하는 '공정한'(fair) 소송의 기본조건의 하나는 법관의 불편부당성이고, 또 하나의 기본조건은 모든 당사자의 충분한 '법적 청문聽聞'(rechtliches Gehör)이다. 이 때 '법적 청문'이란 말은 매우 넓은 의미로 이해되어야 한다. 이것은 법관이 모든 당사자의 말에 귀를 기울여야 한다는 것뿐만 아니라, 당사자에게 반대당사자의 모든 주장에 대하여 입장을 밝히고, 자신이 그 사건에 관련된다고 생각하는 모든 것을 주장하며, 또 자기 입장에서 타당하다고 생각되는 바의 법적 판단을 진술할 기회가 주어져야 한다는 것이다. 당사자 모두가 이러한 기회를 가지고 이를 적절히 이용하는 때에만, 법원이 판결에 관하여 중요한 사실과 당사자의 의견에 따르면 중요하다고 생각되는 법적 관점을 하나도 간과하지 않았고 또 사안의 완전한 모습을 파악하고 있어서 정당한 또는 현행법상 적합한 판결에 도달할 것임을 확신할 수 있는 것이다.

법적 청문의 원리는 두 개의 측면——하나는 보다 좁은, 다른 하나의 보다 넓은——이 있다. 좁은 측면은 위에서 본 바이다. 즉 모든 당사자에게 사실관계와 법상태를 자신의 관점에서 법관에게 제시할 가능성이 부여되어야 한다는 것이다. 법관은 이에 의하여 가능한 한 포괄적인 실상을 파악하여 이를 그 판단의 기초로 할 수 있는 상태에 놓여져야 한다. 법관이 공정하게 판단하려면 당사자가 제공하는 정보에만 의존할 것이 아니다. 그 정보가 불완전한 것이면 '변론주의 원칙'(Verhandlungsmaxime)이 적용되는 민사소송에 있어서도 석명권(Fragerecht)을 행사할 수 있다(독일민사소송법 제139조). '법적 청문'의 넓은 측면은, 그와 같이 함을 통하여 당사자는 소송을 공동 형성하는 요소로서 소송에 끌어들여져야 한다는 것이다. 그 한도에서 그것은 참여의 원리와 상통된다. 오늘날의 소송이론[69]은 민사소송을 법원과 쌍방당사자가 참여하는 삼면적 법률관계로 본다. 다른 법률관계와 마찬가지로 이것은 시간의 흐름과 함께 발전되어 가나,[70] 이것은 처음부터 선고될 판결을 목표로 하여 진행되는 관계이다. 최광의의 법적 청문에 대한 권리에 기하여 각 당사자는 절차의 진행에——그리고 그것에 의하여 일정한 정도로 그 결과에——영향을 미칠 수 있다. 그는 신청을 하고, 새로운 사실을 주장하고, 증거방법을 제시하고, 상대방의 신청과 주장 및 증거조사의 결과에 입장을 밝힘으로써, 또 그 중간중간에 이전의 절차에서는 별로 역할을 하지 않았던 관점을 새로이 지시함으로써 그러한 영향을 미치는 것이다. 그와 같이 하여 절차는 본격적으로 당사자의 대화——법관은 석명권에 기하여 그에 개입할 수 있다——에로 발전하여 간다. 이것은 당사자가 적극적인 행동을 취하고 법원은 반응하는 것이라고 말할 수도 있다. 법원은 판결에서 비로소 최종적 권한을 가질 뿐이다.

---

69) Rosenberg/Schwab, *Zivilprozßrecht*, 12. Aufl., 1977, §2 Ⅱ.
70) 법률관계의 시간구조 일반에 관하여는 Gerhart Husserl, *Recht and Zeit*, 1955, S. 30 ff.

판결은 절차를 종결시키고, 동시에 그것이 확정되면 더 이상 변경을 구할 수 없는 법을 당사자 사이에 창조한다.

법적 청문의 원리도 독일기본법(제103조 제1항)에 의하여 헌법적 지위를 획득하였다. 그 원리는 오래 전부터 소송법의 수많은 규정에 실정화되어 있었다. 민사소송은 소장訴狀의 송달과 함께 시작된다. 이것을 통하여 피고는 반대진술의 기회를 얻는다. 그것을 위하여는 상당한 기간이 허여되어야 한다. 불출석한 당사자에 대한 결석판결 缺席判決(Versäumnisurteil)은 그 당사자가 적식으로 특히 적당한 시기에 소환되지 않았거나 그에 대하여 "사실에 관한 구두진술 또는 신청이 적당한 시기에 서면으로 통지되지 아니한" 경우에는 허용되지 않는다(독일민사소송법 제335조 제1항 제2호·제3호). 당사자가 명백히 간과한 또는 중요한 것이 아니라고 생각한 법적 관점에 기하여 재판하려면, 당사자에게 그 점에 관하여 의견을 표명할 기회가 주어져야 한다(동법 제278조 제3항). 형사소송에 있어서는, 공판절차에서 증인, 감정인 또는 공동피고인에 대한 심문을 종결한 후 및 모든 서면이 낭독된 후에 의견진술의 기회가 부여된다(독일형사소송법 제251조). 또한 공판에서 '최후진술'을 할 수 있다(동법 제258조). 이 규정들은, 위의 원칙을 기초로 하는 여러 규정의 일부에 불과하다.

독일연방헌법재판소는 그 원칙으로부터 다른 귀결도 끌어내었다. "법원은 당사자들이 그에 대한 자신의 입장을 밝힐 기회가 부여되었던 사실과 증거조사 결과에 기하여서만 재판을 할 것"을 그 원칙은 요구한다고 동 법원은 판시하였다.[71] 따라서 법원은 재판을 선고하기 전에 절차의 당사자에게 법적 청문의 기회가 부여되었는지를 음미할 의무를 부담하게 된다.[72] 독일연방헌법재판소는, 위의 원리를 적절하게 적용하여[73] 기본법 제103조 제1항의 문언에서 더 나아가서 법적 청문에 대한 청구권을 확장하였다. 즉 "재판법원은 절차에 관여한 법관을 통하여 소송당사자들의 주장을 파악하고 고량하지 않으면 안 된다."[74] 이와 같이 법적 청문에 대한 권리는 어떠한 종류의 소송이냐에 상관없이 모든 소송당사자의 절차적 기본권이 되었다. 이것은 법치국가에 있어서는 모든 사람이 법원을 이용할 권리나 법정法定의 법관에 의하여 재판을 받을 권리와 동등한 의의를 가진다.

독일연방헌법재판소는 법원에서의 법적 청문의 원칙을 엄격하게 요구한다. 동 법원은 이러한 '엄격성'을 사실의 구명에 대한 필요와 아울러 "법공동체 구성원(Rechtsgenossen)의 인격의 존엄"이 그것을 요구한다는 이유에 기하여 설명한다.[75] 이로써 그 원칙은 상호존중의 기본원리와 연관을 가지게 된다. 얼핏 보면 이것은 아마도 놀라운 일일 것이다. 실상, 자신과 관계된 사항이 자신이 그에 대한

---

71) BVerfGE 7, 278.
72) BVerfGE 36, 88.
73) 방법론적으로 이는 '목적론적 확장해석'의 한 경우이다. 이러한 방법론적 보조수단에 관하여는 Canaris, *Die Feststellung von Lücken im Gesetz*, 1964, S. 89 f.; Larenz, *Methodenlehre*, S. 384 ff.
74) BVerfGE 11, 220; 42, 367; 47, 187.
75) BVerfGE 7, 278.

의견을 표명할 기회가 부여됨이 없이 다른 사람에 의하여 결정되어서는 안 된다는 것도 인격에 대한 존중의 한 내용이다. 그 원칙은 이와 같이 일반적인 형태에 있어서 행정에도 역시 적용되어야 한다. 뿐만 아니라 하나의 도덕적 원칙으로서 법 이외의 영역, 가령 부모와 사물변식능력 있는 자식 사이나 교육을 시킬 권한 있는 사람이 피교육자의 행위를 비난할 경우 등에도 적용되어야 한다. 그러한 일을 함에 있어서 이러한 모든 관계를 법화(Verrechtlichung) ── 오늘날 많은 사람들이 이에 의지하려 한다 ── 할 필요는 없다. 그것은 정의의 기본적인 요구이고, 정의를 행하라는 것도 역시 하나의 윤리적 요구인 것이다.

이로써 정당한 법의 가장 중요한 그리고 포기할 수 없는 원리라고 생각되는 것들의 몇몇에 대한 개관을 마무리하려 한다. 우리는 그것들이 오늘날의 실정법에 상당한 정도로 구체화되어 있음과 그것들은 법이념과의 의미관련에 의하여 정당한 법의 원리가 됨을 보여 주었다고 생각한다. 이제 남은 것은 이 여러 원리들의 효력방식(Geltungsweise) ── 실정법의 그것과의 차이에 있어서 ── 과 그 '실정화'(Positivierung)의 의미에 관한 약간의 일반적인 언급을 하는 것이다.

제7장 법원리의 효력방식

    정당한 법의 원리들이 실정법에 침투하고 따라서 '동시에' 실정법의 원칙이 된 경우에는 그 한도에서 그 원리들이 실정법에서 자신의 모습을 드러낸다고 한 바 있다. '동시에'라는 표현의 배경에, 우리가 이제 다루려고 하는 문제가 숨어 있다. 실정법의 원칙들은 실정법이 '효력을 가지는' 것과 같은 방식으로 '효력을 가진다'. 그러나 정당한 법의 원리 그 자체는 다른 방식의 효력을 요구한다. 그것은 제정행위나 입법자의 권위 또는 일반적 법확신에 의하여서가 아니라, 그 정당성에 의하여 효력을 가진다. 양자는 어떠한 관련이 있는가?

    우선 실정법의 '효력'(Geltung)이란 무엇인가를 해명하기로 하자. 우리가 어떠한 법률이나 기타의 규정이 '유효한 법'이라고 할 때, 우리는 1차적으로, 그것의 적용을 받는 모든 사람 ——그것이 국민 전체든 또는 보다 좁은 집단이든—— 에 대하여 그것이 기준적이며 그들에 의하여 준수되어야 함을 생각한다. 그것이 준수되어야 한다는 것은 우선 관계되는 법질서 자체로부터, 즉 법률이나 명령의 성립에 관한 헌법상의 규정으로부터 또 관습법이나 '판례법'의 형성과 구속력에 관한 승인된 규범으로부터 우러나온다. 그러므로 그것을 법적 효력(juristische Geltung)이라고 부를 수 있다. 이것은 규범적인 효력이며, 하나의 '당위'(Sollen) 또는 '규준성'(Maßgeblichkeit)이다.[1] 법률가가 어떠한 법률이 '유효'한가를 확인하려 할 때 그는 일반사람들이나 법원 또는 관청이 사실상 그에 따르는가를 묻는 것이 아니라, 헌법에 따라 그렇게 할 권한을 가지는 기관이, 그에 내재하는 행위의미(Aktsinn)에 좇아 보건대 규범설정의 의미를 가지는 바의 어떠한 행위를 하였는가, 또한 그 기관이 그 설정의 방식에 관련한 형식면에서도 또 내용적으로도 헌법이 요구하는 여러 조건을 충족하였는가를 묻는 것이다.[2] 만일 그렇다면 그 법률은 스스로 정하는 날에 '효력을 가지게' 되어, 즉 유효하여 그 적용의 대상이 되는 모든 사람이 이에 따라 행위하여야 하는 것이다. 그들이 실제로 그와 같이 하는가는 별도의 문제로서, 이는 사실적 효력 또는 법규범의 '실효성'(Effektivität)의 문제이다.

---

1) 리펠(S. 371 ff.)은 '규범적인 효력'을 정당성(Richtigkeit)의 주장이라고 이해한다. 그렇다면 그가 '법적 효력'(juristische Geltung)이라고 부르는 것은 어떤 종류의 것인가가 미해결인 채로 남게 된다. 저자의 생각으로는, 그것은 규준성의 주장이라는 의미, 즉 규범에 따라야 한다는 당위(ein sich nach der Norm Richten-Sollen) ──이것은 그 나름대로 정당성의 관점에서 근거가 부여될 것을 필요로 한다── 라는 의미에서 규범적 효력이다.
2) 이에 관하여는 Larenz, *Methodenlehre*, S. 173 f. 참조.

이 양자의 문제는 서로 연관이 없는 것처럼 보일 수도 있다. 그러나 이는 그렇지 않다. 규범적인 효력은 규범에 상응하는 사실적인 행위를 겨냥하며, 그 한도에서 규범의 실효성을 의도한다. 이 실효성을 확보하기 위하여 다수의 법규범은 강제조치를 정하는 다른 규범과 결합되어 있다. 어떤 법질서의 '사실적 효력'이란 막스 베버에 좇아 "그 관철의 기회"라고 이해할 수 있다. 이것이 보다 구체적으로 어떠한 것에 의존하든, 일정한 규범의 관철가능성을 문제삼는 사람은 준수와 규준성을 요구하는 규범, 즉 일정한 규정이 논의의 초점임을 전제로 한다. 그러한 한도에서, 법사회학이 1차적으로 법의 실효성 및 법과 사회적 현실과의 다양한 관계에 관심을 둔다고 하더라도, 법은 여전히 규범임이 간과될 수는 없을 것이다. 어떠한 규범이 더 이상 준수되지 않거나 적용되지 않게 될 때에는 그 사실적 효력과 아울러 종국적으로는 규범적인 효력도 상실함은 일반적으로 승인되는 바이다. 법의 규범적 효력과 사실적 효력은 법의 중층적 현상의 일부이다. 양자는 구별됨과 동시에 그 연관성도 이해되어야 한다.[3]

법의 규범적 효력과 사실적 효력과의 관계는 당연히 신칸트학파의 철학에 특별히 어려운 문제를 제기한다. 이 철학은 사실적인 것을 공간과 시간 안에서 감지될 수 있는 것과 동일시하고, 그에 대하

---

[3] 오늘날 이것은 광범위하게 승인되고 있다. Engisch, S. 58 ff.; Henkel, S. 543 ff.; Ryffel, S. 371 ff.; Welzel, *Die Frage nach der Rechtsgeltung*, 1966, S. 16 참조.

여 '당위'를 전혀 다른 어떤 것, 이념적인 것 또는 사고思考의 특별한 방식으로 이해하는 것이다. 이 철학에 기초하여 행하여진 다양한 가교의 노력에 관하여서는 여기서 상론하지 않기로 한다. 그러나 규범적 효력을 요구하는 당위명제로서의 법규범은 단순히 사고된 것(ein Gedachtes)이 아니다. 오히려 그것은 인간에게 직접 관련되고 인간이 발을 뺄 수 없는 어떠한 현실적인 것(etwas Reales)으로서, 인간이 생존하고 생활하는 현실 안에서 —— 경우에 따라서는 별로 '현실적'인 결과를 야기하지 않으면서도 —— 인간과 맞부딪히게 된다. 이러한 통찰은 주로 현상학에 의존하는 것으로서, 이는 1920년대 법철학의 분야에서도 신칸트학파로부터 떠나가기 시작하였었다.[4] 인간이 관련을 가지는 현실은 단순히 양적으로 분해할 수 있고 시공적으로 구축된 것, 자연과학이 취급하는 것에 그치지 않으며, 그것은 니콜라이 하르트만의 말을 빌면 중층적이고 또한 정신적인 형상도 포함하는 것이다. 그 형상은 —— 비록 어떠한 유체적인 매개를 통하여서이기는 하여도 —— 우리에게 무엇인가를 말하고 또 이를 통하여 무엇인가를 '의미하며', 우리의 주의를 환기시키고 다양한 반응을 불러일으킨다. 예를 들면 문학작품, 예술작품 그리고 역시 유효한 법 또는 지배적인 사회도덕의 여러 규범이 그와 같은 정신적인 형상

---

4) 이에 관하여는 Gerhart Husserl, *Rechtskraft und Rechtsgeltung*, 1925이 중요하다. 율리우스 빈더(Julius Binder)의 '객관적 관념론'에서 출발하여 저자도 *Das Problem der Rechtsgeltung*, 1929(Neudruck mit Nachwort, 1967)에서 유사한 결론에 도달한 바 있다.

에 속한다. 이러한 규범들은, 그로부터 하나의 요구, 당위가 발하여져서 —우리가 충족할 수 있는 것도 있고 충족할 수 없는 것도 있다—우선 우리에게 준수를 요구하는 구속적인 것으로 등장하는 것이다. 규범을 포함하여 이러한 정신적인 형상들은, 사람들의 의식 속에 수용되고 그들에게 발언함으로써 존재한다. 그렇게 보면 그것은 오로지 '우리들에게만' 존재하는 것이다. 그러나 그렇다고 하여 그것들은 개개인이 그것을 감지하는 그때그때의 의식과정과 동일한 것은 아니다. 정신적 형상의 종류에 좇아 그 형상을 '경험', '관조' 또는 '인지'하는 개별적인 의식행위와는 별도로 그 정신적 형상들은 존재한다. 그것들은 창조적인 조형력이나 규율의지가 객관화된 것이다. 그것들은 '정신적인 존재'(geistiges Sein)로서 우리에 대하여 유체물이나 정신적 과정과 마찬가지로 '거기에' 존재하는 것이다.[5]

그의 규준성 또는 규범적인 효력은 법규범이 시간 안에 존재하는 방식(Seinsweise)이다. 이미 본 대로 법률은 일정한 날부터 효력을 가지며, 주로 다른 법률에 의하여 정해지는 날에 '효력을 상실'한다. 판결로써 점차 형성되어 가는 규범이나 관습법과 같은 규범에 있어서는 그 효력의 시기始期와 종기終期는 그처럼 확정적이지는 아니할 것이다. 그러나 그것들도 —비록 근사하게만 정하여지는 것이라고는 하더라도— 일정한 기간 동안 효력을 가진다. 또 가시적

---

5) Nicolai Hartmann, *Das Problem des geistigen Seins*, S. 348 ff.("객관화된 정신"); Coing, S. 287 f.; Henkel, S. 550 f.

으로 존재하는 것은 아니나 규범의 공간적인 제한도 없지 않다. 그것은 공간적으로 구획된 일정한 효력영역에서만 유효한 것이다. 이 모든 것은 그 법의 '실정성'(Positivität)에 속한다. 법규범만이 이와 같은 식으로 즉 규범적으로 존재하는 것이 아니고, 법률관계, 개별적인 권리와 의무 그리고 '법적 지위'도 그와 같이 효력을 발휘한다. 어떠한 임대차관계 또는 노무관계는 당사자들에게 이를 존중할 것을 요구한다. 그것은 그들의 '의사표시'——이것은 효력표시(Geltungserklärung)이다——에 의하여 일정한 시점으로부터 효력을 얻는다. 그것은 미리 또는 사후적인 해지에 의하여 정하여지는 기간이 경과함으로써 또는 기타의 방법으로 '소멸'한다. 내가 이 물건의 소유자라 함은, 내가 일정한 범위 내에서 이 물건에 관한 결정을 적법하게 할 수 있고, 타인은 그에 있어서 나를 방해하여서는 안 되며 또 그 물건에 대하여 나만이 가지는 결정권을 존중할 의무가 있음을 의미한다. '소유권'도 한정된 시간 안에서 존속하며, 규범적 효력을 가지는 법률관계이다. 법률가들이 어떠한 사실의 '법률효과'라고 부르는 것은 사실적인 것이 아니라, 우선적으로 규범적인 것이다. 비록 이것이 사실적인 것의 발생을 겨냥하고 있다 하더라도 말이다.[6] 이와 같이 우리는 일상생활에 있어서 통상 이 두 존재방식의 차이를 의식함이 없이 (규범적으로) 효력을 가지는 것과 사실적인 것(사실적으로 의도된 것 또는 실현된 것)과의 혼합에 자주 봉

---

6) Larenz, *Methodenlehre*, S. 234 f. 참조.

착하게 된다.[7] 규정상 또는 계약상 정하여진 것과 다르게 어떠한 것이 진행될 때에 비로소 우리는 그것을 숙고하게 된다.

효력(규범적 의미에서의)이 법질서의 존재방식이라면 나아가서 다음과 같은 문제가 등장한다. 즉 단순히 개별적인 법규범만이 이러한 의미에서 '효력을 가지는가', 아니면 개별적인 규정들의 총화보다 더 많은 것을 포함할 수도 있는 규범체(Normenkomplexe)도 그러한가. 다시 말하면 명시적인 것은 아니나 규정 간의 관련이나 규정목적으로부터 추지推知되는 의미, 법원칙들——이것은 이것을 발현하는 규정들보다 더욱 광범위한 의미를 가질 수 있다——, 판결에 의하여 비로소 적용가능한 규정으로 '농축'되는 보충을 요하는 기준들, 또 마지막으로 어떠한 규정의 기초를 이루는 법원리 또는 구체화를 요하는 기준의 형태로 헌법이나 법률에 수용된 법원리들은 어떠한가. 나는 이 모든 것이 법의 존재방식으로서의 효력을 가진다고 생각한다. 이와 같이 하여 그 존재방식 그 자체가 다시 세분되거나 단계를 이루게 되는 것이다. 바로 위에서 열거한 것들은 법을 적용하는 사람이나 법에 좇아 행위하는 사람에 있어서는 개별적인 규범에 비하여 그 규준성의 점에서 모자람이 없다. 오히려 고립된 형태의 개별적인 규정만으로는 대부분의 경우에 어떠한 판단도 불가능하며 그들을 상호 관련지을 때에만 그것이 가능한 것이다. 일반적인

---

7) 이러한 혼합은 법률가들의 전문적인 표현방식에까지 미친다. 그들은 종종 물건(Sache)이란 말을 그에 대한 소유권이라는 의미로 사용한다. 즉 이로써 유체물(Ding)이 아니라 이에 관한 법률관계를 지시하는 것이다.

법원칙이나 실정법의 여러 원리도, 개별적인 규범이나 규정과 마찬가지로——관습법 명제와 같이 비록 그 효력 발생의 시기를 항상 정확한 시점에 고정시킬 수는 없다고 하더라도——일정한 기간 동안 또 이 법질서의 적용영역 내에서만 효력을 가지는 것이다. 따라서 이미 말한 대로 실정법의 여러 원리는 실정법과 마찬가지의 방식으로 효력을 가지며, 실정법과 존재방식을 같이하는 것이다.

피켄처는 이 점에서 다른 의견을 가지고 있다. 만일 그의 의견에 따른다면 우리의 문제, 즉 어떻게 여러 원리가 실정법에 속하면서 동시에 정당한 법의 원리가 될 수 있는가를 훨씬 단순화시킬 수 있기 때문에 그의 견해를 다루지 않을 수 없다. 그에 의하면 그 원리들은 우리가 말하는 의미의 실정법에 전혀 속하지 않는다. 피켄처[8]는 법원리의 '법구성적 성격'을 명백하게 거부한다. 그것은 법의 설정에 기여하기는 하나, 그 자체는 "아직 법이 아니다." 피켄처[9]에 의하면 법은 오로지 '사안규범'(Fallnormen)에 의하여 성립된다. 그것은 어떠한 사실관계가 규범을 더 이상 '가공'하지 않고도, 즉 중간항의 매개 없이도 바로 포섭될 수 있는 규범을 말한다. 그는 법률에 선언된 규정들의 대부분이 이러한 종류의 것이 아님을 매우 잘 파악하고 있다. 그때그때 적용할 수 있는 규범은 그 규정들부터 '뽑아 내야' 한다. 그에 따르면 그 과정에 있어서 법률의 규정은 사안규범에

---

8) Fikentscher, Bd. 4, S. 216.
9) Fikentscher, Bd. 4, S. 233 기타 빈출.

이르지 않는 한, 원리들과 마찬가지로──사안규범의 형성에 있어서의──하나의 '확인보조수단'(Bestätigungshilfe)의 역할밖에 하지 못한다. 이 '확인보조수단'은 '실정법'에 속하기는 하나, (객관적) '법'에 속하지는 않는다는 것이다.[10] 저자가 그를 바로 이해하였다면, 그는 이 진귀한 술어로써 구속력의 차이를 표현하려고 한다. 오직 '사안규범'만이──이것을 모은 것이 '법'을 형성한다──엄격한 의미에서의 "구속력을 가진다".[11] "최종적으로 구속하는 것은 사안규범뿐이다. 이것이 법이다".[12] 이른바 확인보조수단은 사안규범의 형성에 있어서 존중되어야 한다. 그러나 피켄처는 이에 대하여는 '구속'(Bindung)이라는 표현을 사용하지는 않는다. 왜냐하면 그 표현은 직접적용(논리적 포섭의 방법으로)이 가능한 규범, 즉 '사안규범'을 위하여 유보되어야 하기 때문이다.

저자는, 법률에 포함된 규정의 대부분은 해석이나 사실관계의 손질이라는 방법으로 이루어지는 매개적인 사고과정을 거치지 않고도 구체적인 사실관계에 대하여 단지 논리적인 포섭만에 의하여 문언대로 적용할 수 있는 것이 아니라고 하는 점에서 피켄처에 찬성한다. 논리적 포섭은 대체로 일련의 사고과정의 최종단계일 뿐인 것이다. 법관의 법률에의 기속은, 법관이 법률을 바로 기계적으로 중간과정의 매개 없이 적용하여야 하는 것, 즉 단지 포섭만을 하여야

---

10) *AaO.*, S. 218.
11) *AaO.*, S. 233, 235.
12) *AaO.*, S. 241.

함을 의미하지 않으며 또 의미할 수도 없다. 그것은 위에서 본 대로 (제6장 제4절), 법관에 대하여 법률로부터 도출될 수 있는 규정내용에 대한 지향을 요구한다. 법률은 사건에 대하여 단순히 '갖다 대기만' 하면 되는 잣대가 아니고, 갖다 대기 전에 적용의 직책을 가진 사람이 행하는 '미세조정'을 필요로 하는 기준이다. 그러나 이러한 미세조정의 필요는 법률에 규정된 '조기준粗基準'의 원칙적인 규준성에 아무런 영향을 미치지 않는다. 그리고 법규범의 (규범적) 효력이란 이러한 규준성 이상을 의미하지 않는다. 가령 '신의성실'과 같이 구체화를 요하는 기준이라고 하더라도 그것은 이러한 원칙적인 규준성의 의미에서 효력을 가지는 것이다. 비록 그 구체화의 과정에서 그것을 어떠한 사건에 적용할 수 있게 되기에 이르기까지는 많은 작업이 요구된다고 하더라도, '신의성실'과 같은 원칙뿐 아니라 가령 선행행위에 반하는 행태(venire contra factum proprium)나 권리남용의 금지와 같이 그 구체화의 과정에서 판결에 의하여 창조되는 중간단계도 '효력 있는 법'(현행법)에 속하는 것이다. 왜냐하면 그것들은 그 이상의 구체화작업——피켄처의 술어에 따르면, 사안규범의 형성——에 대하여 기준적이고, 그 한도에서 법관을 기속하기 때문이다(그것을 준수하지 않으면 상고이유가 된다). 이는 실정법의 다른 모든 그 자체 승인된 원리에 적용된다.

　　그러나 실정법의 원리가 실정법의 일부분이라고 하면, 그것은 존재방식과 시간구조를 실정법과 같이하며, 따라서 그것이 '정당한’ 원리인지 ‘부당한’ 원리(정당한 법의 관점에 있어서의)인지를 묻지 않을 수 없다. 가령 인간을 노예로서 법적으로 물건과 같이 취급하는 로마법의 원리나 책임(Schuld)을 문제삼지 않는 결과형법(Erfolgsstrafrecht)은 부당한 것이다. 그러한 원리는 그에 상응하는 규정을 정당화하지 않는다. 그것은 우리의 오늘날의 인식에 좇으면 불법의 원리인 것이다. 그러나 이러한 통찰은, 그것이 당시 효력을 가지던 실정법의 원리였다는 사실에 아무런 영향을 미치지 않는다. 이에 반하여 정당한 법의 원리들은 부당한 것일 수 없다. ‘정당한 법의 부당한 원리’란 그 자체 모순이다. 그것이 부당한 것일 수 없다면 그것은──사람들이 종종 이를 인식하지 못하였고, 또 아직 인식할 수 없다고 하더라도──항상 정당한 것이고 장래에도 정당한 것이어야 한다. 다른 말로 하면 그것은 시간의 흐름으로부터 벗어난 것이다. 그 효력은 실정법의 시간적으로 제약된 효력이 아니라, 진실한 명제, 타당한 인식의 이념적 효력──나는 이에 대하여 유효성(Gültigkeit)이라는 표현을 사용한다──이다. 적어도 우리가 정당한 법의 원리라고 주장하는 것에 대하여는 이러한 유효성을 요구하는 것이다. 우리의 그러한 주장이 오류임이 입증될 수도 있다. 그럼에도 불구하고 그 주장은 ‘유효한’(gültig) 원리들을 목표로 하고 있다.

그러나 이념적으로 유효한 원리가 동시에 실정법의 원리로서 시간의 변화에 맡겨질 수는 없다. 그러므로 그 ‘동시에’는 전적인 일치를 의미할 수는 없고, 다만 하나의 ——다소간 상당한—— 상응(Ent-sprechung)을 의미한다. 정당한 법의 원리는 그것이 실정법의 원리가(실정법의 원리도) 되어 실정법에 침투하기도 하나, 실정법의 원리는 이미 정당한 법의 원리와 같은 것은 아니다. 그 효력방식이 다른 것이다. 실정법의 원리는, 그것이 특정한 법질서 내에서 입법화되고 또는 구체화되는 범위에서 또 그 특별한 방식에 있어서 '실정화되고' 실정법의 문맥에 편입되며, 다른 원리들과 조화를 이루게 된다. 반면 정당한 법의 원리는 어떠한 실정법에서의 그때그때의 구체화에 의존하지 않는다. 그렇지 않다면 그것이 어떻게 하여 시간을 초월한 이념적 유효성을 주장할 수 있겠는가? 한편 그러한 원리가 당해의 일정한 실정법의 원리로서의 유효성을 가진다면, 이것은 실정법의 구성부분의 영구화를 의미하고, 이는 자연법 사상의 귀환에 다름아니다. 우리가 모든 실정법의 시간구조(Zeitstruktur)[13]와 역사성에 충실한다면, 실정법에 속하는 원리를 실정법으로부터 분리할 수 없으며, 따라서 그것이 정당한 법의 원리에 대부분 상응한다고 하더라도, 이념적으로 유효한 후자로부터 그것을 구별하여야 한다.

그러나 이러한 것은, 우리가 정당한 법의 원리의 내용을 명백하게 하기 위하여 그 원리(보다 정확히 말하자면, 그에 상응하는 실정법의 원리)가 실정법에서 발현되는 구체적 양상(Konkretisierungen)을 고찰

---

13) 법의 '변화가능성'이라는 의미에서의 그의 내적인 구조법칙성(Strukturgesetzlich-keit)을 말한다. Henkel, S. 205 ff.; 또한 Husserl, *Recht und Zeit*, S. 21 ff. 참조.

한 것과 어떻게 조화될 수 있는가? 그에 있어서 우리는, 이미 말한 대로 정당한 법의 원리가 실정법에 있어서의 그것의 구체적 발현양상과 독립적인 것이기는 하나, 이 구체적 양상은 원리를 지향하기 때문에 그 원리의 의미내용을 반영하거나 투영시킴을 전제하였다. 원리는 어떠한 실정법체계 내에서의 그때그때의 구체적 발현양상의 총화가 아니지만, 반면 어떠한 구체적 양상과 분리하여 서술될 수 있는 것도 아니다. 그 의미내용은 우리들의 사고에 의하여 직접 파악되지 않고, 간접적으로만, 즉 어떠한 실정법체계 내에서의 그 구체적 양상이라는 '우회로'에 의하여서만 나타나며, 따라서 완전하고 완결된 모습으로는 결코 인지될 수 없는 것이다. 따라서 그에 대하여는 어떠한 정의도 불가능하다. 한편 그 구체적 양상으로부터 그것의 기초에 존재하는 의미내용에의 '환원'은 이러한 의미내용의 '선취'(Vorgriff) ——우리는 이것을 법이념의 일반적으로 승인된 최소한의 내용에 대한 반성(Reflexion)을 통하여 뒷받침하려고 시도하였다—— 에 의하여서 비로소 가능하다. 이러한 '순환작용'(Hin- und Hergehen)(한편으로 법이념의 전제된 최소한의 내용과 다른 한편으로 실정법 내에서 발견된 여러 원리와 그 구체적 양상 사이의)의 결과에 대하여는, 그 출발점이 올바로 선택되었는가 하는 의문이 제기될 수도 있다. 이에 대한 확실한 보장을 제시할 수는 없다. 그러나 그것은 최종적으로는, '절대적으로' 유효한 것 내지 정당한 것을 인식하는 확실한 방법이란 존재하지 않는다는 사실에 기한 것이다.

우리들의 사고는 한정된 것, 유한한 것만을 충분히 파악할 수 있기 때문에, 이념적으로 유효한 것에 관하여 우리는 잠정적인 인식밖에 획득할 수 없다. 이 인식은 항상 수정가능한 것이며, 또 사상사思想史가 보여 주듯이 항상 수정되어 왔다. 자신이 절대적인 것을 그 사고에 의하여 인식하였다고 사람이 믿었다고 하여도 실제로 그 절대는 이미 그로부터 벗어난 것이다. 헤겔의 철학은 이것을 가장 명백히 보여 준다. 주지하는 대로 헤겔에 있어서 세계사의 과정은 정신 또는 절대자가 시간의 영역 내에서 자신을 전개하는 것이다. 그의 생각에 의하면, 그 시간적인 과정은 대체로, 스스로를 전개하는 정신의 여러 모멘트가 사유 —— 헤겔에 의하면 '개념' —— 속에서 전개되는 논리적인 과정과 일치한다. 스스로 전개하는 정신의 여러 양상이 역사 안에서 —— 여러 국가와 그 법질서의 역사뿐만 아니라[14] 철학의 역사 안에서 —— 시간적으로 전개되는 순서는, 개념의 변증법적 상호전개에 의하여 매개되는, 체계 내에서의 여러 모멘트의 순서와 일치된다. 이러한 여러 과정의 상응은, 헤겔이 생존한 동안 그 역사적 과정이 기본적으로 완성되는 것을 헤겔의 철학 자체 내에서 요구한다. 왜냐하면 절대자는 그 자기 전개가 기본적으로 완성되었을 때에만 그 전모가 인식될 수 있기 때문이다. 이러한 절대적 지식임을 자처하는 헤겔의 철학은, 스스로를 '최종적인 것'으

---

14) 1950년에도 Gerhard Dulckeit, *Philosophie der Rechtsgerchichte*는 법사의 보다 좁은 영역에 있어서 개념모멘트의 시간적인 전개라고 하는 헤겔의 역사이해를 반복한다.

로 인지함으로써만 그와 같은 것으로 이해될 수 있다. 헤겔철학의 이러한 종말론적인 성격——이것은 우연한 것이 아니라 그 기본전제 내에 포함되어 있다——은 일찍이 '실패의 근원'으로 인식되었고,[15] 이 인식은 오늘날까지——정당하게도——존속한다. 역사의 진행 자체가 그에 반증을 제시하였다고 할 수 있다. 몇몇 예를 들자면, 현대 자연과학의 세계상, 기술적 진보와 그 위험성, 인간의 많은 부분이 식민지시대의 질곡으로부터 해방된 것 그리고 세계에 걸친 통신은 우리들의 생존을 근본적으로 변화시켰기에, 그것은 헤겔적 체계나 그 역사상에 들어맞지 않는다.

그러므로 우리는 오늘날 헤겔과는 달리 역사를 장래를 향하여 개방적인 과정——그 목표는, 만일 그러한 것이 있다면, 우리에게 감추어져 있다——으로 파악한다. 역사에 대한 그러한 관점에서 볼 때, 헤겔적 의미의 '절대적 지식'을 향하는 길은 닫혀 있다. 그러므로 우리가 그 자체 이념적 유효성을 부여하는 정당한 법의 원리에 대한 우리의 인식도 종국적인 것이 아니라, 기껏해야 현재로서는 최상의 가능한 것, 그러나 그 원리의 완전한 파악에는 항상 미치지 못하는 것으로 생각한다. 그렇다고 이러한 것이, 항상 '정당한 것'을 탐구하고 가능한 답을 부여하는 것을 방해하는 것은 아니다. 비록 우리가 진실을 인식하였다고 믿었던 것이 기껏해야 부분진리(Teil-

---

15) 가령 Rudolf Haym, *Hegel und seine Zeit*, 1857, S. 428 f.이 그러하다. 최근 Carl Friedrich v. Weizsäcker, *Der Garten des Menschlichen*, 1977, S. 373 f., 398 ff.는 특히 이 점을 지적한다.

wahrheiten)에 불과함을 의식하고 있다고는 해도.

그러나 적어도 '부분진리'라도 존재한다면 그 한에서 유효하다는 것, 따라서 ——이 이치를 정당한 법의 원리에 적용한다면—— 그것이 일단 부분진리로서 인식되면 다시 전적으로 소멸될 수는 없고, 오히려 새로운 관련에서 활동하고 새로운 전망을 획득한다는 것을 인정할 수 있다. 실제로 나는, 정당한 것에의 도상에 존재하는 법이 상호존중의 원리, 자기결정과 자기구속의 원리, 신뢰원리, 참여와 평등대우와 비례성의 원리 또는 우리가 협의의 법치국가적 원리라고 부르는 원리보다 후퇴한 것일 수도 있으리라고는 상상할 수 없다. 물론 그 이외의 원리가 등장하리라는 것, 또 이미 알려진 원리가 시대에 보다 적절한 다른 모습으로 구체화되리라는 것은 생각할 수 있다. 그러나 이 원리 중 하나 또는 심지어는 여럿을 전적으로 포기하는 것은 하나의 '퇴보'를 의미할 것이다. 우리는, 비록 확신할 수 없는 것이기는 하나, 이러한 퇴보가 인류에게 발생하지 않기를 바란다. 이와 같이 볼 때 법의 역사와 법에 대한 사상의 역사는 정당한 것의 범주들(Kriterien des Richtigen)을 점진적으로 발견하는 것과 같다고 할 수 있으리라. 비록 우리가 그 범위들을 완벽하게 파악할 수는 결코 없을지라도.

이러한 생각, 또는 보다 조심스럽게 표현하자면 이러한 희망은 리펠의 사고와 일맥상통한다. 그는 다음과 같이 말한다.[16) "우리는

---

16) Ryffel, S. 299.

정당한 것의 범주들을 역사적인 변화 안에서 보아야 한다. 그러나 이러한 변화는, 우리가 그것의 추체험적 구조(nachvollziehbare Strukturen)를 고려할 때 하등 우연적인 일이 아니다. 사람은 발전의 초기 단계로 돌아갈 수는 없다. 정당한 것의 범주들은 되돌아갈 수 없는 과정을 통하여 변화하였다. 후대의 관점에서 볼 때에는, 그것이 스스로를 순화純化하여 왔고, 정당한 것의 내용은 점점 타당한 것으로 여겨지게 되었다고 말할 수 있다. 인간은 정당한 것을 실현하여야 하므로, 이것은 동시에 인간 발전의 후대의 관점에서 볼 때 인간은 점점 분명하게 자신의 진정한 본질에 접근하여 갔다는 것을 의미한다." 이것이 비교적 장기적으로 생각할 때에만 타당하다는 것은 당연한 일이다.

인류학적 기초 위에 서서 논의를 전개하는 리펠이 역사 전개에 대하여 이와 같이 비교적 '낙관적'인 이해를 보이는 배경에는 진화론이 존재한다.[17] 저자에게 이러한 이유는 충분히 설득적이지는 못하다. 왜냐하면 진화는 우리에게 자연에 있어서 점점 복잡하고 보다 고도의 구조를 갖춘 형상에의 전개만을 보여 줄 뿐이고, 이와 같은 것은 인류의 역사에 있어서도 나타나기 때문이다. 그러나 이것이 더욱 풍부한 인간성, 더욱 많은 정의, 더욱 많은 '정당한' 법과 동일한 의미인가는 의심스럽다고 하겠다. 윤리성(Gesittung)과 법의 영역에 있어서의 '진보'는 역시 자연법칙이 아니며, 인간의 자유에 맡겨진

---

17) 이에 관하여는 Ryffel, S. 129 f.

것이다. 저자는 나아가서, 정당한 것 자체의 범주들, 즉 정당한 법의 원리들이 변화한다고는 말하지 않는다. 다만 우리의 그에 관한 인식과 그것이 실정법 내에서의 구체화를 통하여 실현되는 방식과 정도만이 변화하는 것이다. 우리는 오늘날 인류가 몰락을 향하여 몰려가고 있는지 아니면 범세계적인 기준에 따른 공동생활의 새롭고 개선된 형태에, 새로운 지평에 도달할 것인지를 알지 못한다. 그러나 다음과 같은 것은 분명하다고 나는 생각한다. 즉 힘의 기술技術 이상의 것인 법, 정당한 것 ──우리가 인식할 수 있는 대로의── 을 지향하는 법, 그것을 형성하고 적용하는 사람들에 의하여 분명히 인식된 바의 '정당한 법'이고자 하는 요구를 실현하려는 법만이 법적 평화를 지속적으로 보장할 수 있는 것이다.

역자 후기

이 책은 Karl Larenz, *Richtiges Recht. Grundzüge einer Rechts-ethik*, München: C.H. Beck, 1979를 우리말로 옮긴 것이다. 원제를 그대로 옮기면, "정당한 법 —— 법윤리 강요法倫理綱要"라고 하여야 할 것이다. 그러나 책의 내용이 주로 법의 정당성의 근거로서의 법원리에 관한 것이므로, "정당한 법의 원리"라고 제목을 붙이기로 하였다.

법의 정당성의 문제는 현재 우리 사회에서 그 해결이 가장 절박한 문제 중의 하나일 것이다. 법은 인권(인권은 어느 경우에나 불가양不可讓의 자연권이다)의 수호자로서 큰 의미가 있으며, 전제자專制者 —— 어떠한 형태이든 —— 의 억압수단이어서는 안 된다는 것은 이미 국가 건립의 시초에 선명된 바이다. 그러나 그 후의 법운용 —— 입법, 행정, 사법 전반에 걸친 —— 의 실제는 우리 사회에서 법의 존재이유 내지 존립근거에 대하여 회피할 수 없는 의문을 제기하고 있다고 할 것이다. 전통적인 '반법反法'적 의식이 형태를 바꾸어 존속하고 있는 한편으로, 현대산업사회라는 기치 아래 '비법非法'적 내지 '탈법'적

가치, 가령 효율성의 철학이 두루 파고들어 대개는 개가를 올리고 있다. 그 위에 법을 자신의 사사로운 이익을 달성하기 위한 수단으로 여기는 사고는 뿌리 깊다(비리법권천非理法權天의 논리!).

이러한 맥락에서 볼 때 법의 정당성 또는 정당화근거의 문제는 '현실' 문제이다. 라렌츠는 책에서 이 문제에 대한 전형적인 관점의 하나를 보여 주고 있다. 우리는 이러한 "하나의"——현대의 서구사회를 배경으로 하는——관점을 철저히 음미함으로써, 우리 사회에서의 법의 문제를 반성할 기회를 가질 수 있으리라고 생각한다.

저자 칼 라렌츠는 서독의 대표적인 민법학자이고 법철학자이다. 그는 1903년 4월 23일에 베젤(Wesel)에서 태어나서 현재 83세에 이르는 고령이나 아직도 정력적인 연구활동을 계속하고 있다. 그는 괴팅겐대학에서 소위 객관적 관념론의 율리우스 빈더에게 가르침을 받아 1926년 "헤겔의 귀속론과 객관적 귀속의 개념"(Hegels Zurechnungslehre und der Begriff der objektiven Zurechnung, 1927: Neudruck, 1970)이라는 논문으로 박사학위를, 1929년 "법률행위해석의 방법"(Die Methode der Auslegung des Rechtsgeschäfts, 1930: Neudruck, 1966)이라는 논문으로 교수자격을 각 취득하였다. 그 후 그는 잠시 괴팅겐대학에서 강사로 일하다가 1933년에 키일대학의 교수로 임명되어, 칼 슈미트의 '구체적 질서사상'에 원칙적으로 공감하면서 나치스에 협력한 소위 키일학파의 중요한 멤버로 활약하였었다. 초기의 업적으로서는 신헤겔학파의 법철학을 대표하는 *Rechts- und Staatsphilosophie der Gegenwart*(현대 법철학·국가철학), 1931(제2판, 1935)이 있다. 그 외에 나치스시대의 법철학에 관한 것으로 *Deutsche Rechtserneuerung und Rechtsphilosophie*(독일의 법개혁과 법철학), 1934와 *Über Gegenstand und Methode des völkischen Rechtsdenkens*(민족적 법사상의 대상과 방법), 1938이 있다. 민법에 관하여는 나치스의 채권법의 교과서로서 대표적인 *Vertrag und Unrecht*(계약과 불법행위), Teil 1, 1936; Teil 2, 1937 등을 저술하였다. 이 시기는 그의 경력에 있어서 명예로운 부분은 아닐 것이다. 비록 이 시기의 사법학에 대하여 "전체적으로 보면 제3제국의 학설과 실무에 있어서의 법발전의 계속성에 관하여는 겉으로 보기보다 별로 문제의 소지가 없다"는 평가도 있기는 하지만 말이다(Wesenberg/Wesener, *Neuere deutsche Privatrechtsgeschichte*, 3. Aufl., 1976, S. 211. 비아커는 이에 관하여 객관적인 평가를 알 수 있는 위치에 있지 못하다고 할 것이다).

제2차 대전까지 그의 연구는 오히려 법철학 내지 국가철학에 비중을 두고 이루어졌다고 할 것인데, 대전이 끝난 후에는 민법학에 관련된 연구실적이 두드러진다. 즉 그는 *Geschäftsgrundlage und Vertragserfüllung*(행위기초와 계약 이행), 1951(제3판, 1963)을 대표로 하는 많은 논문 이외에 1953년 채권법 교과서 제1권을, 1956년 동 제2권을, 1967년 민법총칙 교과서를 각기 출판하였는데, 이것들은 모두 균형 잡힌 서술을 특장으로 하는 것으로서, 독일의 학계에서 표준적인 저작(Standardwerk)으로 인정되어 현재 각기 제13판 (1982), 제12판(1981), 제6판(1983)이 공간되어 있다. 한편 그 사이에 그는 이 책에서도 빈번히 인용되고 있는 『법학방법론』——주로 사법학의 방법을 중심으로 논하고 있다——을 저술하여 1960년 그 제1판이 출판되었으며, 현재 제5판(1983)이 나와 있다. 그는 1960년 키일대학에서 뮌헨대학으로 자리를 옮겨 봉직하다가 현재 동 대학의 명예교수로 있다.

이 책의 번역을 시작한 것은 역자가 아직 법원에 몸담고 있던 때이었다. 당시를 되돌아보면, 아마도 매일 현실의 법률분쟁에 접하면서 느낀 보다 근본적인 배후의 문제에 대한 의문이, 독일 유학시절 읽은 이 책으로 향하게 하지 않았나 생각된다. 그런만큼 엄밀한 객관적 이해보다는 우리 사회의 현위치를 계속 투영해 보는 역자 나름의 이해가 번역에도 영향을 미쳤을 것이다.

그러한 이유에서 오는 것 이외에도 이 역서에는 수많은 결점이 있을 것이다. 원문의 의미를 오해한 것, 부적절한 번역 또는 어색한 표현에 대하여 많은 가르침이 있기를 기대한다. 교정단계에서 역자를 도와준 권영상 법학석사에게 감사드린다.

1986년 5월 말일

제 3 쇄에 즈음하여

이러한 책이 절판되지 아니하고 그나마 제3쇄를 낼 수 있는 것은 오로지 척박한 우리의 법문화에서도 「원리」에 대하여 갈증을 느끼는 유지有志의 사람들의 덕택이라고 여겨진다.

때로 전면적인 개고를 생각하여 보기도 하였으나, 지금의 사정으로는 이 기회에 그동안 눈여겨 왔던 몇 군데에 수정을 가하는 것에 그치지 않을 수 없었다. 덧붙여 둘 것은, 이 책에서 「서독」이라고 한 것은 독일의 통일로 말미암아 모두 「독일」로 바꾸어 읽어도 좋을 것이라는 점이다.

이 책의 저자 라렌츠는 1993년 1월 24일 사망하였다. 그는 1903년 4월생이므로 거의 90년을 살았다. 그리고 1990년까지는 여전히 활동하고 있었으므로, 교수자격을 취득한 1929년으로부터 셈하면 60년 남짓 학문에 종사한 것이다.

1995년 7월 10일

신장판 역자 후기

이 책이 처음 출간된 것이 1986년 6월이다. 그 후 세 번에 걸쳐, 즉 1990년, 1995년, 그리고 2008년에 재쇄를 냈다. 이 정도면 우리 나라의 법학 번역서로서는 많은 관심을 얻었다고 할 만도 하다. 재쇄 때마다 상감의 방법으로 필요한 최소한의 수정을 가하기도 하였다. 그러나 제4쇄 때에는 활판 인쇄소가 모두 사라져서, 엉성하기만 한 짜깁기조차 간신히 행하여졌다. 그리고 당시 이미 지형紙型이 꽤나 낡아서 더 이상은 이것으로 인쇄하기 어려워졌다고 해야 할 것이다.

마지막 재쇄로부터도 많은 세월이 흐른 이제 컴퓨터 조판으로 아예 모습을 달리하는 신장판新裝版을 내기에 이른 것은 역자인 나로서는 역시 기쁜 일이다. 이번 기회에 그동안 불만이 있었음에도 그대로 두었던 곳을 여기저기 손볼 수 있었다. 예를 들면 이 책이 발간 되던 1979년의 '서독'은 그 후 동독과 통일되었으므로 모두 '독일'로 바꾸었고, 또 그렇게도 많이 들어갔던 한자 용어를 모두 한글로 갈아 넣었다.

그러나 물론 번역을 새로 하였다고, 따라서 이 책을 개역판改譯版이라고 할 수는 없으며, 기본적으로 종전의 것을 유지하였다. 그래서 번역 작업에 대하여 스스로 품은 불안함에서 나온, 지금 보면 어색하다고 하여야 할 것(대표적인 예는 많은 원어를 괄호 안에 넣어 밝혔다는 점이다)도 그대로 두었다. 내가 이 번역 작업을 한 것은 1985년 봄으로서(그로부터 얼마 안 되어 나는 법원에서 학교로 일터를 옮겼다) 이미 37년이 지났으니 세월을 돌이키기에는 너무 멀리 왔다. 그 사이에 나는 대법원에서 일했고 대학교수의 직을 정년으로 물러났으며 작년 가을에는 나를 위한 고희 기념 논문집 『자율과 정의의 민법학』이 발간되었다. 그리고 제3쇄 역자 후기에서도 밝힌 대로 저자 라렌츠는 일찍이 1993년에 사망하였다.

이번 책을 내는 데 애써 준 박영사 편집부의 김선민 이사님에게 감사드린다.

2022년 6월 30일

한양대학교 법학전문대학원 연구실에서

양   창   수

추기: 역자 후기에 적은 '비리법권천의 논리'에 대하여 이 책 출판 후에 몇몇 분에게서 질의를 받았다. 이 일본의 법언에 관하여는 무엇보다도 瀧川政次郎, 非理法權天: 法諺の硏究(2015. 원래는 1964), 19면 이하 참조. 특수하게 일본적인 이 표현(위 책, 1면 : "일본의 법언 중에서 가장 중요한 것의 하나")을 나는 처음 판사로 일할 때 선배들로부터 여러 차례 들었는데, 법을 이理보다 앞세우고 권權에 좇게 하는 그 가치 지향에 쉽사리 수긍할 수 없었다.

사항색인

인명색인

역자약력

서울대학교 법과대학 졸업
법학박사(서울대학교)
서울대학교 법과대학 교수
대법관
현재 한양대학교 법학전문대학원 석좌교수
　　　서울대학교 명예교수

주요저술
(著) 民法研究 제 1 권, 제 2 권(1991), 제 3 권(1995), 제 4 권(1997),
　　　제 5 권(1999), 제 6 권(2001), 제 7 권(2003), 제 8 권(2005),
　　　제 9 권(2007), 제10권(2019)
　　민법 Ⅰ: 계약법, 제 3 판(2020)(공저)
　　민법 Ⅱ: 권리의 변동과 구제, 제 4 판(2021)(공저)
　　민법 Ⅲ: 권리의 보전과 담보, 제 4 판(2021)(공저)
　　민법입문, 제 8 판(2020)
　　민법주해 제 1 권(1992, 제 2 판 2022), 제 4 권, 제 5 권(1992),
　　　제 9 권(1995), 제16권(1997), 제17권, 제19권(2005)(분담 집필)
　　註釋 債權各則(Ⅲ)(1986)(분담 집필)
　　民法散考(1998)
　　민법산책(2006)
　　노모스의 뜨락(2019)
(譯) 츠바이게르트/쾨츠, 比較私法制度論(1991)
　　독일민법전 ― 총칙·채권·물권, 2021년판(2021)
　　포르탈리스, 民法典序論(2003)
　　독일민법학논문선(2005)(편역)
　　로슨, 大陸法入門(1994)(공역)

신장판
정당한 법의 원리

초판발행	1986년 6월 30일
신장판발행	2022년 7월 15일

저 자	칼 라렌츠
역 자	양창수
펴낸이	안종만 · 안상준

편 집	김선민
기획/마케팅	조성호
표지디자인	이수빈
제 작	고철민 · 조영환

펴낸곳	(주) **박영사**
	서울특별시 금천구 가산디지털2로 53, 210호(가산동, 한라시그마밸리)
	등록 1959. 3. 11. 제300-1959-1호(倫)
전 화	02)733-6771
f a x	02)736-4818
e-mail	pys@pybook.co.kr
homepage	www.pybook.co.kr
ISBN	979-11-303-4260-3 93360

정 가   19,000원